DROIT HUMANITAIRE ET DROITS DE L'HOMME
LA PROTECTION DE LA PERSONNE
EN PÉRIODE DE CONFLIT ARMÉ

ARISTIDIS S. CALOGEROPOULOS-STRATIS

Docteur ès Sciences Politiques de l'Université de Genève
Chargé de Recherches à l'Institut Universitaire de Hautes Etudes Internationales
de Genève

DROIT HUMANITAIRE ET DROITS DE L'HOMME
LA PROTECTION DE LA PERSONNE EN PÉRIODE DE CONFLIT ARMÉ

Préface de

DENISE BINDSCHEDLER-ROBERT

Professeur à l'Institut Universitaire de Hautes Etudes Internationales
Juge à la Cour Européenne des Droits de l'Homme
Membre du Comité International de la Croix-Rouge

Institut Universitaire de Hautes Etudes Internationales
132, rue de Lausanne
1211 Genève 21

1980

ISBN 90 286 2261 6 (Sijthoff)

A mon père

ABRÉVIATIONS

A.F.D.I.	Annuaire Français du Droit International
Annuaire	Annuaire de la Convention européenne des droits de l'homme
A.I.D.I.	Annuaire de l'Institut du Droit International
A.J.I.L.	American Journal of International Law
B.I.T.	Bureau International du Travail
B.Y.B.I.L.	British Yearbook of International Law
C.D.D.H.	Document interne de la Conférence Diplomatique sur la réaffirmation et le développement du Droit international humanitaire applicable dans les conflits armés
C.I.C.R.	Comité International de la Croix-Rouge
C.I.J.	Commission Internationale de Juristes
CIJ	Cour Internationale de Justice
C.P.J.I.	Cour Permanente de Justice Internationale
ECOSOC	Conseil Economique et Social (de l'ONU)
H.C.R.	Haut Commissariat pour les Réfugiés
I.C.L.Q.	International and Comparative Law Quarterly
I.Y.B.H.R.	Israel Yearbook of Human Rights
O.E.A.	Organisation des Etats Américains
O.I.T.	Organisation Internationale du Travail
O.M.S.	Organisation Mondiale de la Santé
ONU	Organisation des Nations Unies
R.B.D.I.	Revue Belge du Droit International
R.C.A.D.I.H.	Recueil des Cours de l'Académie du Droit International de La Haye
Recueil	Recueil des décisions de la Commission européenne des droits de l'homme
R.D.H.	Revue des Droits de l'Homme
R.F.D.P.S.P.F.E.	Revue Française du Droit Public et de la Science Politique en France et à l'Etranger
R.G.D.I.P.	Revue Générale du Droit International Public
R.H.D.I.	Revue Hellénique du Droit International
R.I.C.R.	Revue Internationale de la Croix-Rouge
S.D.N.	Société des Nations

TABLE DES MATIÈRES

PREMIÈRE PARTIE

LA CONVERGENCE ENTRE LES DROITS DE L'HOMME ET LE DROIT HUMANITAIRE

CHAPITRE PREMIER

Les origines de la protection de la personne humaine

CHAPITRE II

Le rapprochement entre les droits de l'homme et le droit humanitaire

DEUXIÈME PARTIE

LES CONDITIONS D'APPLICATION

CHAPITRE III

Applicabilité du droit humanitaire dans les conflits armés

CHAPITRE IV

Applicabilité des droits de l'homme dans les conflits armés et situations d'exception

TROISIÈME PARTIE

LE DROIT APPLICABLE

CHAPITRE V

Le droit humanitaire

CHAPITRE VI

Les droits de l'homme

CHAPITRE VII

Le « minimum standard » des droits de la personne humaine

QUATRIÈME PARTIE

LA MISE EN ŒUVRE

CHAPITRE VIII

La mise en œuvre du droit humanitaire

CHAPITRE IX

La mise en œuvre des droits de l'homme

PRÉFACE

Dans un monde profondément troublé, où les tensions politiques dégénèrent trop aisément en affrontements violents, où les conflits armés surgissent de toute part sans toujours vouloir dire leur nom, où la guerre internationale a des relents de guerre civile, dans un tel monde la question des rapports entre droit humanitaire et droits de l'homme ne peut qu'être à l'ordre du jour. Tous deux visent en effet le même objectif: la protection de la personne humaine à l'égard du pouvoir et de ses détenteurs actuels, et il arrive de plus en plus fréquemment qu'ils le fassent dans les mêmes circonstances, c'est-à-dire en situation de conflit armé, bien que conformément à leurs conditions spécifiques.

Les situations qui en résultent sont aussi complexes que variées et peuvent paraître parfois assez confuses. Elles posent de nombreuses questions aussi bien quant au contenu respectif des deux ordres de règles et à leur interaction, qu'en ce qui concerne les normes applicables dans un cas concret et aux organes compétents pour en contrôler l'application. L'extension des droits de l'homme au droit humanitaire, à laquelle on a assisté dans la pratique des Nations Unies, n'est pas nécessairement faite pour clarifier les choses. Il devenait donc urgent de se livrer à une analyse juridique qui permette d'apprécier les situations concrètes, tout en tenant compte de l'évolution des conceptions.

L'ouvrage de M. Aristidis Calogeropoulos-Stratis vient donc à son heure. L'auteur s'y attelle à une tâche assez ardue, qui suppose une parfaite connaissance et du droit humanitaire et des droits de l'homme et dont il s'acquitte avec maîtrise — la tâche de débroussailler le terrain commun à ces deux complexes de règles et de dégager les principes de leur coexistence. Il établit avec sagacité les distinctions et catégories qui permettront de discerner les grandes lignes autour desquelles s'ordonne la matière et nous devons lui être reconnaissants de nous avoir mis en main le fil d'Ariane qui nous permettra de sortir de ce qui peut parfois ressembler à un labyrinthe.

Une des conclusions qui se dégagent de cette étude et qui nous paraît primordiale est l'affirmation de l'indépendance juridique réciproque du droit humanitaire et des droits de l'homme. A notre avis, seule cette autonomie rend compte pleinement de la différence des conditions de vie envisagées par chacun de ces deux droits et dans lesquelles opèrent les organes chargés de veiller à leur application. Alors que la mise en œuvre des droits de l'homme revient à participer à la réalisation d'un projet de société et est donc en dernière analyse chargée de signification politique —

même là où les droits de l'homme ne sont pas tout simplement, comme cela est trop souvent le cas, ravalés au rang d'instrument d'une cause politique, sans souci véritable de l'intérêt des personnes —, le droit humanitaire est d'autant plus efficace que les organes qui l'appliquent réussissent à dépouiller leur action de toute connotation et de toute conséquence politiques. Le droit humanitaire, en effet, a pour tâche de sauvegarder l'idée d'humanité dans le contexte des conflits armés, donc dans un milieu antagoniste où les parties au conflit sont en général sur pied d'égalité et où l'égalité des droits doit être respectée, tandis que les droits de l'homme se réalisent au sein d'une organisation étatique ou interétatique, apte à garantir le respect du droit par le jeu des institutions.

Ce qui précède ne signifie nullement que droit humanitaire et droits de l'homme soient étrangers l'un à l'autre et ne peuvent s'influencer réciproquement. Ce que M. Calogeropoulos-Stratis dit de leurs communes racines spirituelles et du rapprochement indéniable qui s'opère dans le contenu de leurs normes respectives ne saurait être ignoré. La théorie du *standard minimum* des droits de la personne qu'une comparaison entre les deux complexes de règles lui inspire constitue certainement une contribution positive dans le sens d'un renforcement réciproque de ceux-ci. Mais cette convergence trouve selon nous ses limites dans l'exigence d'apolitisme du droit humanitaire.

Quoi qu'il en soit de ces distinctions, droit humanitaire et droits de l'homme témoignent ensemble, pour le domaine du droit international, d'une conception humaniste de l'ordre juridique, conception selon laquelle, si l'homme n'est sans doute pas la mesure de toutes choses, il est certainement celle du droit. Par l'ouvrage remarquable qu'il soumet à notre réflexion, M. A. Calogeropoulos-Stratis s'inscrit dans la lignée de ceux qui ont contribué à faire progresser cette idée.

Denise BINDSCHEDLER-ROBERT

Professeur à l'Institut universitaire
de hautes études internationales à Genève
Juge à la Cour européenne des Droits de l'Homme
Membre du Comité international
de la Croix-Rouge

INTRODUCTION GÉNÉRALE

Notre propos consiste à étudier le problème juridique des relations existant entre les droits de l'homme et le droit international humanitaire applicable en période de conflit armé, le point de départ de cette évolution se trouvant dans une série de résolutions adoptées dès 1968 au sein des Nations Unies sous le titre « Respect des droits de l'homme en période de conflit armé ». Voir comment, dans certaines situations, ces deux complexes de règles juridiques s'appuient, se relaient, éventuellement se contredisent, comment s'opère donc la protection de la personne humaine dans les situations critiques de conflits armés de toutes catégories, voilà quel est notre propos. Nous examinons plus bas en détail quels sont les instruments juridiques que nous visons à ces deux titres. Qu'il suffise de dire ici que, pour les droits de l'homme, il s'agit essentiellement des conventions universelles et régionales sur les droits civils et politiques, et que pour le droit humanitaire, il s'agit avant tout de la troisième et de la quatrième Convention de Genève, ainsi que des protocoles additionnels au quatre Conventions de 1949.

Notons en outre que notre attention sera surtout axée sur la Convention européenne des droits de l'homme, en vigueur depuis vingt-cinq ans, et qui a donné lieu à une jurisprudence abondante, touchant aussi le domaine particulier qui nous intéresse.

Cette tentative de rapprochement entre ces deux systèmes de protection surprendra peut-être certains. Des objections fondamentales ont en effet été faites à la notion de compatibilité entre les droits de l'homme et le droit des conflits armés, objections fondées sur des motifs à la fois historiques, philosophiques, politiques et surtout juridiques. Cependant, comme dans toute querelle essentiellement juridique, des arguments de même nature sont présentés par ceux qui voient une harmonie parfaite entre les deux systèmes.

Quand le problème s'est posé au sein des Nations Unies, plusieurs auteurs se sont élevés contre ce qu'ils qualifiaient de confusion, tandis que d'autres tendaient à prendre leurs désirs pour des réalités, les deux démarches ayant en commun de n'aboutir à aucune conclusion d'une quelconque utilité pratique. Nous nous plaçons quant à nous entre ces deux extrêmes et souhaitons démontrer que l'application des mécanismes de protection des droits de l'homme en période de conflits armés est juridiquement tout-à-fait admissible et pratiquement réalisable. Nous sommes cependant conscient du fait que c'est pour la période pour laquelle chacun des systèmes a été conçu qu'il demeure plus complet et plus efficace, c'est-à-dire que si les droits de l'homme sont plus complets pour le temps de paix, le droit humanitaire l'est, lui, pour les périodes de conflit armé. Mais quand les conditions d'application du droit des conflits armés s'avèrent fragiles, et permettent de ce fait de nombreuses échappatoires, comme cela se produit trop souvent, les droits de l'homme peuvent alors se révéler utiles pour combler les lacunes ainsi révélées.

Un cas récent illustre parfaitement ce propos. Il s'agit de l'affaire « *Chypre contre la Turquie* », la cinquième affaire étatique portée devant les instances de la Convention européenne des droits de l'homme. Ce cas permet de mieux percevoir les problèmes juridiques à la fois sous l'angle théorique et sous l'angle pratique. Nous aurons d'ailleurs souvent l'occasion d'y revenir au cours de cette étude.

A notre connaissance, aucune étude approfondie, que ce soit sous forme de thèse ou sous toute autre forme, n'a été publiée sur le sujet de la relation entre les droits de l'homme et le droit humanitaire applicable dans les conflits armés, du moins en français et en anglais. En revanche, certains articles ont paru dernièrement dans des revues [1], ce qui semble démontrer la nouveauté du sujet. En ce qui concerne chacun de ces domaines considérés séparément, la doctrine nous offre plusieurs études remarquables et de longs articles.

En fait, cette lacune doctrinale est compréhensible. Chercher à établir une relation entre les droits de l'homme, dont les instruments furent élaborés à la suite des atrocités nazies, et le droit de la guerre, qui aux yeux de quelques-uns est la négation et l'antithèse des droits de l'homme [2] a pu paraître pour le moins absurde. De plus, concevoir un nouveau droit de la guerre ne pourrait être qu'incompatible avec la Charte des Nations Unies, qui interdit le recours à la force. Néanmoins, la Charte prévoit des exceptions à cette interdiction. L'utilisation de la force dans les relations internationales n'a par ailleurs pas disparu et de ce fait le droit de la guerre, et tout spécialement la partie de ce droit qui s'appelle droit humanitaire, doit de toute évidence continuer à exister. En outre, l'interdiction de l'usage de la force n'a pas encore réussi à s'imposer.

C'est pourquoi, en dehors des travaux sur les droits de l'homme et l'élaboration des nouvelles conventions relatives à ceux-ci, conventions qui ont rencontré l'approbation générale des Etats au sein des Nations Unies et des organisations régionales, le Comité international de la Croix-Rouge, en dépit de quelques difficultés rattachées aux notions de « guerre totale » et de « guerre juste » et malgré le problème du recours possible à des armes de destruction massive telles que les armes nucléaires dont l'utilisation rendrait vaine toute limitation d'ordre humanitaire, a poursuivi

---

[1] Cf. Bibliographie ci-jointe.

[2] On dit que le premier droit de l'homme est le droit à la vie, tandis que le premier droit de la guerre est le droit de tuer.

avec constance l'œuvre entreprise en 1864 avec l'adoption de la première Convention de Genève pour l'amélioration du sort des militaires blessés et malades dans les armées en campagne. Outre les révisions de 1906 et de 1929, le CICR poursuivit son œuvre avec la convocation de la Conférence diplomatique qui adopta les quatre Conventions de Genève du 12 août 1949. Plus récemment encore, le CICR s'attache dès 1969 à étendre le droit humanitaire aux circonstances de la guerre moderne et ses efforts furent couronnés par l'adoption le 8 juin 1977 à Genève de deux « Protocoles additionnels aux quatre Conventions de Genève du 12 août 1949 », par la Conférence diplomatique réunie en cette ville en quatre sessions consécutives depuis 1974, et signés à Berne par une quarantaine d'Etats le 12 décembre 1977. Ces Protocoles sont entrés en vigueur le 7 décembre 1978.

Nous nous trouvons donc en présence de deux systèmes de protection distincts dont le développement est assuré respectivement au sein des Nations Unies et au sein du CICR [1].

La protection de l'individu revêt en conséquence deux aspects. Ou bien elle s'exerce contre les effets de politiques nationales « musclées », « soucieuses de préserver un ordre social qui n'offre au peuple que le repos des combats sans liberté », ou bien elle cherche à limiter les tragiques conséquences « de politiques ambitieuses entraînant le peuple dans d'illusoires conquêtes » [2]. Cette double protection représente la charnière entre les droits de l'homme et le droit humanitaire applicable en période de conflit armé. Ces deux complexes de règles juridiques, en principe différents quant à leurs domaines d'application respectifs, visent le même but, à savoir la protection de la personne humaine, et sont les deux volets de cette protection.

La présente étude se divise en quatre parties consacrées respectivement au fondement, à l'applicabilité, au droit applicable et à la mise en œuvre du droit humanitaire et des droits de l'homme en période de conflit armé. La troisième partie, qui forme l'essentiel de l'ouvrage, démontre la compatibilité entre normes des droits de l'homme et normes du droit humanitaire, surtout à la lumière des récents développements de ce dernier. Un examen particulier est consacré à ce que l'on peut appeler le « noyau de la protection de la personne humaine » [3], qui est identique dans le droit humanitaire et dans les droits de l'homme.

* * *

[1] Notons cependant aussi qu'en 1954, sous les auspices de l'U.N.E.S.C.O., une convention a été adoptée sur la protection des biens culturels, convention qui se place également dans le cadre du droit de la guerre.

[2] De La Pradelle, *La paix moderne*, Paris, Ed. internationales. 1947, p. 4.

[3] En anglais *hard core*.

Il nous reste, avant d'aborder notre sujet, l'agréable devoir d'exprimer nos remerciements et notre gratitude à tous ceux qui nous ont aidé, intellectuellement, moralement et matériellement, à mener au bout cette étude.

Mme le Professeur *Denise Bindschedler-Robert* et M. le Professeur *Jean Siotis*, qui les premiers nous ont suggéré d'étudier les problèmes des droits de l'homme et du droit humanitaire et qui ont suivi de près tout notre travail. M. le Professeur *Philippe Cahier*, qui a aimablement accepté de s'associer au jury de cette thèse et qui nous a donné des conseils et a formulé des critiques très utiles. Notre reconnaissance va également à tous les professeurs de la Section juridique de l'I.U.H.E.I., qui par leur enseignement nous ont fait bénéficier de leurs connaissances, ainsi qu'aux directeurs de l'Institut, MM. les Professeurs *Jacques Freymond* et *Christian Dominicé*, qui nous ont donné la possibilité de rester en contact étroit avec la vie de l'Institut tout au long de nos recherches en tant qu'assistant.

Nous tenons en outre à remercier le personnel de la bibliothèque du Palais des Nations à Genève et de celle de l'Institut universitaire de hautes études internationales, et particulièrement le directeur de cette dernière, M. *Paqueux*, pour l'aide précieuse qu'ils nous ont toujours apportée. Enfin, nous savons gré à M. *Armand Gaspard*, rédacteur responsable au Service de presse de l'Université de Genève, d'avoir revu notre texte dans sa version finale.

* * *

PREMIÈRE PARTIE

LA CONVERGENCE ENTRE LES DROITS DE L'HOMME ET LE DROIT HUMANITAIRE

CHAPITRE PREMIER

LES ORIGINES DE LA PROTECTION DE LA PERSONNE HUMAINE

SECTION 1. ORIGINES PHILOSOPHIQUES ET INSTITUTIONNELLES

A. *Les origines philosophiques.*

Les droits de l'homme trouvent leur origine dans des conceptions morales, éthiques et théologiques qui ne font pas de distinction entre droits de l'homme applicables en temps de paix et droits de l'homme applicables en temps de guerre, mais qui s'attachent à préserver et garantir en tout temps l'immuabilité, la permanence et la prééminence de la personne humaine.

L'apparition des droits naturels de la personne répond à certaines exigences survenues avec l'évolution de la société humaine; ces exigences, tout d'abord, portent sur des besoins fondamentaux de la vie tels que l'alimentation, puis celles plus élevées de l'intégrité physique et morale, enfin des exigences de nature esthétique ou intellectuelle telles que l'environnement et la culture.

Ces exigences fondamentales de l'homme sont à la base de la théorie du droit naturel.

C'est ainsi que dans la Grèce antique, *l'isonomia* [1] et *l'isogoria* [2] furent d'abord des conceptions du droit naturel avant de devenir droit positif.

Le droit naturel reconnaît à tous les hommes la même nature humaine, en vertu de laquelle ils poursuivent leurs fins propres. C'est de ce même ordre d'idées qu'est tirée la définition de la loi naturelle que donne J. Maritain: « L'ensemble des choses à faire et à ne pas faire qui suivent d'une manière nécessaire l'homme du seul fait qu'il est homme. » [3]

On a tendance à croire que le concept de droit naturel trouve son origine au Moyen Age. Or, le droit naturel est né en même temps que la conception de la nature humaine. Par ailleurs, plusieurs textes de l'Antiquité grecque et romaine se réfèrent à la conception du droit naturel et à sa notion fondamentale d'égalité de l'homme.

---

[1] Egalité devant la loi.

[2] Egalité dans la liberté d'expression et de parole.

[3] *Les droits de l'homme et la loi naturelle*, New York, 1942.

B. *Les origines institutionnelles.*

Au cours du XVIIIe siècle, la Grande-Bretagne joua un rôle marquant dans le développement et l'institutionnalisation des droits de la personne humaine, déjà proclamés en 1215 dans la *Magna Carta.* La proclamation du « *Bill of rights* » (1689), qui limitait les prérogatives royales et établissait la suprématie du Parlement britannique, ainsi que le droit à la liberté personnelle garanti par l'« *Habeas Corpus Act* » (1679), avaient déjà posé les bases d'une doctrine humaniste qui s'épanouira dans le courant du XVIIIe siècle avec les écrits de Voltaire, Montesquieu, Vattel, Condorcet, etc...

Le premier instrument à avoir institutionnalisé les droits de l'homme est la *Déclaration d'indépendance des Etats-Unis*, de 1776, suivie des *Bills of Rights* des Etats américains (1776-1780). La déclaration d'indépendance américaine, et surtout celle de l'Etat de Virginie, reconnaissent pour la première fois que « tous les hommes naissent libres et égaux ». Les droits définis dans les textes américains ont un caractère abstrait, reposant sur la notion des droits naturels, et sont destinés à convaincre l'Europe de la justice de la lutte anticolonialiste. Car l'accession à l'indépendance des treize colonies britanniques devait introduire dans la politique internationale un nouveau principe politique, à savoir le droit des peuples à disposer d'eux-mêmes, et un nouveau régime politique, à savoir la République, garante de l'égalité des droits des citoyens. Ces deux éléments, pratiquement inconnus jusqu'alors, vont dominer la scène internationale jusqu'à nos jours.

La source d'inspiration indirecte de la déclaration américaine fut sans doute la lutte du Parlement britannique en vue de limiter l'absolutisme du pouvoir royal. Mais, comme l'affirme Léon Duguit, le vocabulaire utilisé est beaucoup plus proche de la philosophie humaniste que de la « technique politique anglaise » [1]. Ce sont en effet l'ambiance intellectuelle prévalant à l'époque et la lutte contre la tyrannie et l'absolutisme qui sont le fondement spirituel de la déclaration américaine.

Néanmoins, *la Déclaration française des droits de l'homme et du citoyen*, de 1789, reste toujours dans l'esprit de beaucoup la formulation classique des droits fondamentaux de l'homme. Elle a sa place dans tous les ouvrages, classiques et modernes, relatifs aux droits de l'homme en tant que source d'inspiration pour la formulation moderne des droits de l'être humain. Sans doute constitue-t-elle un texte de référence sur tous les continents et elle jouit d'une autorité bien plus grande que les déclarations américaines. Il faut pourtant admettre que les textes américains étaient bien plus clairs quant à l'expression des droits énoncés et plus progressistes que la déclaration française. On citera à titre d'exemple, la liberté de réunion et d'association, ou encore le droit de pétition, droits à propos desquels

---

[1] *Traité de droit constitutionnel.* 2e éd. III, 1923., p. 558.

le texte français reste muet, mais qui sont définis dans la déclaration américaine [1]. Il n'empêche que c'est la déclaration française qui a eu la plus grande influence, ce que les historiens appellent « la suite française » [2]. « C'est bien dans la variante française et non pas dans celle, pourtant antérieure, des Américains, que le monde a appris les droits de l'homme »[3]. L'esprit de la déclaration fut au cœur des débats intellectuels et des affrontements politiques du XIXe siècle, et ce jusqu'au début du XXe.

En réalité, le poids de la déclaration française n'a jamais cessé de se faire sentir et elle constitue incontestablement l'une des sources des droits de la personne humaine. Elle a toutefois deux défauts: d'un côté un caractère catégorique et polémique (face à l'absolutisme royal défunt), et de l'autre côté l'absence d'un mécanisme quelconque destiné à garantir l'exercice des droits énoncés. Il ne s'agit pas, par conséquent, d'un instrument de protection, mais bien d'une déclaration de principe dont la force morale reste valable en tout temps.

Section 2. L'humanisation de la guerre: premiers efforts vers une protection internationale

Le souci de l'homme de porter assistance aux victimes de la guerre est aussi ancien que la civilisation. Les philosophes grecs avaient contribué à l'élaboration d'un droit de la guerre. Les principes humanistes de la philosophie antique influencèrent donc ce droit qui, entre autres, prévoyait le rassemblement et l'enterrement des corps après la bataille.

Néanmoins, l'assistance aux victimes de la guerre sous forme de règles interétatiques ne devait pas apparaître avant la fin du XVIe siècle. Au Moyen Age, les armées étaient constituées de troupes privées et de mercenaires et le caractère du personnel sanitaire accompagnant parfois ces troupes était imprécis. Ce n'est qu'à l'aube de l'époque classique que les Etats commenceront à s'occuper des soldats blessés. En effet, l'armée perdit alors son caractère privé et devint un organisme d'Etat. Les gouvernants s'attachèrent davantage à la qualité du recrutement et à la réduction parallèle du chiffre des pertes en vies humaines.

Dès lors, de nombreux traités furent conclus entre des pays belligérants: deux-cent-quatre-vingt-onze traités furent signés au total entre 1581 et 1864, année qui vit la naissance de la première Convention de Genève.

---

[1] Hamburger, *Droits de l'homme et relations internationales. R.C.A.D.I.H.*, 1959. T. 97, pp. 312-313.

[2] *Encyclopedia Universalis.* Vol. 5, p. 816.

[3] Mirkine-Guetzevitch, *Quelques problèmes de mise en œuvre de la déclaration universelle des droits de l'homme. R.C.A.D.I.H.* 1953, T. 83, p. 275.

Ils établirent ainsi les fondements d'un droit international de la protection des victimes de la guerre [1].

On remarquera cependant que le fameux ouvrage de Hugo Grotius ne fait aucune mention du problème de l'assistance aux victimes de la guerre, alors qu'en 1646, date de sa publication, plusieurs accords bilatéraux traitant de cette question avaient déjà été élaborés [2]. De même, Vattel ne consacre aucune attention particulière à ce sujet. Il se contente de poser le problème dans une règle, énoncée sous forme de principe, selon laquelle le but des opérations militaires étant la mise hors de combat de l'adversaire, il n'existe plus de droit sur sa vie dès le moment où il a cessé toute résistance [3].

Les bases du mouvement humanitaire et du droit de la guerre trouvent en fait leur origine dans les écrits de Montesquieu [4], qui influença la doctrine de Rousseau sur la nature de la guerre [5]. Ces théories, bien que demeurant dans un cadre purement philosophique, eurent une influence sur l'idée que l'on se faisait de la guerre. Celle-ci fut désormais perçue comme une relation hostile entre Etats et non plus entre hommes, ce qui autorisait la protection, par ailleurs impérieuse, de ces derniers. Ainsi fut établie la première formulation internationale des droits de la personne humaine applicables en période de conflit armé.

La codification de La Haye, couvrant la réglementation des méthodes et moyens de combat, aura une destinée glorieuse pendant le XIXe siècle et au début du XXe. Jusqu'à l'élaboration des Conventions de Genève de 1949, ce furent les règles de La Haye qui constituèrent la majeure partie du droit de la guerre; le droit de Genève n'occupait qu'une petite place, réglant la protection des soldats blessés et malades et quelques aspects du traitement des prisonniers de guerre [6]. Ce n'est qu'après la seconde guerre mondiale que le droit de Genève, grâce aux efforts du C.I.C.R.,

---

[1] BOGAIEWSKI, « Le secours aux militaires malades et blessés avant le XIXe siècle ». *R.G.D.I.P.*, 1903, p. 217.

[2] *De jure belli ac pacis*. 1646

[3] VATTEL. *Le droit des gens, ou principes de la loi naturelle appliquée à la conduite et aux affaires des Nations et Souverains*. Neuchâtel, 1773.

[4] *L'esprit des Lois*, Livre I, Ch. III.: « ... Le droit des gens est naturellement fondé sur ce principe que les diverses nations doivent se faire dans la paix le plus grand bien et dans la guerre le moins de mal... ». Paris, Ed. Garnier Frères, 1956, p. 9.

[5] *Le contrat social*, Livre I, Ch. IV.: « ... La guerre n'est donc point une relation d'homme à homme, mais une relation d'Etat à Etat, dans laquelle les particuliers ne sont ennemis qu'accidentellement... La fin de la guerre étant la destruction de l'Etat ennemi, on a le droit de tuer les défenseurs tant qu'ils ont les armes à la main, mais sitôt qu'ils les déposent et se rendent, ils deviennent simplement hommes et l'on n'a plus de droit sur leur vie. ». Paris, Ed. Garnier Frères, 1954, p. 240.

[6] Le traitement des prisonniers faisait aussi l'objet du chapitre II du Règlement annexé à la IIe Convention de La Haye de 1899 et à la IVe de 1907.

fut complété [1], tandis que les conférences de La Haye de 1899 et 1907 restaient sans suite [2]. L'importance des Conventions de La Haye par rapport aux Conventions de Genève jusqu'en 1949 est illustrée par une série de références faites par les instruments genevois aux premières. C'est ainsi que la Convention de 1929 sur le traitement des prisonniers de guerre fait directement référence au Règlement annexé à la IVe Convention de 1907 [3]. De nos jours, la situation est inversée et depuis l'entrée en vigueur des Protocoles additionnels, le droit de Genève englobe désormais une grande partie de ce qui était du domaine du droit de La Haye, même en ce qui concerne les méthodes et moyens de combat [4]. C'est pour tenir compte de cette évolution que nous parlerons d'abord du droit de La Haye, bien qu'historiquement il soit postérieur au droit humanitaire. En fait ce dernier couvre aujourd'hui la totalité ou presque de la protection de la personne en période de conflit armé.

A. *Le mouvement de La Haye.*

Le « mouvement de La Haye » commence avec la « *Déclaration de St-Pétersbourg* » du 11 décembre 1868. Dans cette déclaration, les Parties, faisant montre de préoccupations humanitaires et résolues à diminuer les souffrances humaines pendant les conflits armés, s'engagent à renoncer à l'emploi « de tout projectile d'un poids inférieur à 400 gr. qui serait ou explosible ou chargé de matières fulminantes, ou inflammables » [5]. Les dispositions de cet instrument sont toujours en vigueur, mais les Etats qu'il lie sont peu nombreux: dix-neuf au total. La portée de la déclaration est restreinte, mais la raison de son importance dans le droit de la guerre ressort de son préambule, qui introduit deux nouvelles notions fondamentales propres à ce droit: le « but légitime » dans la guerre et les « souf-

---

[1] 1. « Convention pour l'amélioration du sort des blessés et des malades dans les forces armées en campagne ». 2. « Convention pour l'amélioration du sort des blessés, des malades et naufragés des forces armées sur mer ». 3. « Convention relative au traitement des prisonniers de guerre ». 4. « Convention relative à la protection des personnes civiles en temps de guerre ». Signées le 12 août 1949. *Manuel de la Croix-Rouge*. 11e éd., pp. 33-224.

[2] Une troisième conférence aurait dû avoir lieu. Ce projet était explicitement énoncé dans la « Déclaration relative à l'interdiction de lancer des projectiles et explosifs du haut des ballons », instrument no XIV de la Conférence. Cf. DELTENRE, *Recueil des lois de la guerre*, Bruxelles 1943, p. 2116.

[3] Dans son premier article, elle prévoit l'application de ses règles aux personnes mentionnées aux articles 1, 2 et 3 du Règlement.

[4] La Section I du Titre III du Protocole I, intitulée « Méthodes et moyens de combat », réaffirme les dispositions analogues du Règlement de La Haye de 1907 et de la Déclaration de Saint-Pétersbourg de 1868. Cf. C.I.C.R. *Commentaires sur les projets de Protocoles additionnels aux Conventions de Genève du 12 août 1949*. Genève, 1973, p. 42.

De même pour la Section I du Titre IV du Protocole I, et du Titre V du Protocole II (chapitre premier), intitulés « Protection générale de la population civile contre les effets des hostilités ». Commentaires, *ibid.*, p. 55.

[5] DELTENRE. « Recueil », *supra* pp. 40-50.

frances inutiles ». Ces deux notions, qui sont à la base de toute la philosophie et de la raison d'être du droit de la guerre, fixent « les limites techniques où les nécessités de la guerre doivent s'arrêter devant les exigences de l'humanité » [1].

Il n'est pas dans notre intention d'analyser ici la définition du « but légitime » ni celle des « souffrances inutiles ». Cette analyse a été faite à l'occasion du centenaire de la Déclaration de St-Pétersbourg [2]. Le but de la guerre étant, comme l'affirmait Jean-Jacques Rousseau [3], « la destruction de l'Etat ennemi », il fallait réglementer les moyens et les méthodes de guerre, de manière à ne pas dépasser ce but ni causer de souffrances inutiles. En définitive, « c'est en contrôlant les moyens et en limitant les objectifs permis que le droit de la guerre contrôle et limite directement le but dans la guerre et, indirectement, la fin de la guerre » [4]. Cette dernière citation fait bien ressortir le caractère humanitaire du droit de La Haye. On remarque du reste que la Déclaration de St-Pétersbourg suivait de peu la Convention de Genève de 1864. Elle renforça ainsi le mouvement de l'époque qui visait à humaniser la guerre.

L'instrument le plus connu parmi ceux qui furent établis par les deux Conférences de la Paix tenues à La Haye en 1899 et en 1907 est le « *Règlement sur les lois et coutumes de la guerre sur terre* », annexé à la Convention de 1899 puis à la IVe Convention de 1907. C'est aussi celui qui intéresse le plus directement notre étude, car il touche des matières réglées par les Conventions de Genève et leur Protocole additionnel I et c'est celui qui se rapproche le plus de l'esprit humanitaire des Conventions de Genève. Cependant, d'autres instruments élaborés dans le cadre des Conférences de la Paix et qui sont encore en vigueur participent aussi du même esprit d'humanité [5].

Il faut encore citer ici un instrument qui, adopté à l'époque de la Société des Nations, est toujours en vigueur. Il s'agit du « *Protocole de Genève* » de 1925 concernant la prohibition d'emploi à la guerre de gaz asphyxiants, toxiques ou similaires, et des moyens bactériologiques [6], qui rentre dans

---

[1] Préambule de la Déclaration. Cf. Deltenre, *op. cit.* p. 41.

[2] Meyrowitz, « Réflexions à propos du centenaire de la Déclaration de Saint-Pétersbourg ». R.I.C.R., 1968, pp. 541-555.

[3] Rousseau, « Le contrat social », *op. cit.*, p. 7.

[4] Meyrowitz, *supra*, p. 555 *in fine*.

[5] En particulier les Conventions suivantes, établies par la deuxième Conférence: « Convention relative à la pose des mines sous-marines automatiques de contact » (VIII). « Convention concernant le bombardement par des forces navales en temps de guerre » (IX). « Convention relative à certaines restrictions à l'exercice du droit de capture dans la guerre maritime » (XI).

[6] Adoptée au sein de la « Conférence pour le contrôle du commerce international des armes et munitions et des matériels de guerre », afin de « combattre le trafic des gaz délétères dans l'espoir de diminuer la barbarie de la guerre moderne ». Société des Nations. Conférence pour le contrôle des armes. Doc. A.13.1925 IX (1925), p. 745. Pour le texte du Protocole, cf. Deltenre, « Recueil », *supra*, pp. 442-444.

le droit de La Haye et non dans le droit humanitaire de l'époque du fait qu'il vise la réglementation des méthodes et moyens de combat et non la protection des victimes des conflits armés. Le « Protocole de Genève » est encore aujourd'hui le seul instrument international qui interdise expressément la guerre bactériologique. Les Etats, considérant que l'interdiction des armes bactériologiques « s'inspire de la conscience et de la pratique des Nations », acceptèrent d'y renoncer, ainsi qu'à tous les liquides, matières ou procédés analogues. La valeur de ce Protocole, dont le contenu est cependant très restreint, a été confirmée à plusieurs reprises par l'Assemblée générale des Nations Unies [1].

B. *Le mouvement de la Croix-Rouge.*

Le 24 juin 1859, Français et Autrichiens s'affrontèrent à Solferino en Lombardie, laissant sur le terrain quelque 38 000 soldats tués ou blessés. Un citoyen de Genève, Henry Dunant, fut le témoin de ce carnage. Il constata que l'absence de tous secours organisés devait entraîner la mort d'un très grand nombre de blessés, abandonnés sans soins sur le champ de bataille. Profondément touché, il écrivit, à son retour à Genève, un petit livre qui eut immédiatement un très grand succès: « Un souvenir de Solferino ». Dans cette étude, Dunant proposait la création dans chaque pays d'une « société de secours aux militaires blessés » et l'établissement de « quelques principes internationaux conventionnels et sacrés, lesquels une fois agréés et ratifiés, serviraient de base » à ces sociétés de secours [2].

Cet ouvrage, venant à un moment où la doctrine avait généralement admis une certaine conception du droit des gens applicable en temps de guerre [3], eut un effet immédiat.

L'un des premiers lecteurs de Dunant fut Gustave Moynier qui, en sa qualité de président de la « Société genevoise d'utilité publique », l'invita à donner une conférence. Le général Dufour, Th. Maunoir et L. Appia

---

[1] Dans sa Résolution 2162 B (XXI) du 5 décembre 1966, adoptée sans opposition, elle invita les Etats à se conformer aux principes et objectifs du Protocole. L'assemblée générale a également fait des références directes au Protocole de 1925 dans une série de résolutions: Résolution 1653 (XVI) du 24 novembre 1961 adoptant la déclaration sur l'interdiction de l'emploi des armes nucléaires et thermonucléaires; Résolution 2444 (XXIII) du 13 janvier 1969 sur le respect des droits de l'homme en période de conflits armés; enfin, Résolution 2603 (XXIV) du 21 janvier 1970 relative aux armes chimiques, bactériologiques et biologiques, qui poursuit ses efforts pour interdire certaines armes, conventionnelles ou non. Il faut toutefois signaler que cette question reste en dehors du droit humanitaire et concerne le droit du désarmement.

[2] Dunant. *Un souvenir de Solferino.* Publié par l'Institut Henry Dunant. Ed. L'âge d'homme. Lausanne, 1969, pp. 102 et 112.

[3] Heffter. *Das europäisches Völkerrecht der Gegenwart.* Berlin, 1844. « Les peuples civilisés ne reconnaissent dans la guerre qu'un état de nécessité, un mal inévitable, lequel ne doit pas être étendu au-delà de ce que la nécessité exige, un état de nécessité dans lequel ce n'est pas l'homme qui combat contre l'homme pour sa destruction, et par conséquent contre lui-même, mais un Etat qui lutte contre un autre Etat ». p. 201.

étaient aussi membres de la société. Dunant s'associa à eux et ils créèrent ensemble le « Comité des cinq », point de départ de la Croix-Rouge internationale. Le comité genevois, qui devint très vite le « Comité international et permanent de secours aux militaires blessés » [1], avait pour ambition de créer un droit international protégeant les personnes participant aux hostilités. Dans ce but, il entreprit des démarches et adressa une invitation aux gouvernements afin qu'ils envoient à Genève des représentants pour débattre de cette idée. Cette initiative fut couronnée de succès et trente-six délégués siégèrent à Genève en octobre 1863. Ils adoptèrent une résolution [2] qui préconisait deux mesures: *a)* la formation de sociétés nationales de secours, *b)* la neutralisation des blessés, malades et membres du personnel sanitaire ainsi que du signe distinctif de protection et l'inclusion de ces principes dans une convention internationale.

Il ne faudrait cependant pas quitter cette période précédant la codification du droit de la guerre sans mentionner les « General Orders » du professeur Francis Lieber. Cet historien et économiste d'origine allemande, naturalisé américain, établit le 24 avril 1863, sur demande du gouvernement américain, des instructions concernant la conduite des armées pendant la guerre de Sécession. Celles-ci imposaient entre autres la protection du personnel sanitaire et des prisonniers de guerre. Ces instructions, approuvées par le président Lincoln et plus connues sous la dénomination de « *Code de Lieber* » [3], ont exercé une très grande influence sur la formation du droit international humanitaire, lequel devait une année plus tard avec la première « Convention pour l'amélioration du sort des militaires blessés dans les armées en campagne », signée à Genève le 22 août 1864, atteindre une étape décisive de son développement.

Quelques années plus tard cependant, on vit le droit humanitaire remis en question. En effet, pendant la guerre franco-allemande, les dispositions de la Convention ne furent pas respectées. Du côté français en particulier, les unités sanitaires étaient très réduites et l'emblème de la croix rouge inexistant. A ce non respect de la Convention vint s'ajouter un projet russe de convention générale qui reprenait en partie les articles du texte de 1864. On a murmuré que les Etats envisageaient discrètement de se libérer des obligations de la Convention de Genève à l'occasion de l'examen du projet par la Conférence de Bruxelles de 1874 [4]. Finalement,

---

[1] Ce n'est qu'en 1880 qu'apparaît la dénomination actuelle de « Comité international de la Croix-Rouge » (C.I.C.R.).

[2] Résolution de la première Conférence internationale de Genève de 1863 sur « Les fondements et les principes de la Croix-Rouge ». Manuel de la Croix-Rouge. 11e éd., p. 377.

[3] PILLET. *Les lois de la guerre.* Paris, 1901. 2e éd., pp. 387 et ss.

[4] BOISSIER, *L'histoire du C.I.C.R.* Paris, 1963, pp. 363-364. Egalement pour cette période: BUJARD, « La Convention de Genève de 1864 et la conférence de Bruxelles ». *Revue internationale de la Croix-Rouge*, 1974, pp. 584-594 et 639-649.

à la suite des démarches des membres de la Croix-Rouge, la *Déclaration de Bruxelles*, qui par ailleurs n'est jamais entrée en vigueur, a laissé intacte la Convention de Genève en réaffirmant dans son article 35 que « les obligations des belligérants concernant le service des malades et des blessés sont régies par la Convention de Genève du 22 août 1864... » [1]. Ce droit a été codifié à plusieurs reprises depuis lors, pour atteindre sa dernière étape avec l'adoption des deux Protocoles additionnels aux Conventions de Genève de 1949, et il constitue désormais la partie la plus importante du droit de la guerre.

Section 3. Droits de l'homme

Les efforts internationaux visant à accroître la protection de la personne sont directement liés au problème du recours à la guerre. Le *jus ad bellum*, avec le *jus in bello*, constituent, chronologiquement parlant, les deux premières catégories de règles du droit des gens relatives à la protection de l'homme. Les droits de l'homme, plus tardifs, viendront compléter ces règles qui verront leur épanouissement couronné par l'interdiction expresse du recours à la force et par l'adoption de la Déclaration universelle des droits de l'homme.

Selon la doctrine positiviste, qui admettait l'Etat comme seul et unique sujet du droit international, le recours à la guerre était un droit illimité. Il fallait un changement de mentalité pour pouvoir admettre une limitation de ce droit basée sur des raisons humanitaires. Car tous les mouvements humanitaires et le droit international humanitaire ont une origine commune: la prise de conscience des exigences de l'humanité.

Le changement de mentalité se fera peu à peu à travers la création des premières organisations internationales [2], les premières applications des règles de l'arbitrage international [3], ainsi que le mouvement ouvrier et l'Internationale de Marx [4]. Ces événements contribuèrent à la libéralisation conceptuelle de la doctrine du droit international, qui commença à admettre

---

[1] Pour le texte de la Déclaration, voir Deltenre, « Recueil », *op. cit.*, 143, pp. 40-50. La Déclaration de Bruxelles a cependant servi de base à plusieurs manuels militaires, ainsi qu'aux travaux de la première Conférence de La Haye. Ses dispositions ont été également débattues à plusieurs reprises au sein de l'Institut de Droit international (cf. « Actes de la Conférence de Bruxelles ». *Annuaire de l'Institut de Droit international*, 1877). Sur la base de ces mêmes dispositions, l'Institut élabora en 1880, à sa session d'Oxford, le manuel des lois et coutumes de la guerre dénommé « Manuel d'Oxford » (cf. Deltenre, « Recueil », *ibid.*, pp. 634-714.

[2] Union télégraphique internationale (1865), Union postale universelle (1874), etc...

[3] Affaire Alabama (14 septembre 1872). Règlement d'un litige entre les Etats-Unis et la Grande-Bretagne. Cf. Moore. *International Arbitration*, Vol. I., pp. 653-659.

[4] Congrès réuni à Genève (1865), Lausanne (1867), Bruxelles (1868), Bâle (1869). La première Internationale était unanime en ce qui concerne l'interdiction de la guerre, ainsi que le congrès de la deuxième Internationale socialiste (1891-1912).

le principe de la limitation de la souveraineté et à reconnaître l'individu comme sujet lié à l'ordre international par l'intermédiaire des Etats [1].

C'est ainsi que, encore dans le contexte d'un droit international autorisant le recours illimité à la guerre, une convention fut élaborée pour régler un aspect particulier de la question [2], constituant ainsi le début du mouvement vers l'interdiction de la guerre, mouvement qui fut couronné par l'interdiction formelle du recours à la force incorporé dans la Charte des Nations Unies.

Le lien entre le maintien de la paix et les droits de l'homme a été proclamé par les Nations Unies d'une manière solennelle. C'est ce lien qui avait constitué le fondement idéologique de la Conférence de San Francisco. La Charte de l'ONU, dans son article premier, place « le maintien de la paix et de la sécurité internationales » (al. 1) et « les droits de l'homme et les libertés fondamentales pour tous sans distinction de race, de sexe, de langue ou de religion » (al. 3) parmi les buts et les principes de l'organisation. Il faut y voir l'aboutissement d'une prise de conscience politique, car la seconde guerre mondiale avait bien démontré la nécessité de garantir un système dans lequel les peuples vivraient « à l'abri de la peur et du besoin » [3]. Les leaders politiques des pays alliés savaient fort bien que, pour encourager les peuples à combattre l'agression nazie, il fallait donner l'assurance qu'une paix durable dans le respect des droits de l'homme et des libertés fondamentales serait garantie.

Le président Roosevelt, conscient du problème, envoya au Congrès américain son célèbre message en quatre points « comme fondement d'un monde à réaliser » [4]. La lutte contre l'Allemagne n'était pas une lutte classique contre un occupant, mais plutôt une guerre entre deux idéologies opposées. Les peuples alliés se battaient « pour le respect de l'homme, pour les libertés fondamentales et les droits de l'homme qui sont à la base du développement, du progrès et de la paix » [5].

---

[1] KELSEN, *General Theory of Law and State*. Cambridge, 1946. GREEN, « The individual and his status in international Law ». *A.J.I.L.*, 1961, pp. 415-498. SPERDUTI, « L'individu et le droit international ». *R.C.A.D.I.H.*, 1956, T. 90, pp. 727-847.

[2] Convention PORTER, conclue lors de la seconde Conférence de La Haye, restreignant l'emploi de la force. Les puissances contractantes s'engageaient à « ne pas avoir recours à la force armée pour le recouvrement de dettes contractuelles réclamées au gouvernement d'un pays par le gouvernement d'un autre pays comme dues à ses nationaux ». Une exception était prévue lorsque l'Etat débiteur ne se soumettait pas à une procédure arbitrale ou n'exécutait pas une sentence arbitrale. Cf. WEHBERG, « L'interdiction du recours à la force », *R.C.A.D.I.H.*, Tome 78, pp. 30 et 31.

[3] Expression utilisée dans la « Charte Atlantique » signée le 14 août 1941.

[4] Les quatre points portaient sur les quatre droits: *a)* liberté de parole et d'expression partout dans le monde; *b)* liberté de prier Dieu de la façon qui convient à chacun; *c)* droit d'être à l'abri du besoin; *d)* droit de vivre à l'abri de la peur.

[5] Allocution du maréchal SMUTS à la conférence de San Francisco. *U. N. Conference on international Organization.* Vol. 1., p. 465 (Doc. 55 P/13).

A. *Premiers efforts d'internationalisation des droits de l'homme.*

Le principe général des droits de l'homme n'était pas énoncé dans le Pacte de la Société des Nations. Cette situation reflète l'idée traditionnelle qui voulait que les droits de l'homme relèvent des affaires internes des Etats, échappant ainsi au domaine du droit international. Si la SDN avait mentionné dans sa constitution quelques droits inhérents à la personne humaine, peut-être aurait-elle pu diminuer la progression du fascisme international qui a causé la plus meurtrière des guerres.

Cependant, dans deux domaines relatifs aux droits de l'homme, l'organisation a accompli un progrès considérable: avec le régime concernant les *territoires sous mandat* et avec la *protection des minorités.* Le régime des mandats, prévu à l'article 22 du Pacte, développait, d'une façon révolutionnaire pour l'époque, le droit des peuples à disposer d'eux-mêmes.

En ce qui concerne les minorités, aucune disposition n'est incluse dans le texte du Pacte. Néanmoins, une série de traités conclus sous les auspices de la SDN garantissaient, *mutatis mutandis,* aux personnes appartenant à des minorités la vie et la liberté, la liberté de religion, l'usage de la langue maternelle, l'égalité devant la loi et la jouissance des droits civils et politiques.

Il ne s'agissait donc pas d'une protection générale engageant les membres de la Société des Nations mais bien plutôt d'une protection spécifique qui couvrait les minorités des pays ayant conclu des traités à cet égard [1] ou ayant explicitement déclaré, avant d'adhérer à la SDN, vouloir protéger les droits de minorités vivant sur leur territoire [2]. Cette déclaration préalable devint une condition *sine qua non* de l'acceptation d'un nouveau membre sur le territoire duquel vivaient des minorités. En ce qui concerne les différends qui pouvaient surgir sur toute question relative aux minorités, la C.P.J.I. pouvait être saisie par tout membre du Conseil de la SDN si ce dernier n'était pas en mesure de trouver une solution [3].

B. *L'universalisation des droits de l'homme.*

Nous avons vu que la Charte des Nations Unies avait, quant au recours à la force, adopté des dispositions claires qui donnent une image nette de l'ensemble du problème. On ne peut faire la même constatation en matière de droits de l'homme. Contrairement aux espoirs qui avaient été placés en elle, la Charte devint source de controverses doctrinales et de

---

[1] Pologne, Tchécoslovaquie, Yougoslavie, Roumanie, Grèce, Autriche, Bulgarie, Hongrie, Turquie.

[2] Albanie, Estonie, Lituanie, Finlande (îles Aaland), Iraq. Pour le système de protection, voir HUMPHREY, « League of Nations and Protections of Minority Rights ». *Protection of human Rights* éd. Luard, London, Thames and Hudson, 1968 pp. 39 et s.

[3] *Trois affaires* furent ainsi portées devant la Cour, toutes trois concernant les minorités allemandes de Pologne. Pour la saisine de la Cour permanente, voir FEINBERG, « La jurisprudence et la juridiction de la Cour permanente de Justice internationale en matière de mandats et de minorités ». *R.C.A.D.I.H.*, Tome 59, 1937, pp. 587-708.

confusion. Il y a trois raisons à cela: i) l'absence de définition des droits de l'homme; ii) l'absence d'un organe chargé du contrôle de leur respect effectif; iii) le manque de clarté quant aux relations existant entre les droits de l'homme et le « domaine réservé » de l'art. 2, par. 7, de la Charte.

i) L'expression « droits de l'homme » est inscrite dans le préambule de la Charte, ainsi qu'aux articles 1, par. 3; 13, par. 1 al. b; 55 al. c; 56; 62; par. 2; 68 et 76, al. c. Le texte ne définit nulle part quels sont les « droits de l'homme et les libertés fondamentales pour tous » que les Etats signataires s'engagent à « développer et à encourager ». Une exception cependant doit être faite en ce qui concerne le « droit des peuples à disposer d'eux-mêmes » et le principe de la « non-discrimination fondée sur la race, le sexe, la langue ou la religion ». Ce principe de non-discrimination n'a pas le caractère d'une interdiction générale.

ii) L'expression « protection » n'est pas utilisée par la Charte. Les Nations Unies et les Etats membres ont pour mission de « favoriser, développer, encourager et promouvoir » les droits de l'homme. L'ECOSOC, organe principal de l'ONU chargé des questions sociales, peut seulement « faire des recommandations en vue d'assurer le respect effectif » des droits de l'homme [1]. En effet, l'ECOSOC et la Commission des droits de l'homme créée par ce dernier [2] ont un caractère promotionnel et leur tâche se limite à rédiger des rapports et à étudier la situation des droits de l'homme dans les pays membres de l'ONU. Aucun système de protection véritable n'est donc prévu, à l'exception du Conseil de tutelle, chargé des territoires non autonomes [3].

Cependant, au cours des dernières années, la Commission des droits de l'homme s'est quelque peu éloignée de son rôle promotionnel et a entrepris, depuis 1967, d'enquêter sur les violations des droits de l'homme [4]. La tâche protectrice de la Commission fut inaugurée avec la création des

---

[1] Art. 62, par. 2, dans le chapitre X de la Charte, sur le Conseil économique et social.

[2] L'ECOSOC, par sa résolution 5 (I) du 16 février 1946, mit sur pied, conformément à l'art. 68 de la Charte, une commission dénommée « Commission nucléaire des droits de l'homme », composée de neuf membres, et chargée de préparer le mandat de la « Commission des droits de l'homme ». Dans son unique session du 29 avril au 20 mai 1946, la commission nucléaire formula ses recommandations, sur la base desquelles l'ECOSOC, lors de sa deuxième session, définit la composition de la Commission des droits de l'homme par sa résolution 9 (II) du 21 juin 1946. Voir MARIE, *La Commission des droits de l'homme de l'ONU*. Paris, Pédone, 1975, pp. 40-52.

[3] Institué par l'art. 86 de la Charte, cet organe a pour fonction de contrôler (art. 87 et 88) le fonctionnement du régime de tutelle prévu au chapitre XII (art. 78-85). Voir LEROY, « La nature juridique des accords de tutelle ». *R.G.D.I.P.*, 1965, T. 36.

[4] Depuis 1967, les Etats nouvellement indépendants qui deviennent membres de l'O.N.U. modifient les rapports de force au sein de celle-ci. La Commission siège dans une nouvelle composition sur la base d'une répartition géographique équitable. Avec l'élargissement de la Commission débute sa nouvelle activité. Sa composition actuelle est de 32 membres (54 pour l'ECOSOC), conformément à la résolution 2847 (XXVI) du 10 décembre 1971 de l'Assemblée générale, entrée en vigueur le 24 septembre 1973.

« groupes spéciaux » chargés d'enquêter sur la situation en Afrique australe [1]. En 1969, un nouveau groupe sera créé pour enquêter sur les allégations relatives aux violations par Israël de la quatrième Convention de Genève du 12 août 1949 [2]. Enfin, plus récemment, la Commission décide d'envoyer un groupe au Chili, qui refusa cependant de l'accepter sur son territoire [3].

iii) L'art. 2, par. 7, de la Charte de l'ONU, prolongement de l'art. 15, par. 8, du Pacte de la SDN, est basé sur le principe du domaine réservé. Cet article limitait, selon la doctrine de l'époque, le champ d'action de l'organisation internationale pour garantir le respect des droits de l'homme.

Mais la controverse en question n'a plus de valeur aujourd'hui, car si les droits de l'homme ne sont pas définis dans la Charte, ils le sont dans la Déclaration universelle des droits de l'homme et dans toute une série d'instruments relatifs aux droits de l'homme venus combler les lacunes de la Charte, qui constitue leur source d'inspiration et leur base de légitimité. En ce qui concerne l'absence de l'expression « protection » dans la Charte en matière de droits de l'homme, la doctrine semble aujourd'hui s'accorder sur le fait que l'obligation de « promouvoir » englobe l'obligation du respect et de la protection [4].

Une fois admis le caractère obligatoire des dispositions relatives aux droits de l'homme [5], la solution au problème de la relation entre ceux-ci et le « domaine réservé » prévu à l'art. 2, par. 7, n'existe plus. Les Nations Unies n'ont jamais admis que les droits de l'homme constituaient une affaire interne. Elles ont au contraire, à maintes reprises, sous forme de déclarations, de résolutions, de recommandations, de décisions ou encore de conventions, démontré leur conviction que le respect effectif des droits de l'homme et des libertés fondamentales est bien une affaire internationale; or une matière qui est réglée par le droit international est de ce fait sous-

---

[1] Résolution 1761 (XVII) de l'Assemblée générale du 6 novembre 1962.

[2] Résolution 2443 (XXVIII) de l'Assemblée générale. Nous parlerons en détail de cette résolution dans la quatrième partie.

[3] Le gouvernement militaire chilien a néanmoins accepté sur son territoire une Commission du Bureau international du Travail (B.I.T.) instituée en vertu de l'art. 26 de la Constitution de l'Organisation internationale du Travail (O.I.T.) « pour examiner l'observation par le Chili de la Convention (nº 1) sur la durée du travail de 1919 (industrie) et de la Convention (nº 111) concernant la discrimination sur l'emploi et la profession de 1958 »; cf. *Rapport de la Commission B.I.T.*, 1re éd., 1975 et suivantes.

[1] GANJI, *International protection of human Rights*. Genève, Droz, 1962, p. 123: Thèse I.U.H.E.I.: « ... We can draw a legitimate conclusion that a legal obligation to promote comprises the legal obligation to protect... ».

[5] ERMACORA, « Human rights and domestic jurisdiction ». *R.C.A.D.I.H.*, 1968, T. 128, p. 427: « ... It must not be overlooked that the Charter contains at least one specific provision concerning the protection of human rights. It is the prohibition of discrimination. Its formulation is as precise or as vague as that of any equivalent rule of national law, no reason can be found why a sentence should be regarded as a norm in one legal system, while the same sentence is said to be not a legal norm... ».

traite à l'ordre interne. Ici, l'œuvre des Nations Unies n'a fait que donner un caractère juridique à la conception philosophique et morale qui énonce que quand un homme souffre dans un coin du monde, ce sont tous les hommes qui souffrent avec lui.

* * *

CHAPITRE II

LE RAPPROCHEMENT ENTRE LES DROITS DE L'HOMME ET LE DROIT HUMANITAIRE

INTRODUCTION. LES MOTIFS DE CE RAPPROCHEMENT

Ce sont les Nations Unies qui ont les premières pris l'initiative d'envisager l'application des droits de l'homme pendant les périodes de conflits armés. On a d'ailleurs prêté à cet organisme des intentions d'ordre politique, en relation avec l'hostilité des pays socialistes et du Tiers Monde à l'égard d'Israël.

Ce n'est pas le but de notre étude que de rechercher et d'analyser les raisons du comportement politique des Etats face à ce problème. Cette question peut faire l'objet d'une étude séparée relevant de la science politique et des relations internationales. Pour nous, ce qui importe, ce sont les faits, c'est-à-dire la pratique des Nations Unies en la matière et ses conséquences juridiques dans le domaine de la protection de la personne humaine en période de conflit armé.

Par ailleurs, il nous paraît tout à fait inutile, dix ans plus tard, de nous livrer à cette recherche; la pratique des Nations Unies en matière de respect des droits de l'homme en période de conflit armé a fait son chemin et, chaque année depuis 1968, est incluse à l'ordre du jour de l'Assemblée générale une question intitulée « Respect des droits de l'homme en période de conflit armé ».

Derrière le comportement international de chaque Etat et derrière chaque décision d'un organisme international, il y a une raison politique. Mais cette constatation ne diminue pas l'importance que peut avoir par la suite la position adoptée pour les relations internationales. Il est clair que la communauté internationale, devant l'impossibilité de contrôler les pratiques israéliennes dans les territoires occupés par le biais du droit de la guerre, et devant le refus d'Israël de reconnaître le caractère juridique de l'occupation de ces territoires, ne disposait plus que de la solution qui consistait à intervenir, au sein de l'ONU, par le biais des droits de l'homme. Seule solution pour l'ONU également, qui ne peut se mettre à la place des organes de contrôle prévus dans les conventions du droit de la guerre. Cette intervention marqua le début de l'intérêt porté par les Nations Unies au droit de la guerre, intérêt qui, par une série de résolutions, a contribué à l'avancement des travaux sur la réaffirmation et le développement du droit humanitaire. Ces travaux, qui ont abouti à la signature de deux Protocoles additionnels aux Conventions de Genève, n'auraient certainement pas pu être menés à bien sans la volonté des Nations Unies.

SECTION 1. LE RAPPROCHEMENT AU SEIN DES ORGANISATIONS INTERNATIONALES

A. *La pratique onusienne en général.*

Le premier document dans lequel les Nations Unies s'associent à une situation de conflit armé est la résolution 237 du Conseil de Sécurité, du 14 juin 1967, relative au conflit israélo-arabe. Celle-ci recommande aux Parties au conflit « de respecter scrupuleusement les principes humanitaires régissant le traitement des prisonniers de guerre et la protection des civils en temps de guerre tels qu'ils ont été énoncés dans les Conventions de Genève du 12 août 1949 » [1]. L'Assemblée générale, dans sa résolution 2252 du 4 juillet 1967, accueillit cette résolution avec satisfaction [2].

L'année suivante, 20e anniversaire de la Déclaration universelle des droits de l'homme, la « Conférence des droits de l'homme » de l'ONU, réunie à Téhéran, mentionnait pour la première fois les droits de l'homme en relation avec les conflits armés, en adoptant, le 28 mai 1968, deux résolutions, parmi d'autres, relatives au respect des droits de l'homme dans les conflits armés. La première, la résolution I, intitulée « Respect et application des droits de l'homme dans les territoires occupés », demandait au gouvernement israélien de « respecter et appliquer dans les territoires occupés la Déclaration universelle des droits de l'homme et les Conventions de Genève du 12 août 1949 » [3].

La seconde, la résolution XXIII, intitulée « Les droits de l'homme dans les conflits armés », considérait que « la violence et la brutalité si largement répandues à notre époque, en particulier les massacres, les exécutions sommaires, les tortures, les traitements inhumains infligés aux prisonniers, le meurtre de civils en période de conflits armés et l'emploi d'armes chimiques et biologiques, y compris les bombes au napalm, sapent les droits de l'homme et engendrent en retour de nouvelles brutalités ». En outre, cette résolution demandait à tous les Etats d'adhérer aux Conventions de Genève [4].

---

[1] ONU, *Chronique mensuelle*, juillet 1967, p. 36.

[2] *Ibid.*, p. 89.

[3] *Final Act of the international Conference on human Rights*, Teheran, O.N.U., Doc. A/Con 32/41, p. 4.

[4] *Ibid.*, p. 139.

La même année, l'Assemblée générale des Nations Unies adoptait la résolution 2444 (XXIII) intitulée « Respect des droits de l'homme en période de conflits armés », qui chargeait le Secrétaire général, conformément aux vœux de la proclamation de Téhéran, d'étudier les mesures à prendre pour « renforcer les règles en vigueur des conventions humanitaires dans tous les conflits armés » et soulignait la nécessité d'élaborer des conventions supplémentaires ou de réviser éventuellement les conventions existantes pour « mieux assurer la protection des civils, des prisonniers et des combattants dans tous les conflits armés » [1]. Cette résolution est le début de l'effort accompli par les Nations Unies pour le renforcement du droit international humanitaire des conflits armés et elle reprend en partie les termes de la résolution XXVIII adoptée à Vienne en 1965 par la XXe Conférence internationale de la Croix-Rouge, ce qui ne fait que souligner la convergence qui est en train de s'instaurer.

A partir de cette date, l'Assemblée générale manifeste son intérêt pour le droit de la guerre dans deux catégories de résolutions:

a) l'une, de nature législative, encourageant la réaffirmation et le développement du droit international humanitaire applicable dans les conflits armés [2];

b) l'autre, de nature politique, condamnant Israël pour ses pratiques dans les territoires occupés et créant des organes *ad hoc* pour enquêter sur ces pratiques.

En ce qui concerne la première catégorie, l'Assemblée générale, à travers une série de résolutions intitulées « Le respect des droits de l'homme dans les conflits armés », dont chacune traite d'un aspect déterminé, renouvelle à chaque fois sa demande aux Etats de respecter les règles humanitaires sur la protection de la personne humaine dans les conflits armés et demande à cet effet au Secrétaire général d'effectuer des études en vue de renforcer le droit international humanitaire [3].

A partir de 1975, toutes les résolutions de cette catégorie ne font qu'encourager les travaux de la Conférence diplomatique.

---

[1] ONU, *Chronique mensuelle*, janvier 1969, pp. 36-37.

[2] Dans cette catégorie de résolutions sont incluses les résolutions relatives aux anciennes colonies portugaises et à l'Afrique du Sud.

[3] En dehors de la résolution 2444 précitée, ces résolutions sont:

a) La *Résolution 2597 (XXIV) du 16 décembre 1969.*
b) La *Résolution 2674 (XXV) du 9 décembre 1970.*
c) La *Résolution 2675 (XXV) du 9 décembre 1970.*
d) La *Résolution 2676 (XXV) du 9 décembre 1970.*
e) La *Résolution 2677 (XXV) du 9 décembre 1970.*
f) La *Résolution 2852 (XXVI) du 20 décembre 1971.*
g) La *Résolution 3032 (XXVII) du 18 décembre 1972.*
h) La *Résolution 3102 (XXVIII) du 12 décembre 1973.*
i) La *Résolution 3103 (XXVIII) du 12 décembre 1973.*
j) La *Résolution 3318 (XXIX) du 14 décembre 1975.*

La deuxième catégorie de résolutions relatives à Israël commence avec la Résolution 2443 (XXII) du 19 décembre 1969, qui mit sur pied un comité spécial chargé d'enquêter sur les « pratiques israéliennes affectant les droits de l'homme dans la population des territoires occupés » [1]. Ici, le langage utilisé par l'Assemblée générale est plus prudent que celui de la résolution précitée de Téhéran qui parlait de violations des droits de l'homme dans les territoires occupés. Nous n'allons pas nous attarder sur les travaux de cette commission à ce stade de notre étude, les réservant pour la partie qui concerne la mise en œuvre du droit des conflits armés [2].

Relevons enfin que la troisième Commission de l'Assemblée générale, dans son rapport à la XXVe session, a exprimé sa satisfaction pour les « consultations étroites et la coopération fructueuse qui s'étaient établies entre le Secrétaire général et le CICR... dans le cadre de l'effort international commun visant à accroître la protection des droits de l'homme dans tous les conflits armés » [3].

B. *Les rapports du Secrétaire général de l'ONU.*

De son côté, le Secrétaire général des Nations Unies, donnant suite aux diverses recommandations de l'Assemblée générale, rédigea de 1969 à 1977 une série de rapports intitulés « *Le respect des droits de l'homme dans les conflits armés* ».

Dans les deux premiers rapports qui nous intéressent ici [4], le Secrétaire général attire l'attention des Etats sur « les règles de droit international existantes relatives aux droits de l'homme en période de conflit armé » et leur demande, en attendant l'adoption de nouvelles règles de droit international relatives aux conflits armés, « de veiller à ce que, dans tous les conflits armés, les habitants et les belligérants soient protégés conformément aux principes du droit des gens ». Ici, le Secrétaire général reprend la « clause de Martens » qui figure dans le Préambule de la IVe Convention de La Haye de 1907. Il est tout-à-fait clair que le Secrétaire général fait appel — indépendamment des Conventions de Genève de 1949 — aux règles de La Haye de 1899 et 1907, et essaie de dégager une nouvelle branche du droit international relative à la protection de la personne humaine en période de conflit armé en mettant sur un pied d'égalité le droit de La Haye, le droit de Genève et les droits de l'homme.

Quant au mécanisme de protection, le Secrétaire général propose de développer le système des Conventions de Genève au travers de l'ONU.

---

[1] O.N.U., *Chronique mensuelle*, janvier 1969, p. 151.

[2] Voir plus bas IVe Partie.

[3] *Rapport de la IIIe Commission*, Doc. A/8178, 4/12/1970, p. 4.

[4] *Rapports préliminaires*, A/7720/20, novembre 1969, et A/8052, 18 septembre 1970.

Selon lui, « il est préférable que les Puissances protectrices ne soient pas les agents des seuls belligérants, mais de la communauté internationale ». A cet égard, il propose la création d'un organisme de protection et de secours au sein de l'ONU, « qui serait juridiquement fondé à proposer ses services au cas où les parties n'exerceraient pas leur option sur une base telle que le paragraphe 3 de l'article 10 des Conventions de Genève (article 11 de la IVe Convention) » relatif à la désignation du substitut de la Puissance protectrice [1]. Il ajoute que « l'existence parallèle du CICR et du système envisagé de protection et de secours par des organismes internationaux ne serait pas une cause de double emploi ou de concurrence, mais permettrait au contraire de faire plus aisément face à des situations délicates dans lesquelles le CICR ou l'organisme envisagé, ou encore un groupe d'organismes intergouvernementaux et d'organismes non gouvernementaux travaillant de concert seraient politiquement plus acceptables pour les parties à un conflit déterminé et, par conséquent, plus efficaces dans l'accomplissement de leur mission » [2].

Quant à l'objection soulevée, à savoir qu'un tel organisme serait soumis à des pressions politiques, le Secrétaire général écrit: « On pourrait aller au devant de cette objection en dotant une telle institution d'un large degré d'autonomie et en rédigeant son acte constitutif de manière à assurer une priorité absolue aux considérations humanitaires. Il faut également se souvenir que les organes de l'ONU qui ont exercé leur action dans le domaine humanitaire, de l'avis général, ont rendu de grands services à tous les intéressés sans prêter le flanc à des accusations politiques. Le rôle de l'organisation internationale des réfugiés, de l'Office de secours et de travaux des Nations Unies pour les réfugiés de Palestine, le Fonds des Nations Unies pour l'enfance et le Haut-Commissariat des Nations Unies pour les réfugiés peuvent être à cet égard mentionné » [3].

Comme exemple pratique de cette proposition, le Secrétaire général invoque l'article 23 de la Convention de La Haye de 1954 sur la protection des biens culturels en cas de conflt armé [4]. En effet, cet article prévoit que les parties contractantes peuvent faire appel au concours technique de l'UNESCO. L'article 6 al. b du Règlement annexé à cette convention dispose que « lorsqu'il n'existe pas de Puissance protectrice, le Commissaire général exerce les fonctions attribuées à la Puissance protectrice. Cependant, il faut ici relever que la convention de La Haye a été adoptée sous les auspices de l'UNESCO, tandis que les Conventions de Genève sont étrangères au système de l'ONU.

---

[1] Doc. A/7720, par. 224 et Doc. A/8052, par. 246.

[2] Doc. A/7720, par. 216 *in fine*.

[3] Doc. A/7720, p. 73, par. 225.

[4] *Ibid.*, p. 74, note de bas de page nº 75.

Les autres rapports du Secrétaire général concernent:

i) la limitation des armes (A/2915/7 Nov. 1973, Vols. I-II);

ii) les conférences d'experts gouvernementaux convoqués par le C.I.C.R. et

iii) les quatre sessions de la Conférence diplomatique sur le droit humanitaire convoquée par le gouvernement suisse et qui a abouti à la signature de deux Protocoles additionnels aux Conventions de Genève de 1949.

C. *Le rapprochement au sein des organisations régionales.*

Nous examinerons plus loin, dans la deuxième partie de notre étude, la question de savoir quelles sont les possibilités d'intervention d'une organisation régionale dans un conflit armé.

La compétence de ces organismes (Conseil de l'Europe, Organisation des Etats américains) en cas de conflits armés est expressément prévue par leurs règles de dérogation qui autorisent justement dans ces circonstances l'application, partielle au moins, des conventions des droits de l'homme adoptées dans le cadre de ces organismes.

En ce qui concerne le rôle que pourrait jouer une organisation régionale comme le Conseil de l'Europe en matière de contrôle de l'application des Conventions du droit humanitaire, le Conseil de l'Europe a publié un texte dans lequel les Etats répondent à cette question comme suit [1]: la France, la Jordanie et Monaco répondirent négativement, sans commentaires. Le Brésil, la Malaisie et les Philippines répondirent « oui », tout simplement. Les autres Etats ne rejetèrent pas le principe d'un contrôle exercé par une organisation régionale dans un conflit armé. Certains (République de Corée, Yougoslavie) indiquèrent préférer que cette tâche fût confiée aux Nations Unies, tandis que d'autres soulevèrent les problèmes que pourrait poser « la nature politique de ces organisations, qui pourrait être désavantageuse à cette tâche » (Suisse), auquel cas l'organisation devrait offrir toutes les garanties nécessaires d'impartialité et d'efficacité (Israël, Italie, Norvège). Enfin, deux gouvernements renvoyèrent la question aux organisations concernées, qui auraient à « considérer ce problème elles-mêmes » (Pologne, Finlande).

---

[1] Cette enquête est restée, à notre connaissance, sans suite. Peut-être a-t-elle servi comme document de référence au Conseil de l'Europe pour la préparation de ses délégués à participer à la Conférence diplomatique sur le droit humanitaire. La question posée par le CICR était formulée comme suit: « Doit-on examiner le rôle que les organisations régionales pourraient jouer dans le domaine du contrôle? » Doc. 4 (73), 9-30 avril 1973 du Conseil de l'Europe.

SECTION 2. LE RAPPROCHEMENT AU SEIN DES ORGANISATIONS NON GOUVERNEMENTALES

Les organisations non gouvernementales et les institutions privées à vocation humanitaire ont également contribué à la création de ce nouveau thème du droit international [1]. Parmi les institutions privées, le plus remarquable travail a été accompli à ce sujet par l'Institut international de droit humanitaire de San Remo qui, en dehors de l'organisation des réunions [2], a soumis un rapport à la Commission des questions juridiques de l'Assemblée consultative du Conseil de l'Europe [3]. Dans ce rapport, l'Institut de San Remo donne un aperçu de l'effort accompli par le CICR et les Nations Unies dans le domaine de la réaffirmation et du développement du droit humanitaire. De plus, ce même Institut organisa des « tables rondes » sur les droits de l'homme et les conflits armés, dont la quatrième se tint du 30 août au 4 septembre 1977 [4]. Nous examinons ci-dessous deux organismes parmi les organisations non gouvernementales qui, de par leur vocation, ont le plus étudié le problème et contribué dans une très grande mesure à la recherche d'une solution.

A. *La Croix-Rouge internationale.*

La Croix-Rouge internationale ne semble pas s'être beaucoup préoccupée de la pénétration de l'ONU dans ce que l'on pourrait considérer comme son domaine. Au contraire, influencée par l'attitude de l'ONU sur la question qui allait devenir « le problème du jour » de l'organisation mondiale, elle affirme d'emblée, dans la résolution XII adoptée par la XXIe Conférence internationale de la Croix-Rouge tenue à Istanbul en

---

1 Conférence internationale de droit humanitaire: *Les droits de l'homme comme base du droit humanitaire.* San Remo, 25-27 septembre 1970. En dehors de l'Institut de San Remo, d'autres institutions privées ont également organisé des réunions ayant comme thème le renforcement de la protection de la personne dans les conflits armés, comme par exemple:

— *Centre européen de la Dotation Carnegie*, Genève, Colloque sur le droit des conflits armés, problèmes actuels, Genève, 15-20 septembre 1969.
— *Institut de droit international*, Session d'Edimbourg, septembre 1969.
— *Ligue internationale des femmes pour la paix et la liberté (W.I.L.P.F.)*, Conférence sur la guerre biologique et chimique, Londres, 21-23 novembre 1969.
— *Université libre de Bruxelles*, Centre de droit international (Institut de sociologie), Conférence « Droit humanitaire et conflits armés », Bruxelles, 28-30 janvier 1970.
— *Cinquième Congrès international de la Société Internationale de Droit Pénal Militaire et de Droit de la Guerre*, Dublin, 25-30 mai 1970.
— *International Law Association*, 54e Conférence, La Haye, 23-29 août 1970.

2 Colloque international sur les règles humanitaires et les instructions militaires. *Norme humanitarie e istruzioni militari.* Milano, Giuffrè, 1973.

3 *Actions internationales pour le développement du droit international humanitaire.* AS/Jur (24), AS/PR (24), 19-4 mai 1973.

4 Les quatre Tables rondes ont été tenues peu de temps après chacune des quatre sessions de la Conférence diplomatique qui s'est tenue à Genève de 1974 à 1977.

1969, que le « respect des droits et de la dignité de l'homme ainsi que leur protection constituent les fondements des activités de la Croix-Rouge et le but du droit humanitaire [1]. De même, dans une résolution XIII adoptée à la même date, elle affirme son désir de « réaffirmer et développer les règles humanitaires du droit international applicable dans les conflits armés de toutes espèces, afin de renforcer la protection efficace des droits essentiels de la personne humaine, en harmonie avec les Conventions de Genève de 1949 » [2]. Un peu plus tard, dans sa résolution XX, la même Conférence devait se féliciter de la Résolution 2444 adoptée par l'Assemblée générale et demander aux dirigeants de la Croix-Rouge internationale « de maintenir un contact constant et étroit avec l'ONU dans les activités en faveur de la paix et des droits de l'homme [3]. En fait la Croix-Rouge n'a jamais cessé, dans son histoire, de favoriser le maintien de la paix, bien que sa tâche primordiale soit la surveillance du respect des conventions humanitaires qui s'appliquent en période de conflit armé. Depuis sa XVIIe Conférence internationale tenue à Stockholm en 1948 jusqu'à sa dernière conférence elle a toujours proclamé son attachement à la coopération et à la paix durable entre les peuples [4].

La tâche que la Conférence internationale de la Croix-Rouge devrait confier au CICR [5] par la Résolution XIII était très complexe dans la mesure où on lui demandait de soumettre un ensemble de propositions concrètes à une réunion d'experts gouvernementaux. Le CICR décida, pour établir ces propositions, de demander les avis les plus qualifiés et de consulter, de manière individuelle et à tire privé, des personnalités appartenant aux principales régions du monde [6]. C'est ainsi qu'il s'engagea dans une vaste entreprise du développement du droit humanitaire, avec l'appui moral des Nations Unies, et rédigea dans ce but huit fascicules qu'il soumit à la Conférence des experts gouvernementaux [7].

---

[1] XXIe Conférence internationale de la Croix-Rouge. « Résolutions ». CICR, p. 9.

[2] *Ibid.*, p. 10.

[3] *Ibid.*, p. 16.

[4] Pour les résolutions sur la Croix-Rouge et la paix, voir *Manuel de la Croix-Rouge*, Section I, chap. IV, 11e éd., Genève, 1971, pp. 386-402.

[5] Dans le système de la Croix-Rouge, il faut distinguer: a) *la Conférence internationale de la Croix-Rouge*, qui réunit tous les quatre ans le CICR, la Ligue des Sociétés nationales de la Croix-Rouge, les Sociétés nationales elles-mêmes et les gouvernements signataires des Conventions de Genève; b) *la Ligue*, association privée de droit suisse qui est l'organe fédératif des Sociétés nationales de la Croix-Rouge, et c) *le Comité international de la Croix-Rouge*, également association privée de droit suisse, composée d'une vingtaine de citoyens suisses, mais chargée de fonctions internationales par les Conventions de Genève et ses protocoles additionnels.

[6] Documentation présentée par le CICR à la conférence d'experts gouvernementaux. Genève, 1971, n° 1 (Introduction), pp. 6 et ss.

[7] I. Introduction.
II. Mesures visant à renforcer l'application du droit international humanitaire existant dans les conflits armés.

Cette Conférence fut convoquée à Genève par le CICR au printemps 1971, la première session fut suivie par quarante pays [1]; la seconde, en 1972, par 400 délégués représentant 77 pays [2]; et, en 1973, la participation à la troisième fut restreinte à certains pays et à certaines personnalités [3].

A l'issue de ces consultations et travaux préparatoires, le CICR disposait des éléments nécessaires pour rédiger les deux projets de Protocole additionnels aux Conventions de Genève du 12 août 1949 qu'il allait soumettre à la Conférence diplomatique. Le premier projet concernait la protection des victimes des conflits armés internationaux, le second était relatif à la protection des victimes des conflits armés non internationaux.

En 1973, lors de la XXIIe Conférence internationale de la Croix-Rouge tenue à Téhéran, le CICR présenta ses deux projets de Protocoles et reçut un plein appui pour la poursuite de son œuvre [4]. Quelques mois plus tard, le gouvernement suisse, dépositaire des Conventions, convoqua à Genève la « Conférence diplomatique sur la réaffirmation et le développement du droit international humanitaire applicable dans les conflits armés », qui devait examiner les deux projets de Protocole soumis par le CICR[5]. Cette conférence devait se dérouler en quatre sessions. Plus de cent Etats y ont participé ainsi que de nombreux observateurs. Le CICR y prit part au titre d'expert.

La première se tint du 20 février au 29 mars 1974, sans parvenir toutefois à des résultats satisfaisants. En effet, les débats ayant porté la majeure partie du temps sur des questions d'organisation des travaux et sur des points de procédure, cinq articles seulement purent être adoptés [6].

La deuxième session se tint du 3 février au 18 avril 1975. Cette session ne ressembla pas à la première, et les délégations firent cette fois preuve d'un bel esprit de coopération. Les problèmes diplomatiques n'ayant

---

III. Renforcement de la protection des populations civiles contre les dangers des hostilités.

IV. Règles humanitaires relatives au comportement entre combattants.

V. Protection des victimes des conflits armés non internationaux.

VI. Statut des combattants et problèmes de la guérilla.

VII. Protection des blessés et des malades.

VIII. Documentation.

[1] Du 24 mai au 12 juin 1971.

[2] Du 3 mai au 3 juin 1972.

[3] Du 15 au 20 janvier 1973 et du 5 au 9 mai 1973, avec la participation des représentants des cinq pays membres du Conseil de Sécurité, de la Suisse en tant que dépositaire des Conventions, du président et du vice-président des deux sessions précédentes, et des présidents et vice-présidents des quatre commissions créées à la deuxième session de 1972.

[4] *R.I.C.R.*, 1974, p. 343.

[5] *R.I.C.R.*, 1973, p. 590.

[6] *R.I.C.R.*, mai 1974, nº 655, pp. 263-277.

retenu les délégués que trois jours, cette session adopta 70 articles au total, dont 47 pour le Protocole I et 23 pour le Protocole II [1].

La troisième session se déroula du 21 avril au 11 juin 1976, et elle adopta au total 44 articles, dont 31 pour le Protocole I et 13 pour le Protocole II [2].

La quatrième et dernière session se déroula du 14 avril au 10 juin 1977, date à laquelle la Conférence diplomatique devait s'achever, au « Centre international de conférences » de Genève, par la signature de l'Acte final [3]. « Ce jour est à marquer d'une pierre blanche dans l'histoire, car les représentants des peuples du monde, pourtant assez peu enclins à s'entendre à notre époque troublée, ont mis leur griffe au bas d'un document... appelé une charte de l'humanité. Cette charte constitue un progrès significatif dans l'évolution du vaste mouvement qui, né dans la nuit des temps, veut assurer respect, protection et traitement humain aux êtres incapables de combattre » [4].

Les deux nouveaux Protocoles additionnels contiennent quelque 150 articles qui viennent s'ajouter aux 450 articles des Conventions de Genève [5]. Ils ont été ouverts à la signature des Etats le 12 décembre 1977 à Berne pour la durée d'une année. Ce jour-là, les plénipotentiaires de 44 Etats, parmi lesquels les USA et l'URSS, apposèrent leur signature au bas des deux Protocoles [6].

Tout au long de cette vaste entreprise de réaffirmation du droit humanitaire, qui aura duré presque dix ans, le CICR a entretenu des relations étroites avec les Nations Unies et leur Secrétaire général. An lendemain de la Conférence de Téhéran de 1968, son président, M. Naville, adressa une lettre au Secrétaire général de l'ONU dans laquelle il écrivait entre autres: « Nous avons été très heureux de voir confirmer par les gouvernements réunis à Téhéran l'importance que prennent, pour la sauvegarde de la personne humaine, parallèlement aux efforts nécessaires pour le maintien de la paix et pour le désarmement, les mesures qui visent non seulement à assurer l'observation régulière du droit international huma-

---

[1] *R.I.C.R.*, juillet 1975, nº 679, pp. 385-423.

[2] *R.I.C.R.*, juillet 1976, nº 691, pp. 389-393. Voir aussi: Calogeropoulos-Stratis, *Troisième session de la Conférence diplomatique sur la réaffirmation et le développement du droit international humanitaire applicable dans les conflits armés*, rapport préparé à l'intention de l'Institut international des droits de l'homme de Strasbourg. Genève, juillet 1976.

[3] *R.I.C.R.*, juillet 1977, nº 703, pp. 382-419.

[4] Pictet, « Les nouveaux aspects du droit international humanitaire », *R.I.C.R.*, octobre 1977, nº 706, p. 443 et ss.

[5] Le texte des deux Protocoles a été publié dans la *R.I.C.R.*, août-septembre 1977, nº 704-705, numéro spécial double.

[6] *R.I.C.R.*, janvier-février 1978, nº 708, p. 597.

nitaire existant, mais aussi à développer ce droit en rapport avec les conditions nouvelles » [1].

Ironie ou réalisme? En réalité, le CICR se trouvait dans un dilemme. Il devait choisir entre la réaffirmation du droit humanitaire sous un angle politisé, ou bien le boycottage de celui-ci par les Nations Unies, sans la contribution desquelles il n'y aurait sûrement pas eu de nouveau développement. Il choisit la première solution, tout en restant assez réticent sur la « compatibilité juridique » entre les instruments des droits de l'homme et ceux du droit de la guerre. Dans sa documentation préparatoire, le CICR écrivait à ce sujet: « En effet, le souci des *droits fondamentaux* de la personne humaine est aussi bien à l'origine du droit humanitaire applicable dans les conflits armés que des Pactes relatifs aux droits de l'homme. Mais le droit international humanitaire, et en particulier les Conventions de Genève, atteignent ce but en tenant compte de la nature spécifique des conflits armés et de leurs caractéristiques très particulières. Certes, les instruments relatifs aux droits de l'homme ont une portée générale et ils prévoient également, pour leurs normes essentielles, leur application dans le cas où « un danger public exceptionnel menace l'existence de la nation » ou même, pour la Convention européenne, en cas de guerre. Cependant, il est permis de constater que ces instruments n'ont pas été conçus *principalement* pour les cas de conflits armés.

Le droit international humanitaire, au contraire, pour assurer une protection véritable à la personne humaine et à ses droits fondamentaux, accorde une attention particulière aux caractéristiques du conflit armé et au fait que, dans ces situations, les conditions de vie de la nation sont profondément modifiées. Par conséquent, il va sans dire que tout renforcement et tout développement de ce droit humanitaire concourent à la protection des droits fondamentaux de la personne humaine, et cela sans qu'il soit nécessaire de faire une référence spéciale aux instruments relatifs aux droits de l'homme » [2].

Les considérations du CICR qui précèdent concernaient les conflits armés internationaux, car pour le conflit interne, le CICR considérait que les droits prévus par le Pacte international relatif aux droits civils et politiques « offraient dans l'ensemble autant de garanties que celles que prévoit l'article 3 commun aux quatre Conventions de Genève, encore que les Pactes ne disent rien de l'obligation fondamentale de porter secours aux blessés et aux malades [3].

---

[1] Documentation présentée par le CICR à la conférence d'experts gouvernementaux, fascicule VIII, Annexes, *op. cit.* pp. 70-73.

[2] *Documentation CICR*, Fascicule I, Introduction, *supra*, p. 32.

[3] *Ibid.*, p. 34.

B. *La Commission internationale de Juristes* (C.I.J.).

La Commission internationale de juristes, ayant à l'époque pour secrétaire général Sean McBride, fut, parmi les organisations non gouvernementales, la plus active alliée des Nations Unies dans la démarche associant les droits de l'homme aux situations de conflits armés. M. McBride, dans une lettre adressée à M. U Thant, alors Secrétaire général des Nations Unies, écrivait à ce propos: « In addition, we may have to content with an attitude of doubt on the part of the Red Cross who are very jealous of their propriety interests in this field, they are always very suspicious of the United Nations » [1].

En 1969, il soumettra un mémorandum à la Division des droits de l'homme à propos de la résolution 2444 de l'Assemblée générale, dans lequel il propose une étroite collaboration entre les Nations Unies et quelques organisations internationales — gouvernementales et non gouvernementales — sur la question du respect des droits de l'homme dans les conflits armés [2].

En 1970, M. McBride rédigea en outre deux rapports sur la question et exprimant les thèses de la Commission.

a) Dans le premier, intitulé « *The inter-relationship between the humanitarian Laws and the Law of human Rights* », il proposait la création d'un organe juridictionnel: « Therefore, it seems very necessary that there should be established, outside and independant of the I.C.R.C., a body of tribunal whose function it would be to receive complaints against governments that flout the provisions of the Conventions ».

b) Dans le deuxième rapport, intitulé « *International aspects: the Laws of war and individual responsibility for war crimes* » [3], il constatait que l'évolution du droit international pénal, par la définition des crimes de guerre, des crimes contre la paix, des crimes contre l'humanité et du crime de génocide, était prête à être couronnée par l'institution d'un tribunal international permanent adéquat: « These developments would seem to indicate that it is now time to establish a permanent international tribunal to deal with all crimes defined in The Hague and Geneva Conventions, the Nüremberg principles and the Genocide Convention ».

Enfin la Commission internationale de juristes fut le promoteur d'une proposition visant à créer une « Commission d'enquête des Nations Unies sur les violations des Conventions humanitaires », dont le projet fut adopté

[1] Archives de la C.I.J., Doc. 9/1227/SM/KS, 28 avril 1969 (consultés avec l'autorisation de la C.I.J.).

[2] Comme par exemple l'U.N.E.S.C.O., le H.C.R., l'O.M.S., la C.I.J., Amnesty International, etc...

[3] National Conference, *Human rights of the man in uniform*, Washington D.C., U.S.A., March 19-22, 1970.

à l'unanimité par le comité spécial des organisations non gouvernementales sur les droits de l'homme lors de sa réunion du 18 février 1971.

Aux termes de ce projet:

« Les Organisations internationales soussignées, profondément inquiètes devant le mépris des dispositions des Conventions et des lois humanitaires en période de conflt armé, demandent que:

1. Dans le cadre des Nations Unies, une Commission permanente d'enquête soit créée, chargée de la responsabilité de l'instruction en période de conflit armé de toutes plaintes en violation:
   a) des Conventions de La Haye de 1899 et de 1907,
   b) du Protocole de Genève de 1925 tel qu'il est défini par la Résolution 2603 (XXIV) de l'Assemblée générale,
   c) des Conventions de Genève de 1949.
2. La dite Commission d'enquête ait plein pouvoir d'instruire les plaintes qui lui sont soumises, par tous gouvernements, toutes Parties à un conflt armé, toutes organisations internationales non gouvernementales responsables, et fasse rapport de ses conclusions au Conseil de Sécurité et à l'Assemblée générale des Nations Unies.
3. Cette Commission devrait être composée de personnalités indépendantes des gouvernements et choisies en fonction de leur haute valeur morale et de leur capacité à conduire des enquêtes selon les principes de procédure judiciaire généralement acceptés.
4. Il faudrait que les enquêtes faites par cette Commission soient publiques et que ses conclusions et ses rapports soient publiés ».[1]
   Cependant, ce projet n'eut aucune suite.

Conclusion de la première partie

Nous venons d'étudier brièvement dans cette première partie les origines philosophiques et institutionnelles ainsi que l'évolution historique du droit humanitaire et des droits de l'homme jusqu'à nos jours. Nous pouvons déjà en tirer quelques conclusions, ce qui nous permettra de mieux comprendre l'analyse à laquelle nous allons soumettre la relation entre ces deux complexes de règles sous l'angle de la protection de la personne en période de conflt armé.

---

[1] Un projet analogue fut présenté par la Suède lors de la quatrième session de la Conférence diplomatique sur le droit humanitaire et devait aboutir à l'article 96 du Protocole I.

Comme nous l'avons constaté, les sources philosophiques de la protection générale de la personne sont identiques pour le droit humanitaire et pour les droits de l'homme et ne font pas de distinction entre période de conflt armé et période de paix; elles visent en effet un seul but, qui est de dépouiller l'Etat « de son privilège exorbitant d'être la source exclusive du droit et de la justice » [1] en imposant quelques principes de base qui résultent d'un compromis entre deux notions opposées: *l'humanité* et *la nécessité*. [2]

Cependant, le droit humanitaire d'une part, les droits de l'homme de l'autre, évoluent de façon distincte, jusqu'au moment où nous voyons se développer entre la guerre et la paix toute une gamme de situations de violence armée qui échappe aux systèmes juridiques établis. C'est alors que, sur l'impulsion des Etats nouvellement indépendants issus des luttes coloniales, le rapprochement entre le droit humanitaire et les droits de l'homme se fait avec, pour point d'appui, l'Organisation des Nations Unies.

Historiquement parlant, et avant la création de l'organisation internationale, l'institutionnalisation de la protection de la personne voit le jour pour la première fois dans les deux déclarations des droits de l'homme et du citoyen issues des grandes révolutions américaine et française. Mais comme nous l'avons déjà relevé, ces textes restaient juridiquement d'ordre interne. Ils avaient bien une force morale qui dépassait incontestablement les deux pays d'origine, mais sans aucun caractère contraignant du moment qu'aucun mécanisme de mise en œuvre n'était prévu.

Or, *c'est par le droit de la guerre, et plus précisément par le droit humanitaire, que débute l'effort de codification de la protection de la personne en droit international et, à cet égard, les Conventions de la Croix-Rouge constituent une œuvre de pionnier*. La Convention de Genève de 1864 « pour l'amélioration du sort des militaires blessés dans les armées en campagne » est le premier traité international qui a pour objectif la protection de l'individu. Cette constatation ne doit pas surprendre si l'on tient compte du fait que *l'ensemble du droit international conventionnel débute avec le droit de la guerre*. Le précurseur du droit des gens, Hugo Grotius, a intitulé son œuvre monumentale « *De jure belli ac pacis* », voulant sans doute montrer qu'en droit des gens la guerre était la situation normale et la paix la situation d'exception.

Depuis lors, les rôles se sont inversés. La paix est devenue la situation normale en droit international et la guerre la situation d'exception. Ce

---

[1] BENOIT-VONCKEN, « L'importance des conventions humanitaires dans le respect des droits de l'homme », in R. Cassin's *Amicorum Discipulorumque Liber*, Vol. I., *op cit.*, p. 425.

[2] PICTET, *Le droit humanitaire et la protection des victimes de guerre*, *op. cit.*, pp. 30-32: « Le respect de la personne humaine et son épanouissement seront assurés dans toute la mesure compatible avec l'ordre public et en temps de guerre avec les exigences militaires ».

changement est intervenu avec la naissance de l'organisation internationale. Dans celle-ci, la préoccupation première des Etats membres a été de réaliser ce que Montesquieu avait déjà préconisé dans son livre « L'esprit des lois »: « Le droit des gens est naturellement fondé sur ce principe que les diverses nations doivent se faire dans la paix le plus grand bien et dans la guerre le moins de mal » [1]. Dès lors, il ne suffisait plus seulement d'établir des règles de protection de la personne en période de guerre, mais il fallait de surcroît promouvoir une protection plus générale de la personne, ce qui par ailleurs devenait difficile à réaliser sans prendre les mesures nécessaires pour limiter le recours à la guerre, au cours de laquelle la sécurité de l'être humain était particulièrement en danger. C'est ainsi qu'est apparue cette *corrélation irréversible entre paix-guerre-droits de l'homme*, corrélation qui est le fondement philosophique des Nations Unies, après un début pour le moins décevant avec la Société des Nations.

Entités composées d'êtres humains, les Etats ont compris que la paix est la condition *sine qua non* de la jouissance des droits de l'homme alors que la guerre en est la négation. Mais comme la guerre, au sens sociologique et politique du terme, est inéluctable, il fallait diminuer le plus possible ses effets néfastes, pour faciliter ainsi le retour à la paix. La Charte des Nations Unies, la Déclaration universelle des droits de l'homme et les Conventions de Genève du 12 août 1949, qui toutes trois constituent les sources modernes de la protection internationale de la personne humaine, reposent sur cette même philosophie. Car l'objectif de tout instrument à caractère humanitaire est la protection de l'individu, et cela vaut bien entendu pour le droit humanitaire comme pour les droits de l'homme.

L'action du CICR, bien que concernant le conflit armé, n'a jamais cessé de reposer sur la philosophie de la Croix-Rouge qui voit la paix comme la fin ultime de son action. La Croix-Rouge a été toujours conçue comme une force primordiale mise au service des idées de la paix et de la confiance internationale. Son attachement à l'idée de la paix fut toujours proclamé d'une façon solennelle. A sa Xe Conférence internationale, tenue à Genève en 1921, dans sa résolution Ve, la Croix-Rouge adressa déjà un appel « à tous les peuples du monde pour les exhorter à combattre l'esprit de guerre » qui planait sur le monde [2], alors que la résolution 8 de la Conférence diplomatique de Genève de 1949 forma « le vœu ardent que jamais les Gouvernements n'aient besoin dans l'avenir d'appliquer les Conventions de Genève... » et son vif désir « afin que la paix règne définitivement sur la terre » [3]. En fait, l'organisation internationale de la

---

[1] *Op. cit.* p. 115.

[2] *Manuel de la Croix-Rouge*, 11e éd., Genève 1971, p. 386.

[3] Supra, p. 227.

Croix-Rouge n'a jamais cessé de faire appel à la paix et aux idéaux de la conférence internationale [1].

Plus récemment, à la *Conférence mondiale de la Croix-Rouge sur la Paix* (Belgrade, 11-13 juin 1975), le CICR a présenté deux rapports et « un programme d'action de la Croix-Rouge comme facteur de paix » a été mis au point par un comité de rédaction [2]. Le Conseil des Délégués et le Conseil des Gouverneurs de la Ligue, avaient tous deux, au cours d'une réunion de novembre 1975, discuté des suites à donner à ce programme d'action. Aussi le Conseil des Gouverneurs, chargeait son président de constituer une Commission ayant ce mandat, composée des représentants de douze sociétés nationales et de la Ligue. Cette commission s'est réunie le 12 juin 1976 avec la participation du CICR en tant qu'observateur [3]. Enfin la XXIIe Conférence internationale de la Croix-Rouge, qui s'est tenue à Bucarest du 15-24 octobre 1977, adopta une résolution créant la « *Commission Croix-Rouge et la paix* » [4].

Paix et protection de la personne humaine, sont les buts de l'action concrète de la Croix-Rouge, tout en relevant la distinction avec les droits de l'homme surtout en ce qui concerne les modalités d'application. En fait, si la Croix-Rouge met l'accent sur la différence entre le droit de la guerre et les droits de l'homme, c'est par crainte de voir ses propres mécanismes écartés au profit de ceux (à son avis, moins immédiatement efficaces) des droits de l'homme

La mise hors la loi de la guerre par la Charte de l'ONU et le souci parallèle de promouvoir le respect des droits de l'homme et les libertés fondamentales ont eu comme conséquence inévitable l'abandon par cette organisation du droit de la guerre. En effet, la Commission du droit international avait refusé d'entreprendre une étude relative à ce droit, craignant d'aller ce faisant à l'encontre de l'objectif prioritaire des Nations Unies, qui est le maintien de la paix. Dès lors, c'est le CICR qui prit en charge l'ensemble du droit international humanitaire applicable dans les conflits

---

[1] *Conseil Général, IIe session*, Genève 1922, V[e] résolution; *Conseil des Gouverneurs, XIIIe session*, Paris 1932, XXVe résolution; *Conseil des Gouverneurs, XIXe session*, Oxford 1946, XIVe résolution; *XVIIe Conférence internationale de la Croix-Rouge* de Stockholm, 1948, LXIVe résolution *(Déclaration sur la Paix) ; XVIIIe Conférence internationale de la Croix-Rouge*, Toronto 1952, XIe résolution; *Conseil des Gouverneurs, XXIIIe session*, Oslo 1954, Ire résolution; *XIXe Conférence internationale de la Croix-Rouge*, La Nouvelle Dehli, 1957, XXXVIIe résolution; *Conseil des Gouverneurs, XXVe session*, Athènes 1959, XVIIIe résolution; *Conseil des Gouvrneurs, XXVIe session*, Prague 1961, 1re résolution; *Conseil des Délégués, Congrès du Centenaire*, Genève 1963, XXIIIe résolution; *XXe Conférence internationale de la Croix-Rouge*, Vienne 1965, X et XIe résolutions; *Conseil des Gouverneurs, XXVIIIe session*, Vienne 1965, XXVe résolution; *XXIe Conférence internationale de la Croix-Rouge*, Istambul 1969, XXe résolution. Voir *Manuel*, Sopra, pp. 386-401.

[2] C.I.C.R., *Rapport d'activité*, 1975, p. 139.

[3] C.I.C.R., *Rapport d'activité*, 1978, p. 32.

[4] C.I.C.R., *Rapport d'activité*, 1977, p. 52, etc.

armés (droit de Genève et droit de La Haye) et, en dépit de quelques difficultés, il aura la tâche de promouvoir son développement pour l'adapter aux nouvelles situations de conflits armés. Parallèlement, au sein des organisations internationales universelles et régionales, la protection des droits de l'homme connaîtra un développement spectaculaire dans une série de déclarations et de conventions.

Le développement de ces deux complexes se réalisa séparément, surtout pendant la période entre 1948 et 1968, ce qui démontre au premier abord l'autonomie conceptuelle des deux systèmes. Or, comme nous l'avons vu, le concept fondamental étant le même du moment que le but visé est le même, la séparation organique dans le développement se manifeste surtout — nous le verrons plus loin — au niveau de l'applicabilité et de la mise en œuvre qui, elles, restent totalement autonomes dans l'un et l'autre systèmes. Cela n'empêche toutefois pas que l'idée des droits de l'homme incluse dans la Charte influence l'évolution du droit des conflits armés qui sépare la protection de l'être humain proprement dit de la « machine de guerre ».

A partir de 1968, année de la célébration de « *l'Année internationale des droits de l'homme* », la *Conférence internationale des droits de l'homme* réunie à Téhéran la même année, tourne son attention vers les conflits armés. Les deux résolutions pertinentes de cette conférence, qui seront reprises et développées par l'Assemblée générale de l'ONU, constituent le point de départ du problème du « respect des droits de l'homme en période de conflit armé », titre qui figure désormais sur toutes les résolutions de l'Assemblée générale traitant de la protection de la personne humaine en période de conflit armé. En fait, le titre donné à ces résolutions ne correspondait pas à leur contenu dans la mesure où elles concernaient une éventuelle réaffirmation des Conventions de Genève et le respect des principes du droit humanitaire applicables en temps de conflit armé.

Ce titre apparaît donc au fond comme un alibi, les Nations Unies refusant théoriquement de se préoccuper du droit de la guerre, mais le font quand même sous l'égide des droits de l'homme, sans doute poussées par la nécessité.

En règle générale, la pénétration des Nations Unies dans le domaine des conflits armés a eu des résultats positifs dans la mesure où elle a permis au CICR de réaliser son œuvre de longue haleine tendant à réaffirmer et à développer le droit international humanitaire applicable dans les conflits armés et d'aboutir, avec l'appui persévérant des Nations Unies et la contribution fructueuse des Etats, aux deux Protocoles additionnels aux Conventions de 1949.

Néanmoins, le rapprochement réalisé entre les droits de l'homme et le droit humanitaire a tout de même soulevé des problèmes à la fois théoriques et pratiques. Théoriques car il s'agit de la corrélation juridique entre ces deux complexes, pratiques en ce qui concerne la meilleure protection possible de la personne que devrait offrir le droit international en période de conflit armé. Ce sont ces problèmes que nous abordons dans la suite du présent ouvrage, en commençant par l'étude des conditions d'application du droit humanitaire et des droits de l'homme dans les conflits armés.

*

*   *

DEUXIÈME PARTIE

LES CONDITIONS D'APPLICATION

Introduction. Considérations terminologiques

Nous venons d'examiner dans la première partie l'évolution du droit international concernant la protection de la personne humaine en temps de paix et en temps de conflit armé.

Dans cette deuxième partie, nous allons examiner les conditions d'application de ces mêmes règles en temps de conflit armé et dans les situations d'exception, ou de tensions internes et de troubles intérieurs.

Cependant, avant d'avancer dans notre étude, il nous paraît indispensable, pour sa bonne compréhension, de procéder auparavant à quelques clarifications d'ordre terminologique. Car, comme l'affirme M. Meyrowitz — et c'est peut-être l'un des rares points sur lesquels nous soyons d'accord avec lui — « ce qui rend malaisée la synthèse des opinions doctrinales, c'est le fait que la confusion conceptuelle se double d'une terminologie des plus indécises » [1].

1. *Droit de la guerre et droit des conflits armés.*

Le droit de la guerre au sens large couvre deux domaines:

a) le droit de recourir à la force (JUS AD BELLUM);

b) le droit des conflits armés (JUS IN BELLO);

De ces deux domaines, celui qui intéresse notre étude est le *jus in bello*, le droit des conflits armés, qui constitue « ce complexe de règles qui est destiné à s'appliquer, en tout ou en partie, non seulement dans la guerre au sens formel, mais dans tout conflit armé » [2].

En ce qui concerne le *jus ad bellum*, le droit du recours à la force, nous en avons parlé brièvement dans le premier chapitre, en essayant d'établir les liens historiques existant entre les mouvements parallèles et complémentaires de la protection des droits de l'homme et de l'interdiction de la guerre. Nous n'y reviendrons donc pas.

Enfin, le droit concernant le désarmement, que plusieurs auteurs placent dans le cadre du droit de la guerre *lato sensu*, [3] est en dehors de notre sujet, qu'il s'agisse du désarmement proprement dit ou du désarmement imposé

---

[1] *R.F.D.P.S.P.F.E., op cit.*, p. 1077.

[2] Bindschedler-Robert, Cours introductif, I.U.H.E.I., Genève, 1975-1976.

[3] Roling, *Répression des violations du droit des conflits armés*. Cours donné à l'Institut international des droits de l'homme de Strasbourg en 1973.

par le vainqueur dans un traité de paix ou un autre traité consécutif à une défaite. Le désarmement est à distinguer des règles sur l'utilisation des moyens de guerre, qui relèvent du droit de La Haye.

Le droit des conflits armés de son côté se divise en deux branches principales:

a) Le *droit de La Haye*, constitué par l'ensemble des instruments internationaux adoptés dans le cadre des deux Conférences de la Paix tenues à La Haye en 1899 et en 1907 [1];

b) Le *droit de Genève*, constitué par les quatre Conventions de Genève pour la protection des victimes des conflits armés, du 12 août 1949, dont le dépositaire est le gouvernement suisse [2]. A ces Conventions s'ajoutent maintenant les deux « Protocoles additionnels aux Conventions de Genève de 1949. »

Il existe en outre toute une série d'autres instruments internationaux du *jus in bello* qui se rapprochent quant à leur contenu du droit de La Haye: il s'agit de la Déclaration de Saint-Pétersbourg de 1868 [3], du Protocole de Genève de 1925 [4] et de la Convention de La Haye pour la protection des biens culturels en temps de guerre, conclue en 1954 sous les auspices de l'UNESCO. Il existe enfin d'autres textes qui n'ont pas été ratifiés et certains instruments historiques qui ont joué un rôle important dans le développement du droit des conflits armés [5].

La distinction fondamentale entre les deux branches du droit des conflits armés résidait dans le contenu de ces règles: ce que l'on a appelé *le droit de La Haye fixe les droits et les devoirs des belligérants dans la conduite des hostilités et limite le choix des moyens de nuire à l'ennemi ; le droit de Genève tend à protéger essentiellement les victimes des conflits armés, militaires hors de combat, blessés, malades, naufragés, prisonniers de guerre et population civile tombés au pouvoir de l'ennemi* [6]. Le droit de Genève est appelé droit humanitaire de par son origine humanitaire et charitable et de par son but, qui vise clairement la protection de l'être humain.

---

[1] Treize conventions, dont huit portent sur la guerre maritime et une déclaration (le tout datant de 1907).

[2] Voir p. 25, note (1).

[3] Voir p. 25-26.

[4] Voir p. 26-27.

[5] La Déclaration de Bruxelles de 1874 (voir p. 29), le Projet de règlement relatif à la guerre aérienne de 1923, et enfin le Code de Lieber (voir p. 28) et le Manuel d'Oxford.

[6] « Le droit de La Haye réglemente les limites dans lesquelles il est permis de faire des victimes et de causer des destructions, le droit humanitaire réglemente la façon de se conduire à l'égard de ces mêmes victimes». BINDSCHEDLER-ROBERT, Cours I.U.H.E.I., *op. cit.*

De nos jours, à la lumière de l'adoption des deux Protocoles additionnels qui ont réaffirmé et développé les Conventions de Genève, cette distinction rigide entre « droit de La Haye » et « droit de Genève » n'est plus appropriée. Car, *avec les deux Protocoles de 1977, le droit de Genève contient désormais des règles qui jusqu'alors relevaient typiquement du droit de La Haye, règles qui visent en particulier les « méthodes et moyens de combat » et « la protection générale contre les effets des hostilités »* [1]. La fusion — même partielle et limitée aux normes essentielles — de ces deux complexes de règles est apparue nécessaire et a constitué l'ultime occasion de développer une partie du droit de La Haye parallèlement au droit de Genève.

Il nous paraît donc aujourd'hui préférable de réunir les deux branches sous une même appellation, celle de « *Droit international humanitaire applicable dans les conflits armés* » ou bien *Droit international humanitaire.* En conséquence, nous utiliserons désormais cette expression pour désigner la partie du droit des conflits armés qui inclut à la fois les Conventions de Genève de 1949 et les deux Protocoles additionnels à celles-ci. C'est d'ailleurs cette partie qui est visée par notre étude dans sa comparaison avec les droits de l'homme [2].

2. *Droits de l'homme*

Les racines modernes des droits de l'homme remontent à 1948, date de l'adoption de la Déclaration universelle, qui est la source d'inspiration de toute l'œuvre législative entreprise depuis sur le plan universel et sur le plan régional.

Trente ans après l'adoption de cette Déclaration, les droits de l'homme constituent un *corps de règles complexes et disparates.* Parmi ces règles, on remarque:

a) des origines diverses (règles élaborées au sein de plusieurs organisations internationales, universelles et régionales, politiques, sociales ou culturelles);

---

[1] *Protocole I:* Titre III, Section I, art. 35 à 42, Titre IV, Section I, art. 48 à 60. *Protocole II:* Titre IV, art. 13 à 16.

[2] M. Jean Pictet fait une distinction entre droit international humanitaire au sens strict, qui comprend justement les Conventions de Genève, et le droit international humanitaire au sens large, qui est constitué selon lui « par l'ensemble des dispositions juridiques internationales, écrites ou coutumières, assurant le respect de la personne humaine et son épanouissement ». Ce droit comprendrait, pour M. Pictet, le droit de la guerre et les droits de l'homme. *Le droit humanitaire et la protection des victimes de la guerre*, Institut Henry Dunant, Sijthoff, Leiden, 1973, p. 11. Si l'on veut rechercher une expression qui couvre à la fois la protection spécifique de la personne humaine dans les conflits armés (droit humanitaire) et la protection générale de celle-ci (droits de l'homme), on pourrait parler du « droit humain », ou peut-être des « droits humains». En anglais, cette expression correspond à ce qu'on appelle « rights of human beings», et non pas « human rights », car cette dernière expression est utilisée pour traduire « droits de l'homme ». D'ailleurs, M. Pictet se réfère aussi à cette expression. *Ibid.*, p. 12.

b) des portées juridiques différentes (résolutions, déclarations, conventions ou règles coutumières);

c) des champs d'application différents (règles de portée universelle ou régionale).

d) des obligations juridiques de nature différente (applicables directement à l'individu — droits civils —, à l'égard de la population en général — droits économiques, sociaux).

Parmi les instruments relatifs aux droits de l'homme, on distingue *les différentes catégories* suivantes:

a) instruments de portée générale : déclarations ou conventions qui concernent tous les droits de l'homme ou un groupe important de ceux-ci (Déclaration universelle, Déclaration américaine, Convention européenne, Convention américaine, Pactes internationaux, etc...);

b) instruments spécifiques : déclarations ou conventions qui ont pour objet un droit de l'homme particulier (Déclaration sur l'interdiction de la discrimination raciale, Convention sur la discrimination raciale, Convention sur le génocide, Convention sur l'interdiction de l'*apartheid*, etc...);

c) instruments catégoriels : déclarations et conventions qui visent une catégorie donnée d'individus (déclarations sur les droits des enfants, conventions sur les réfugiés, les travailleurs, les femmes, les journalistes, les artistes, etc...) [1].

Du point de vue du contenu, les droits de l'homme se divisent en deux grandes catégories, auxquelles vient s'ajouter une troisième, récente, dont le contenu n'est pas encore tout-à-fait défini. On notera cependant que certains droits peuvent appartenir à la fois aux deux premières [2]. Ces catégories sont:

a) les droits civils et politiques : ils constituent les dispositions les plus anciennes figurant dans les grandes déclarations historiques et incorporées dans les constitutions nationales et les instruments internationaux. Ces droits visent la personne humaine en tant qu'elle se trouve dans des situations particulières et leur respect exige de la part des Etats une attitude d'abstention et d'impartialité [3]. Ce sont les droits de l'homme classiques, dits « droits de l'homme *stricto sensu* »;

---

[1] Voir VASAK, « Le droit international des droits de l'homme ». *Résumés des Cours*, Institut international des droits de l'homme, Strasbourg, 1975, p. F/KU/5., et CALOGEROPOULOS-STRATIS, « Considérations générales sur l'enseignement des droits de l'homme », *R.H.D.I.*, 1976, p. 241.

[2] Voir p. 127, note (2).

[3] L'attitude d'impartialité est nécessaire pour le respect de l'interdiction de la discrimintation et du droit à un procès équitable (« fair trial »).

b) les droits économiques, sociaux et culturels : ce sont là des dispositions plus récentes, incorporées dans les constitutions de pays issus de révolutions sociales et dans des instruments internationaux. Ces droits visent la population en tant que telle, dans son ensemble ou divisée en groupes sociaux. Ils répondent à une conception collectiviste et dont la réalisation exige une intervention de l'Etat pour que soit mise en œuvre une politique de développement économique et social;

c) les droits de solidarité : cette expression est utilisée par l'Institut international des droits de l'homme pour désigner « les nouveaux droits de l'homme qui traduisent une certaine conception de la vie en communauté et qui ne peuvent être réalisés que par la conjonction des efforts de tous les participants de la vie en société » [1]. Il s'agit notamment du droit à l'environnement, à l'eau et à l'air purs, etc...

Parmi ces catégories, les deux premières sont incorporées dans des instruments internationaux en vigueur, tandis que la troisième est en voie de clarification.

Des deux premières catégories, celle qui intéresse notre étude est la première, car elle comprend les droits qui sont le plus proche du droit humanitaire. Néanmoins, étant donné l'importance de ces deux catégories, nous consacrerons la première Section du Chapitre VI à leur comparaison, car nous estimons qu'une telle entreprise permettra de mieux établir le caractère individuel des dispositions relatives aux droits civils et politiques, c'est-à-dire celles qui, se rapprochant sensiblement des dispositions du droit humanitaire, sont donc adaptables aux situations de conflits armés.

---

[1] VASAK, Résumé des Cours, *op. cit.*, p. F/KU/2.

* * *

CHAPITRE III

APPLICABILITÉ DU DROIT HUMANITAIRE DANS LES CONFLITS ARMÉS

Les règles du droit de la guerre, « qui ont un caractère à la fois militaire et humanitaire » [1], s'appliquent en période de conflit armé et en cas d'occupation. Dans les conflits armés, il faut distinguer entre:

a) la guerre au sens formel, interétatique ou civile, en cas de reconnaissance de belligérance;

b) le conflit armé international interétatique;

c) le conflit armé international non interétatique et

d) le conflit armé non international.

La distinction entre ces types de conflits, qui découle des développements les plus récents en ce domaine, a un effet sur le champ d'application personnel et matériel du droit des conflits armés.

SECTION 1. DE LA GUERRE CLASSIQUE AU CONFLIT ARMÉ

A. *L'évolution des notions*

Le droit international classique faisait une distinction très nette entre l'état de paix et l'état de guerre, mettant alternativement en vigueur deux ordres juridiques différents et complets. Aucune situation intermédiaire n'était juridiquement possible. La mise en vigueur de l'état de guerre dépendait d'un acte de volonté unilatéral qui qualifiait formellement cette nouvelle situation [2]. La portée juridique de cet acte reposait sur le droit coutumier, et aujourd'hui, indépendamment de l'évolution survenue dans le domaine des conditions d'application du droit de la guerre — que nous allons exami-

---

[1] GUGGENHEIM, *Traité de droit international public*, Tome II, Georg, Genève, 1954, p. 312.

[2] « Le remplacement de l'état de paix par l'état de guerre avait lieu par suite d'un acte de volonté unilatéral de l'un des Etats en conflit, acte de volonté visant la qualification de la situation comme guerre au sens formel ». BINDSCHEDLER-ROBERT, *op. cit.*, p. 10.

ner tout de suite, cet acte peut encore se produire [1]. Dans le cadre d'une guerre internationale, cet acte revêtait généralement la forme d'une déclaration de guerre, ou de n'importe quelle autre forme de qualification. On peut se demander cependant si, de nos jours, la déclaration de guerre n'est désormais possible que dans la seule hypothèse d'une agression, en tant que réponse de la part de l'Etat victime de cette agression.

Dans le cadre d'une guerre civile, l'acte unilatéral mettant en vigueur le droit de la guerre revêtait la forme d'une déclaration de reconnaissance du statut de belligérants des insurgés. Cette reconnaissance pouvait être explicite ou implicite et les autorités au pouvoir avaient la faculté de s'y refuser, même dans les cas où l'existence d'un état de guerre civile ne faisait aucun doute [2]. Dans l'ordre juridique interne, le conflit armé n'a pas de conséquences internationales, à moins que le gouvernement établi ne procède à cette reconnaisance, qui attribue à la partie insurgée un statut international, et au conflit armé un caractère international. Ainsi le *jus in bello* s'applique-t-il à ces situations également.

« L'acte de volonté unilatéral », dans le cadre d'une guerre internationale, avait un effet constitutif et l'ensemble du droit de la guerre et de la neutralité s'appliquait, avec effet obligatoire, pour l'ensemble de la communauté internationale. Dans le cadre d'une guerre civile, la portée de l'acte était plus limitée, car l'obligation qui en résultait ne produisait d'effets obligatoires que pour les parties en conflit et non pour les tiers [3].

Le caractère facultatif de la reconnaissance de belligérance, et donc du pouvoir discrétionnaire des autorités au pouvoir, fut repoussé par une partie de la doctrine, qui estimait que cet acte devait être déterminé uniquement par des critères objectifs et avoir un caractère obligatoire [4].

---

[1] Le Préambule de la IIIe Convention de La Haye disposait que: « Pour la sécurité des relations pacifiques, il importe que les hostilités ne commencent pas sans avertissement préalable. » Selon l'art. 1 de la même Convention, l'avertissement devait revêtir la forme soit d'une déclaration de guerre motivée, soit d'un ultimatum avec déclaration de guerre conditionnelle.

[2] « Le gouvernement qui refusait de procéder à cette reconnaissance n'encourait aucune responsabilité face au droit international classique. » WILHELM, *R.C.A.D.I.H.*, 1972, Tome 137, p. 333.

[3] « ... alors que la qualification d'une situation comme guerre au sens formel emporte automatiquement l'applicabilité du droit de la guerre dans son ensemble, y compris le droit de la neutralité, la reconnaissance de belligérance a un effet relatif: si elle est le fait du gouvernement établi, elle n'oblige pas les Etats tiers, et si elle est le fait de ceux-ci, elle n'oblige pas le gouvernement établi. Mais la reconnaissance a des effets obligatoires pour la partie insurgée ». BINDSCHEDLER-ROBERT, *op. cit.*, pp. 90-91.

[4] « On ne saurait dès lors considérer comme intacte la personnalité d'un Etat dans le cas où, en fait, il se serait produit une division fondamentale dans l'organisme du gouvernement établi. ». FIORE, *Nouveau droit international public suivant les besoins de la civilisation moderne*, Paris, 1868, p. 251. Sir Lauterpacht avait soutenu la même thèse, en qualifiant la reconnaissance de belligérance « comme obligatoire si quelques conditions sont remplies, notamment la possession d'une partie du territoire, le caractère généralisé des hostilités et le respect par les rebelles du droit de la guerre ». *Recognition in international Law*, Cambridge, 1947, p. 176.

La reconnaissance de belligérance s'était établie d'après la pratique anglo-saxonne au cours du XIXe siècle, mais elle n'a jamais fait l'objet d'une codification [1]. Elle a été utilisée au début de la guerre de Sécession américaine, où plusieurs tribunaux avaient affirmé « que la politique du gouvernement fédéral ne laissait subsister aucun doute quant au fait que les Confédérés étaient reconnus comme des belligérants par Washington » [2]. Mais ce statut n'avait été accordé qu'implicitement. En l'absence de toute règle écrite, la pratique a abandonné cette institution pour recourir à une autre forme plus pragmatique: la reconnaissance de l'état d'insurrection. Cette dernière facilitait la tâche des gouvernements car elle tendait « à faire reconnaître un état de fait comportant certaines conséquences sur le plan de l'application du droit de la guerre, mais excluant la reconnaissance du statut de belligérants aux insurgés » [3], qui limitait la souveraineté des gouvernants [4].

Enfin, à part la reconnaissance proprement dite, la pratique fournit encore des exemples de reconnaissance des insurgés par des Etats tiers. Cette reconnaissance se fait sous deux formes: soit en reconnaissant les insurgés à titre de gouvernement légal, soit en reconnaissant l'existence d'un gouvernement local *de facto*, tout en continuant de reconnaître le gouvernement légitime *de jure*. Ces deux formes de reconnaissance n'ont pas d'effet obligatoire pour la partie au pouvoir, mais elles confèrent aux insurgés une certaine subjectivité internationale.

La solution formaliste que nous venons de voir ne permettait pas un développement du droit conforme à l'évolution concrète des guerres. La guerre au sens formel était une notion purement juridique, soumise à des exigences formelles. Ces exigences n'ayant pas été respectées, rien n'empêchait pour autant la survenance d'un état de fait qui, matériellement, était identique à la guerre, mais auquel le *jus in bello* ne s'appliquait pas ou ne s'appliquait qu'imparfaitement. Aussi le terme « guerre » s'est-il vu aujourd'hui remplacé par le terme « conflit armé », reflétant l'extension de ce droit à un état de fait et tenant désormais compte de critères matériels et non plus formels. L'expression « droit des conflits armés » recouvre maintenant non seulement la guerre classique, mais tout conflit international où il y a emploi des armes.

---

[1] L'Institut du droit international a consacré ses travaux à ce sujet en 1900.

[2] Siotis, *Le droit de la guerre et les conflits armés d'un caractère non international*, Paris, 1958, pp. 85-86. (Thèse I.U.H.E.I.)

[3] Siotis, *ibid.*, p. 117.

[4] Le point de départ de cette pratique fut le refus des Etats-Unis de traiter comme bateaux-pirates les bâtiments qui participaient à des insurrections contre les gouvernements des républiques sud-américaines. Cette pratique fut confirmée pendant la guerre civile d'Haïti, quand le Secrétaire d'Etat américain refusa de capturer des bateaux déclarés pirates. Pour plus de détails, cf. Siotis, *ibid.*, p. 117 et ss., ainsi que Castren, « Recognition of insurgency », in *Indian Journal of international Law*, 1968, vol. 5, pp. 443 et ss.

En ce qui concerne le conflit interne, on s'écarte également du critère formel avec l'expression « conflit armé non international », où l'article 3 commun s'applique, sans préjudice d'une reconnaissance de belligérance toujours possible.

Reste cependant la question de la qualification du sujet de droit. Ici aussi une évolution allait se produire. Alors que selon le droit classique, un conflit international ne pouvait être qu'un conflit entre Etats ou une guerre civile dans laquelle il y avait reconnaissance de belligérance, le Protocole I a consacré la pratique des Nations Unies en reconnaissant le caractère international *de plano* des guerres de libération nationale et l'applicabilité à ces guerres du droit humanitaire des conflits armés. Désormais, le droit des conflits armés internationaux allait être déclaré applicable automatiquement, bien qu'une des parties au conflit ne soit pas un Etat.

B. *Conflits armés internationaux interétatiques* [1]

L'article 2 commun aux quatre Conventions de Genève stipule que ces Conventions s'appliquent « en cas de guerre déclarée ou de tout autre conflit armé surgissant entre deux ou plusieurs des Hautes Parties contractantes, même si l'état de guerre n'est pas reconnu par l'une d'elles ». Les Conventions s'appliquent aussi « dans tous les cas d'occupation de tout ou partie du territoire d'une Haute Partie contractante, même si cette occupation ne rencontre aucune résistance militaire ».

Cette description des conditions d'application a été reprise par la Convention de La Haye de 1954 sur la protection des biens culturels en cas de conflit armé et elle est à la base de diverses résolutions des Nations Unies sur le respect des droits de l'homme dans les conflits armés [2]. Le nouveau Protocole additionnel I enfin, qui complète les Conventions de Genève de 1949, la réaffirme en disposant qu'il « s'applique aux situations prévues par l'article 2 commun ». On peut admettre qu'elle vaut actuellement aussi pour les instruments plus anciens qui ne la connaissent pas.

Cette évolution objectiviste du droit des conflits armés internationaux, bien que dans l'ensemble positive, ne va pas sans présenter certaines difficultés. Elle efface la distinction entre état de paix et état de guerre et rend parfois plus difficile l'application du droit. En outre, l'application de celui-ci reste malgré tout confiée aux sujets du droit qui, en dépit des pressions morales exercées par l'opinion mondiale, sont juridiquement maîtres de leurs décisions. L'internationalisation de la violence organisée, qui illustre cette interpénétration de la paix et de la guerre, démontre la fragilité et la difficulté de l'application du droit de la guerre, ainsi que la nécessité de sa

---

[1] Article 1 commun: « La présente Convention s'appliquera en cas de guerre déclarée ou de tout autre conflit armé... ».

[2] Voir p. 37.

coexistence avec les droits de l'homme. Cela vaut pour les conflits armés interétatiques, mais aussi pour les conflits armés internationaux non interétatiques.

Enfin, si l'applicabilité du droit des conflits armés aux situations d'occupation va de soi lorsqu'il y a conflit armé, elle sera beaucoup plus difficile à obtenir en l'absence d'un tel conflit [1].

C. *Conflits armés internationaux non interétatiques*

L'élargissement de la notion de conflit armé international par la notion de conflit interétatique a été opéré pour inclure les guerres de libération nationale, qui sont des conflits armés « issus des luttes des peuples soumis à la domination coloniale et étrangère pour la réalisation de leur droit à l'autodétermination et à l'indépendance » [2].

Depuis la création des Nations Unies, sous l'impulsion des Etats nouvellement indépendants, un grand débat s'est ouvert au sein de l'organisation sur l'autodétermination [3].

Ce débat a tourné autour du concept du droit des peuples à disposer d'eux-mêmes consacré par les articles 2 et 55 de la Charte des Nations Unies. Pour les uns, ce droit est une règle juridique. Pour les autres, un principe politique ou un idéal. En fait, la Charte des Nations Unies n'a pas cessé de réaffirmer le caractère juridique de ce droit [4].

---

[1] « En l'absence d'un conflit généralisé, l'effectivité d'une telle disposition (occupation) est sujette à caution car elle présuppose que les Etats tiers soient prêts à exercer une pression suffisante sur l'Etat occupant pour qu'il se déclare prêt à appliquer les règles des Conventions de Genève au territoire occupé ». BINDSCHEDLER-ROBERT, *op. cit.*, p. 16.

[2] Définition donnée par l'Assemblée générale dans sa résolution 2592 (XXIV) de 1960.

[3] Pour l'évolution de ce droit, voir CALOGEROPOULOS-STRATIS, *Le droit des peuples à disposer d'eux-mêmes*, Bruylant, Bruxelles, 1973.

[4] Les instruments internationaux dans lesquels le droit des peuples à disposer d'eux-mêmes est expressément prévu sont les suivants:

a) Charte de l'O.N.U.: art. 1, par. 2 et art. 55.

b) Pacte international relatif aux droits économiques, sociaux et culturels: art. 1.

c) Pacte international relatif aux droits civils et politiques: art. 1.

d) Déclaration 1514, du 14 décembre 1960, sur l'octroi de l'indépendance aux pays et aux peuples coloniaux.

e) Déclaration relative aux principes du droit international touchant les relations amicales et la coopération entre les Etats conformément à la Charte de l'O.N.U. (Résolution 2625 (XXV) du 24 octobre 1970: 5e principe).

f) Définition de l'agression: Résolution 3314 (XXIV) de l'Assemblée générale, du 14 décembre 1974, art. 7.

g) Protocole additionnel I aux Conventions de Genève du 12 août 1949: art. 1, par. 4.

h) Résolutions de l'Assemblée générale de l'O.N.U.: 2674 (XXV) du 9 décembre 1970; 2787 (XXVI) du 6 décembre 1971; 3103 (XXVIII) du 12 décembre 1973. Selon le professeur ABI-SAAB, la résolution 2625 (XXV) du 24 octobre 1970 représente « la reconnaissance universelle juridique du principe de l'auto-détermination ».

L'évolution du droit international quant à la reconnaissance des guerres de libération nationale ne fut pas suivie immédiatement par le droit des conflits armés. On s'est donc trouvé dans une situation délicate: les guerres de libération nationale étaient reconnues dans la pratique des Nations Unies comme des conflits armés internationaux, alors que le droit humanitaire, n'ayant pas évolué, ne les reconnaissait pas comme tels [1].

En ce qui concerne le droit de La Haye, en tant que droit coutumier, il s'appliquait automatiquement à ces guerres du moment que le droit international reconnaissait les mouvements de libération nationale comme de nouveaux sujets de droit ayant le *jus bellandi*. Le problème de l'applicabilité du droit de Genève était plus difficile à résoudre, car les articles 60, 59, 139 et 155, respectivement, des quatre Conventions de Genève limitaient le droit d'y adhérer aux seules « Puissances » [2]. Il fut remédié à cette insuffisance par le premier Protocole additionnel aux Conventions de Genève qui, dans son article premier, paragraphe 4, dispose que ce Protocole s'applique aussi dans « les conflits armés dans lesquels les peuples luttent contre la domination coloniale et l'occupation étrangère et contre les régimes racistes dans l'exercice du droit des peuples à disposer d'eux-mêmes consacré dans la Charte des Nations Unies et dans la Déclaration relative aux principes du droit international touchant les relations amicales et la coopération entre les Etats conformément à la Charte des Nations Unies ». Plusieurs délégations gouvernementales ont fait des réserves essentielles pour l'adoption de ce paragraphe, car d'après elles il pourrait faire dépendre des motifs de conflit l'application de dispositions du droit humanitaire. Mais comme le fait remarquer, à juste titre, le CICR, la très large acceptation de cet article démontre le souci qu'a eu la Conférence d'élaborer un droit humanitaire qui tienne compte des problèmes spécifiques des pays du Tiers Monde. Pour ceux-ci, la libération du colonialisme et du racisme est un principe fondamental et la place capitale qu'ils donnent aux conflits contre les régimes « coloniaux » ou « racistes » ne peut être ignorée. La prendre en considération permet au Tiers Monde de s'identifier au droit humanitaire et d'en accepter pleinement les obligations. L'article 1 par. 4 introduit une application plus large de ce droit et cela sans remettre en cause le principe fondamental de l'égalité des droits et des devoirs de chacune des parties au conflit [3].

Un autre forme de conflit armé international non inter-étatique pourrait être constituée par les opérations de maintien de la paix de l'ONU Ces opérations peuvent dégénérer matériellement en des conflits armés (ex:

---

[1] Abi-Saab, « Wars of national liberation movements and the law of war », *Annales d'études internationales*, Genève, I.U.H.E.I., vol. III, 1972.

[2] Le Professeur Abi-Saab, dans le même article (p. 104), soutient cependant que le terme « Puissance » couvre aussi les mouvements de libération nationale.

[3] C.I.C.R., *Rapport d'activité 1977*, p. 43.

le Congo), d'où surgit automatiquement le problème de l'applicabilité du droit des conflits armés. Ici aussi, l'applicabilité du droit coutumier de la guerre ne pose aucun problème. Les Nations Unies n'ayant pas le caractère d'un Etat, elles sont cependant sujet du droit international général et du droit des conflits armés internationaux [1]. « Les forces des Nations Unies sont donc obligées — chaque fois qu'elles sont utilisées dans les opérations militaires — de respecter ce droit dans leurs opérations, en même temps qu'elles en sont bénéficiaires » [2].

La question subsiste toutefois de savoir si le droit conventionnel, et en premier lieu les Conventions de Genève, s'appliquent aussi. Jusqu'à présent, les forces des Nations Unies ont toujours appliqué les Conventions de Genève. Par conséquent, dans la pratique, le problème est résolu. Il serait absurde d'imaginer l'ONU refusant de respecter les conventions humanitaires en faveur desquelles elle a elle-même lancé une campagne depuis 1968 au travers d'une série de résolutions et d'études. En théorie, les forces, étant le substitut de la sécurité collective prévue au Chapitre VII de la Charte (qui n'a, strictement parlant, jamais fonctionné faute d'unanimité parmi les membres permanents du Conseil de Sécurité), sont placées directement sous l'autorité des Nations Unies. Mais elles sont composées de contingents armés nationaux, volontairement fournis par les Etats membres, qui sont tous en même temps parties aux Conventions de Genève de 1949. On peut donc soutenir qu'à ce titre aussi les forces des Nations Unies sont obligées de respecter les Conventions. Bref, l'application du droit des conflits armés par les forces de l'ONU dans leurs opérations militaires pourrait être assurée par une déclaration *ad hoc* adéquate de l'ONU et par l'engagement conventionnel des Etats qui fournissent volontairement des contingents nationaux [3].

Section 2. Conflits armés non internationaux

La même situation formaliste qui prévalait pour les guerres internationales valait également pour les guerres internes. En l'absence de reconnaissance de belligérance, la distinction faite entre guerre internationale et guerre interne « ne tenait pas suffisamment compte du fait que très souvent, à l'occasion des guerres civiles, la lutte s'identifiait matériellement à une guerre véritable.» [4]

---

[1] « Réparations des dommages subis au service des Nations Unies ». Avis consultatif, Cour internationale de Justice, *Recueil*, 1949, pp. 174 et ss.

[2] Bindschedler-Robert, *op. cit.*, p. 15.

[3] Il faut supposer que le Secrétaire général n'accepterait pas l'offre d'un Etat qui n'aurait pas ratifié les Conventions de Genève. Pour plus de détails sur ce problème, voir Seyersted, *United Nations in the Law of Peace and War*, Leiden 1966.

[4] Siotis, *op. cit.*, p. 19.

Le CICR, préoccupé dès 1912 — date à laquelle se réunit à Washington la IXe Conférence internationale de la Croix-Rouge, du sort des victimes des guerres internes, n'a plus cessé dès lors d'évoquer ce problème. Lors de la XVIIe Conférence internationale de la Croix-Rouge, réunie à Stockholm en 1948, le problème des conditions d'application du droit de la guerre dans les guerres internes fut renvoyé à la Conférence diplomatique de 1949, qui adopta alors l'article 3 commun aux quatre Conventions de Genève [1].

Avec l'adoption de cet article fut introduit dans le droit conventionnel la possibilité d'appliquer des dispositions spéciales (l'article 3 seul), ou même les Conventions de Genève dans leur ensemble, également dans les conflits armés internes dans lesquels il n'y a pas reconnaissance de belligérance [2]. Ainsi, la doctrine formaliste, qui tenait compte de critères subjectifs comme pour les conflits armés internationaux, fut définitivement abandonnée en faveur d'une nouvelle doctrine objectiviste qui ne lie plus l'application du droit des conflits armés au statut juridique des parties en conflit [3].

L'article 3, qui, en réalité, n'a jamais été considéré comme réglant définitivement le problème, introduisit dans le droit international un changement révolutionnaire par rapport au droit classique de la guerre civile [4]. S'agissant en quelque sorte d'une « mini-convention », avec des conditions d'applicabilité propres, il rattachait son applicabilité non plus à une qualification juridique, mais à une situation de fait. Son application devenait automatique « dès le moment où une lutte armée à l'intérieur d'une entité étatique prend des formes telles qu'elle cesse d'être une simple affaire de maintien d'ordre » [5]. En conséquence, l'article 3 « s'applique *eo ipso*, sans qu'il soit nécessaire d'en admettre spécialement l'applicabilité » [6].

Les difficultés posées par la protection des victimes des conflits armés non internationaux ne furent toutefois pas toutes résolues par le remplacement de critères subjectifs par des critères objectifs. La pratique depuis lors nous a fourni des exemples de cas dans lesquels les gouvernements ont refusé d'appliquer l'article 3 par crainte d'attribuer implicitement un statut

---

[1] « En cas de conflit armé ne présentant pas un caractère international et surgissant sur le territoire de l'une des Hautes Parties contractantes, chacune des parties au conflit sera tenue d'appliquer au moins les dispositions suivantes... ». Pour les travaux de cette Conférence sur l'article 3, voir Siotis, *op. cit.*, p. 193-205.

[2] « Les parties au conflit s'efforceront, d'autre part, de mettre en vigueur, par voies d'accords spéciaux, tout ou partie des autres dispositions de la présente Convention. » (Art. 3, par. 2, al 2.).

[3] Cela vaut, bien entendu, seulement à l'intérieur de chacune des deux catégories de conflits; le statut juridique des parties reste déterminant pour savoir si le conflit est de nature internationale ou non internationale.

[4] Siordet, *Les Conventions de Genève et la guerre civile*, Genève, 1950, p. 2.

[5] Bindschedler-Robert, *op. cit.*, p. 93.

[6] «Article 3 of the Geneva Conventions will apply *eo ipso* without special recognition of its applicability ». Bindschedler-Robert, *The Law of armed Conflicts*, Carnegie Endowment for international Peace, New York, 1971, p. 50.

quelconque à la partie insurgée. Toutefois, l'article 3 fut appliqué quelquefois *de jure* par les deux parties au conflit [1], quelques rares fois par la partie insurgée seulement [2], ou enfin *de facto*, sans que l'applicabilité *de jure* ait été reconnue [3].

Le problème de l'applicabilité de l'article 3 résidait dans le fait qu'en l'absence d'une définition, les gouvernements pouvaient refuser de l'appliquer, même si les règles générales de cette disposition constituent un minimum de protection. Le CICR a été amené à se demander si, en vue de réduire la liberté d'appréciation des Etats, on ne pourrait pas préciser les catégories de conflits armés non internationaux dans lesquels l'article 3 en tous cas s'appliquait, ou tout au moins dégager des critères objectifs pouvant servir de base à cette classification. Les experts consultés par le CICR en 1971 et 1972 ont dans leur majorité estimé nécessaire de parvenir à une définition de ce type de conflit, en relation avec le développement du droit matériel applicable [4]. On s'est alors trouvé devant le dilemme suivant: ou bien adopter une définition large mais s'accompagnant de règles de protection sans doute plus limitées, ou bien donner la préférence à une définition plus restrictive, mais mettant en application des droits plus substantiels [5]. A la Conférence diplomatique, c'est la deuxième solution qui devait l'emporter.

En effet, le Protocole II additionnel aux Conventions de Genève contient une définition du conflit armé non international plus restrictive que celle de l'article 3, ce qui a permis en revanche d'adopter des dispositions matérielles plus étendues que celles qui figurent dans le texte [6]. Cette disposition s'applique seulement dans le cadre du Protocole II, sans modifier les conditions d'application existantes de l'article 3. En réalité, il s'agit d'un autre niveau de conflit armé interne, qui se place entre la situation prévue par l'article 3, comme « situation minimale », et le conflit interne avec reconnaissance de belligérance, comme « situation maximale » [7].

---

[1] Algérie (1955-56), Cuba (1958), Liban (1953), Congo (1960-63), Yemen (1962), République dominicaine (1965), Nigéria (1967-70).

[2] Hongrie (1956), Irak (1962 et 1974).

[3] Costa-Rica (1955), Kenya (1957), Chypre (1955-58), (conflit d'Irlande du nord). Cf. Schindler, « Le principe de non intervention dans les guerres civiles », *A.I.D.I.*, vol. 56, 1975, pp. 119-156.

[4] Conférence d'experts gouvernementaux, Rapport, 1971, C.I.C.R., p. 141.

[5] Conférence d'experts gouvernementaux, Rapport, 1972, C.I.C.R., p. 71.

[6] Il est vrai que le projet du C.I.C.R. était plus étoffé et que le texte final du Protocole II constitue un recul en comparaison.

[7] « Article premier. — Champ d'application matériel:

1. Le présent Protocole, qui développe et complète l'article 3 commun aux Conventions de Genève du 12 août 1949 sans modifier ses conditions d'application actuelles, s'applique à tous les conflits armés qui ne sont pas couverts par l'article premier du Protocole additionnel aux Conventions de Genève du 12 août 1949 relatif à la protection des victimes des conflits armés internationaux (Protocole I), et qui se déroulent sur le territoire d'une Haute Partie contractante entre ses forces armées et des forces

La définition antérieure du conflit interne était conçue sous l'angle de la lutte entre gouvernement établi et rebelles. Le Protocole II, suite aux expériences les plus récentes, classe parmi les conflits armés internes également la lutte armée entre groupes armés organisés. Cette disposition était devenue très nécessaire pour compléter la définition de ces conflits et faciliter l'applicabilité du droit humanitaire dans des conflits entre deux groupes de la même population, comme le montre le tragique exemple de la guerre du Liban.

L'intervention étrangère dans un conflit armé non international peut modifier le caractère du conflit et le transformer en conflit international suivant la partie en faveur de laquelle l'Etat tiers intervient. Si l'intervention se fait du côté du gouvernement, le caractère du conflit n'est pas affecté car l'intervention ne modifie pas en elle-même le statut des rebelles. Si l'intervention se fait du côté des insurgés à l'aide d'une armée régulière et non pas de volontaires, le conflit perd sa nature purement interne. Le conflit entre le gouvernement établi et l'Etat intervenant est un conflit entre deux sujets du droit international, un conflit international interétatique, tandis que le conflit entre le gouvernement établi et les insurgés reste théoriquement un conflit interne. Mais comme dans ces cas les troupes sont souvent mixtes et qu'il est difficile de distinguer entre combattants nationaux et étrangers dans la mesure où ils luttent ensemble, il faut admettre que le conflit perd à la longue son caractère interne et s'internationalise. Cette théorie est aussi conforme à l'esprit humanitaire du droit des conflits armés, qui vise toujours à renforcer la protection de l'individu dans ces conflits indépendamment de tout critère subjectif. La même règle vaut pour l'intervention des Nations Unies dans des conflits armés à caractère non international. Pour les guerres de libération nationale, le problème n'existe pas, car ces conflits sont toujours par nature de caractère international, même s'ils ne sont pas interétatiques.

Section 3. Troubles intérieurs et tensions internes

Le dernier type de situation que l'on trouve entre la guerre et la paix sont les situations de troubles intérieurs et de tensions internes.

Il s'agit de situation où, sans qu'il y ait de conflit armé non international, il existe cependant, sur le plan interne, un affrontement qui présente un

---

armées dissidentes ou des groupes armés organisés qui, sous la conduite d'un commandement responsable, exercent sur une partie de son territoire un contrôle tel qu'il leur permette de mener des opérations militaires continues et concertées et d'appliquer le présent Protocole.

2. Le présent Protocole ne s'applique pas aux situations de tensions internes, de troubles intérieurs, comme les émeutes, les actes isolés et sporadiques de violence et autres actes analogues, qui ne sont pas considérés comme des conflits armés. »

certain caractère de gravité ou de durée et qui comporte des actes de violence.

Les actes de violence peuvent revêtir des formes variables. La qualification de la situation en tant que troubles intérieurs ou en tant que tensions internes dépend précisément de la nature de ces actes. Dans une situation de troubles intérieurs, les actes de violence revêtent un caractère plus ou moins organisé, sans encore pour autant dégénérer en conflit armé. Les autorités au pouvoir se voient obligées pour dominer la situation de faire appel à de vastes forces de police, voire même aux forces armées [1].

En revanche, dans une situation de tensions internes, il n'y a pas d'actes de violence organisés, mais tout au plus des violences sporadiques, et le dispositif normal des forces de police suffit.

En pratique, la distinction entre troubles et tensions est assez difficile à établir, de même qu'il n'est pas facile de faire la distinction entre troubles et conflits armés internes. Mais, d'une façon générale, les deux premières catégories relèvent du droit interne — et non du droit international comme c'est le cas du conflit armé non international. Cependant, le droit international peut mettre une limite à l'arbitraire de l'Etat, particulièrement dans ces situations, dans lesquelles les droits de l'homme sont en péril.

Le Protocole II additionnel aux Conventions de Genève a expressément exclu de son champ d'application matériel les troubles intérieurs et les tensions internes: « Le présent Protocole ne s'applique pas aux situations de tensions internes, de troubles intérieurs, comme les émeutes, les actes isolés et sporadiques de violence et autres actes analogues, qui ne sont pas considérés comme des conflits armés » [2]. Cette position est conforme à celle de la doctrine en la matière [3]. Mais elle a suscité des critiques, parfois virulentes. Le Professeur Jacques Freymond estime qu'il s'agit là d'une « dérobade » et propose « ... qu'aux dispositions conventionnelles définissant les méthodes et moyens de combat en soient ajoutées d'autres concernant les méthodes de la police, qui est une des principales forces combattantes en action à l'heure actuelle... » [4].

Le CICR s'est livré depuis longtemps, avant même que ne débute officiellement la vaste entreprise de la réaffirmation du droit humanitaire, à des études juridiques tendant à rechercher les moyens de renforcer la protection générale des victimes des troubles et des tensions internes. A cet

---

[1] Cf. Document présenté par le C.I.C.R., Conférence d'experts gouvernementaux, vol. V, 1971, p. 78.

[2] Art. premier, par. 2.

[3] « International conflicts are subject of the laws of war, whereas internal conflicts are governed primarily, with the exception of the rule stated in Article 3 of the 4 Conventions, by the principle of national sovereignty ». CAFLISCH, in *Droit humanitaire des conflits armés*, Colloque de l'Université libre de Bruxelles, éd. de l'Université de Bruxelles, 1970.

[4] *Guerres, Révolutions, Croix-Rouge*, I.U.H.E.I., Genève, 1976, pp. 131 et 132.

effet, il a convoqué à trois reprises des commissions d'experts chargées d'étudier cette question [1].

Les experts se sont laissés guider par le principe incarnant la vocation de la Croix-Rouge, qui est de soulager la souffrance humaine, et ont essayé de dégager les principes généraux propres à étayer l'action du CICR Quant au fondement juridique, les experts ont trouvé la réponse dans l'art. 3 commun, qui prévoit l'offre de services d'un « organisme humanitaire impartial tel que le C.I.C.R. », sans que l'application dudit article puisse avoir « d'effet sur le statut juridique des Parties au conflit » [2].

Mais le C.I.C.R. était conscient du fait que son action dépendait toujours d'une autorisation des autorités au pouvoir. Il soumit donc la question dans la documentation qu'il présenta à la Conférence d'experts gouvernementaux sur la réaffirmation et le développement du droit humanitaire qui devait débuter à Genève en 1971.

La plupart des experts considérèrent que l'article 3 n'était juridiquement pas applicable et qu'en outre il n'était pas opportun de proposer son application dans ces situations [3]. Considérant ce développement comme politiquement impossible [4], se heurtant à l'objection de la souveraineté nationale et de la non-ingérence dans les affaires intérieures de l'Etat, les experts souhaitèrent plutôt que le C.I.C.R. se fonde sur sa puissance morale et sa neutralité. De même, la Conférence traita le problème du « contenu possible d'un éventuel protocole additionnel à l'article 3 » et parvint aux mêmes constatations [5].

Le C.I.C.R., se basant sur sa vocation humanitaire et impartiale ainsi que sur diverses résolutions des Conférences internationales de la Croix-Rouge [6], ses propres statuts [7] et ceux de la Croix-Rouge internationale [8],

---

[1] 1. Commission d'experts chargée d'examiner la question de l'assistance aux détenus politiques, juin 1953. 2. Commission d'experts chargée d'examiner la question de l'application des principes humanitaires en cas de troubles intérieurs, octobre 1955. 3. Commission d'experts chargée d'examiner la question de l'aide aux victimes des conflits internes, octobre 1962.

[2] « L'action humanitaire n'a, en aucun cas, pour conséquence de transformer les rapports juridiques existant entre le ou les individus considérés comme troublant l'ordre et la Puissance détentrice ». Commission de 1953, C.I.C.R., Genève 4953, p. 7.

[3] Documentation C.I.C.R., vol. V, *op. cit.*, p. 82.

[4] « L'Etat qui se trouve en présence d'un conflit de ce genre doit pouvoir garder un droit complet d'appréciation quant aux mesures à prendre pour réprimer, conformément à la loi, une émeute ou une insurrection ».

[5] Conférence d'experts, *op. cit.*, Rapport sur les travaux de la Conférence, C.I.C.R., Genève, août 1971, p. 50, par. 219-281.

[6] IXe Conférence (Washington, 1912). Xe Conférence (Genève, 1921).
XVIe Conférence (Londres, 1938). XVIIe Conférence (Stockholm, 1948).
XVIIIe Conférence (Toronto, 1952). XXe Conférence (Vienne, 1965).

[7] L'article 4, lettre d) prévoit que le C.I.C.R. a notamment pour rôle... « d'agir, en sa qualité d'institution neutre, spécialement en cas de guerre, de guerre civile ou de troubles intérieurs... ».

[8] L'article VI, chapitre 5, prévoit une disposition analogue.

s'est toujours efforcé de secourir les victimes des troubles intérieurs et des tensions internes. Plusieurs études démontrent clairement cette activité [1].

Il faut souligner le caractère particulier de l'intérêt de la Croix-Rouge pour les victimes des troubles intérieurs et des tensions internes: «Le CICR ne s'occupe pas des raisons de la détention de ces personnes; il se préoccupe uniquement, par les visites que ses délégués sont autorisés à leur rendre, du traitement qui leur est accordé, de leurs possibilités de liens avec leurs familles et de l'assistance à leur apporter» [2].

Ainsi, les seuls moyens de protéger les victimes de ces situations sont, d'une part, l'intervention du CICR après obtention du consentement du gouvernement intéressé, sur une base pragmatique et dans le cadre de sa mission humanitaire, et d'autre part les droits de l'homme. L'applicabilité du droit humanitaire est exclue, sans que cela empêche pour autant le CICR d'essayer de veiller, dans le cadre de sa mission, au respect des principes humanitaires. Rien n'empêche enfin qu'un gouvernement accepte d'appliquer les dispositions de l'article 3 commun sans pour cela qualifier la situation de conflit armé à caractère non international. La chose est possible juridiquement, mais en général, les gouvernements hésiteront à prendre ce qu'ils considéreront comme un risque politique. Il nous semble que, pour le moment, la société internationale n'a pas atteint le stade d'évolution nécessaire pour admettre l'applicabilité de l'art. 3 dans les situations de troubles intérieurs.

En définitive, les conditions d'application du droit des conflits armés sont très complexes et laissent le champ libre à de nombreuses échappatoires. Seuls les Etats peuvent apprécier les situations de conflit. Aucun organe n'est prévu pour assumer ce rôle en dehors d'eux et le CICR lui-même n'est pas en mesure d'imposer son point de vue. La guerre est avant tout une affaire politique, et une affaire très grave, qui peut avoir des conséquences directes — c'est souvent le cas — sur la survie des gouvernements. L'un des atouts dont ces derniers disposent est leur pouvoir discrétionnaire *de jure* — même limité par des conditions objectives — de reconnaissance et de qualification. Et dans ces cas l'intérêt politique l'emporte presque toujours sur l'intérêt humanitaire.

Les experts consultés par le CICR ont plutôt considéré que les droits à accorder aux individus dans ces situations relèvent des instruments relatifs aux droits de l'homme. Les populations — disent-ils — ne sont pas abandonnées à l'arbitraire des gouvernements «car les principes généraux du droit comportent des standards de civilisation que les gouvernements doivent respecter en tout temps». A cette réflexion ils ajoutent

[1] MOREILLON, *Le Comité international de la Croix-Rouge et la protection des détenus politiques*, Ed. L'âge d'homme, Lausanne, 1973. (Thèse I.U.H.E.I.)

[2] Document C.I.C.R., Fascicule V, 1971, *op. cit.*, p. 92.

l'impact du Pacte international relatif aux droits civils et politiques et de la Convention européenne des droits de l'homme. [1]

Cette constatation ne fait que confirmer combien sont justifiés les efforts de l'organisation mondiale et des organismes régionaux pour assurer l'application des droits de l'homme dans les conflits armés. En effet, l'application de ces derniers est plus facile et leurs conditions d'application plus claires dans la mesure où les conventions des droits de l'homme prévoient des organes permanents autorisés à trancher la question de leur propre compétence et à rendre des décisions obligatoires. Cela est surtout vrai pour la Convention européenne des droits de l'homme, qui a déjà fait son chemin et permis d'élaborer une pratique déjà assez importante. C'est en réalité l'étude de l'applicabilité de cette Convention que nous abordons dans le chapitre suivant; en parlant « d'applicabilité des droits de l'homme dans les conflits armés et situations d'exceptions ».

---

[1] Documentation C.I.C.R., Fascicule V, 1971, *op. cit.*, p. 83.

* * *

CHAPITRE IV

APPLICABILITÉ DES DROITS DE L'HOMME DANS LES CONFLITS ARMÉS ET SITUATIONS D'EXCEPTION

L'application générale des droits de l'homme présente moins de difficultés que l'application du droit humanitaire. Même dans le cadre d'un conflit armé l'applicabilité des droits de l'homme, qui ont été conçus principalement pour le temps de paix, est mieux assurée que celle du droit humanitaire, lequel a pourtant été conçu exclusivement pour les périodes de conflt armé.

Le droit humanitaire a en effet un caractère exceptionnel, ce qui fait qu'il faut prouver le bien-fondé de son application. Les droits de l'homme en revanche ont un caractère normal, et ils s'appliquent automatiquement dans les situations normales de paix, et au-delà — tout au moins quant à leurs normes essentielles — en période de conflt armé. L'existence dans les droits de l'homme d'organes permanents qui sont autorisés à trancher la question de leur propre compétence facilite leur application, au contraire du droit humanitaire, qui s'applique dans des situations dont le caractère juridique est qualifié par les gouvernements intéressés. Reconnaissance et qualification deviennent alors des armes politiques et aboutissent à des fictions.

Section 1. Clauses de dérogation

Malgré leur caractère général, les conventions des droits de l'homme tiennent compte de la difficulté de leur application pratique dans des situations d'exception. Chacune d'elles contient donc des dispositions qui en permettent alors la suspension partielle. Il s'agit de l'article 4 du Pacte international relatif aux droits civils et politiques, signé à New York en 1966 et entré en vigueur le 23 mars 1976, de l'article 27 de la Convention américaine relative aux droits de l'homme, signée à Costa Rica en 1969 et entrée en vigueur le 18 juillet 1978, et de l'article 15 de la Convention européenne de sauvegarde des droits de l'homme et des libertés fondamentales, signée à Rome en 1950 et entrée en vigueur le 3 septembre 1953. Nous croyons utile de reproduire ici ces trois textes:

Pacte international relatif aux droits civils et politiques

Article 4.

« *1. Dans le cas où un danger public exceptionnel menace l'existence de la nation et est proclamé par un acte officiel, les Etats parties au présent Pacte peuvent prendre, dans la stricte mesure où la situation l'exige, des mesures dérogeant aux obligations prévues dans le présent Pacte, sous réserve que ces mesures ne soient pas incompatibles avec les autres obligations que leur impose le droit international et qu'elles n'entraînent pas une discrimination fondée uniquement sur la race, la couleur, le sexe, la langue, la religion ou l'origine sociale.*

2. La disposition précédente n'autorise aucune dérogation aux articles 6, 7, 8 (par. 1 et 2), 11, 15, 16 et 18.

3. Les Etats parties au présent Pacte qui usent du droit de dérogation doivent, par l'entremise du Secrétaire général de l'Organisation des Nations Unies, signaler aussitôt aux autres Etats parties les dispositions auxquelles ils ont dérogé ainsi que les motifs qui ont provoqué cette dérogation. Une nouvelle communication sera faite par la même entremise à la date à laquelle ils ont mis fin à ces dérogations. »

Convention américaine relative aux droits de l'homme [1]

Article 27 — *Suspension des garanties.*

« *1. En cas de guerre, de danger public ou dans toute autre situation de crise qui menace l'indépendance ou la sécurité d'un Etat partie, celui-ci pourra, strictement en fonction des exigences du moment, prendre des mesures qui suspendent les obligations contractées en vertu de la présente Convention, pourvu que ces mesures ne soient pas incompatibles avec les autres obligations imposées par le Droit international et n'entraînent aucune discrimination fondée uniquement sur des considérations de race, de couleur, de sexe, de langue, de religion ou d'origine sociale.*

2. La disposition précédente n'autorise pas la suspension des droits déterminés dans les articles suivants : 3 (Droit à la reconnaissance de la personnalité juridique) ; 4 (Droit à la vie) ; 5 (Droit à l'intégrité de la personne) ; 6 (Interdiction de l'esclavage et de la servitude) ; 9 (Principe de légalité et de rétroactivité) ; 12 (Liberté de conscience et de religion) ; 17 (Protection de la famille ; 18 (Droit à un nom) ; 19 (Droit de l'enfant) ; 20 (Droit à une nationalité) ; 23 (Droits politiques). Elle n'autorise pas non plus la suspension des garanties indispensables à la protection des droits susvisés.

---

[1] Texte original en espagnol et en anglais. La traduction est prise de la publication du Conseil de l'Europe: *Les droits de l'homme en droit international. Textes de base.* Strasbourg, 1978, pp. 67-68

3. Tout Etat partie, qui a recours au droit de suspension, devra immédiatement informer les autres Etats parties à la présente Convention, par le truchement du Secrétaire Général de l'Organisation des Etats américains, des dispositions dont l'application a été suspendue, des motifs de la suspension et de la date fixée pour la fin de celle-ci. »

Convention européenne de sauvegarde des droits de l'homme et des libertés fondamentales

Article 15.

« *1. En cas de guerre ou en cas d'autre danger public menaçant la vie de la nation, toute Haute Partie contractante peut prendre des mesures dérogeant aux obligations prévues par la présente Convention, dans la stricte mesure où la situation l'exige et à la condition que ces mesures ne soient pas en contradiction avec les autres obligations découlant du droit internatiunal.*

2. La disposition précédente n'autorise aucune dérogation à l'article 2, sauf pour le cas de décès résultant d'actes licites de guerre, et aux articles 3, 4 (paragraphe 1) et 5.

3. Toute Haute Partie contractante qui exerce ce droit de dérogation tient le Secrétaire général du Conseil de l'Europe pleinement informé des mesures prises et des motifs qui les ont inspirées. Elle doit également informer le Secrétaire général du Conseil de l'Europe de la date à laquelle ces mesures ont cessé d'être en vigueur et les dispositions de la Convention reçoivent de nouveau pleine application. »

* * *

Les textes mentionnés ci-dessus offrent aux Etats membres la possibilité de déroger à leurs obligations contractuelles pour faire face à des situations exceptionnelles. On part ici de l'idée que, en cas de crise grave, le respect de l'ensemble des dispositions des conventions des droits de l'homme devient pratiquement impossible. Pour sauvegarder l'ordre établi et faciliter le retour au calme, les gouvernements peuvent suspendre momentanément ces conventions. Cependant, certaines dispositions dites fondamentales restent toujours en vigueur et toute dérogation à celles-ci demeure interdite. Les droits de l'homme ainsi réservés sont applicables en tout temps, en temps de paix comme en période de conflit armé, et même en cas de guerre totale [1].

---

[1] Selon la doctrine classique, la guerre totale est le conflit dans lequel tous les Etats sont directement ou indirectement impliqués (guerre mondiale). CAVARE, *Le droit international positif*, Paris, Pedone, 1970, p. 89. En revanche, selon la doctrine moderne, la guerre totale est le conflit au cours duquel sont utilisés à grande échelle des moyens de destruction massive (guerre nucléaire). DOMINICE, *La notion du caractère ennemi des biens privés dans la guerre sur terre*, Thèse, Université de Genève, Genève, 1961, pp. 17-21.

SECTION 2. L'INVOCATION DE L'ARTICLE 15

L'article 15 de la Convention européenne, adopté sur la base d'un projet britannique [1], permet de prendre des mesures « en cas de guerre ou en cas d'autre danger public menaçant la vie de la nation ».

De cette disposition on peut déduire que les conditions d'application sont de nature uniquement matérielle. En revanche, le Pacte de l'ONU, dans son art. 4, introduit une condition formelle puisqu'il dispose que « le danger public exceptionnel doit être proclamé par un acte officiel ». Cette obligation du Pacte apparaît comme une condition *sine qua non* de l'invocation de l'art. 4. L'inobservation de cette condition affecterait la validité de la dérogation. On peut considérer que, dans le cadre universel, il se justifiait de prendre des précautions pour limiter les dérogations arbitraires de la part des Etats [2].

A. *La condition de guerre*

La condition « en cas de guerre ou en cas d'autre danger public menaçant la vie de la nation » dans la Convention européenne est très large. Elle couvre les situations allant des guerres classiques aux simples tensions internes. Le Pacte international de l'ONU ne fait pas mention expresse de la « guerre », au contraire des deux conventions régionales, européenne et américaine. Cependant, le terme « danger public » utilisé par le Pacte couvre aussi l'état de guerre. Les auteurs du Pacte n'ont pas voulu faire usage de ce terme pour des raisons évidentes. La guerre étant interdite par le droit international contemporain, il est logique que cette expression ne fasse pas partie du langage des Nations Unies, même s'il est par ailleurs tout à fait clair que la « guerre » est par excellence une situation qui « menace la vie de la nation » [3], et que ne pas la mentionner ne l'empêche pas d'exister.

A l'inverse, l'utilisation expresse du terme « guerre » dans la Convention européenne n'est pas non plus sans fondement. Les raisons de cette situation sont d'ordre à la fois psychologique, politique et juridique. La situation politique internationale qui prévalait à l'époque de la conclusion de la Convention européenne était influencée par la guerre froide et par la menace constante d'un affrontement militaire entre l'Est et l'Ouest. L'ombre de la guerre s'étendait sur la carte géographique du vieux continent, dont la partie occidentale adopta cette convention comme base philosophique à opposer au monde communiste.

---

[1] *Recueil des travaux préparatoires* de la Convention européenne des droits de l'homme et vol. I, Conseil de l'Europe, pp. 150 et ss.

[2] Une autre proposition à ce sujet fut introduite — et repoussée — lors de l'élaboration de l'article 4; elle consistait à demander aux Etats de présenter à une autorité compétente des renseignements détaillés sur les motifs qui les avaient amenés à prendre les mesures dérogatoires. Commentaires des projets des Pactes, O.N.U., Doc. A/2929, p. 76.

[3] Commentaires des projets des Pactes de l'O.N.U., *op. cit.*, p. 77.

Outre les raisons d'ordre politique, le fait que les droits nationaux de plusieurs pays membres faisaient une distinction entre « situations de guerre » et « danger public » a également joué un rôle. Ainsi, en République fédérale allemande, l'article 115 de la « Loi fondamentale » réglemente les compétences législatives d'exception lorsqu'il s'agit d'une « agression extérieure » (guerre) et l'article 91 fait de même lorsqu'il s'agit de menace à l'ordre public interne (danger public). D'autres pays européens, sans différencier les mesures exceptionnelles à prendre selon l'une ou l'autre situation, citent cependant séparément la « menace extérieure » et la « menace intérieure ». C'est le cas de la Grèce (art. 91 de la Constitution de 1952, et art. 48 de la Constitution de 1975, et de la Grande-Bretagne, dont les « Emergency Powers Acts » se réfèrent aux « situations de guerre et aux situations de troubles intérieurs ». Par ailleurs, en Belgique, les lois d'exception se réfèrent seulement à la survenance d'un « état de guerre internationale » [1].

B. *La condition de danger public menaçant la vie de la nation*

Jusqu'à présent, toutes les affaires portées devant la Commission européenne des droits de l'homme et dans lesquelles l'article 15 a été invoqué concernaient des situations de « danger public menaçant la vie de la nation » et non pas des situations de guerre. Dans la seule affaire qui concerne un conflit armé international, l'affaire de Chypre c/ Turquie, la clause de dérogation n'a pas été invoquée par le gouvernement intéressé (Turquie), nous verrons pourquoi plus loin, et seule la question de l'applicabilité de l'article *ex officio* a été examinée par la Commission européenne des droits de l'homme.

Les affaires dans lesquelles l'article 15 a été invoqué sont:

1. *L'affaire de Chypre:* requêtes du gouvernement hellénique contre le Royaume-Uni. Dans la première affaire (N° 176/56), il était allégué que toute une série de décrets et de règlements exceptionnels édictés à Chypre par le Royaume-Uni étaient incompatibles avec la Convention. Dans la seconde affaire (N° 299/57), le gouvernement hellénique faisait état de 49 cas de torture ou de sévices équivalant à des tortures à Chypre. Cette affaire ayant été rayée du rôle à la demande conjointe des gouvernements grec et britannique à la suite des accords de Zurich et de Londres par lesquels Chypre accédait à l'indépendance, la Commission décida de mettre fin à la procédure sans examiner le fond [2].

---

[1] Ganshof van der Meerch, « Les états d'exception et la constitution belge », in *Annales de la faculté de droit et de sciences politiques*, Louvain, 1953, pp. 49 et ss. Voir aussi Manos, *Les situations d'exception dans la Convention européenne des droits de l'homme* (en grec), Athènes, Papazissis, 1977.

[2] Pour cette affaire, voir Nicolas, *La question de Chypre devant le Conseil de l'Europe*, Thèse, Rennes, 1958 et Affaire Grèce contre le Royaume-Uni. Résolution 59 (12) du Comité des Ministres du 20 avril 1953.

2. *L'affaire Lawless:* Requête N° 332/57, du ressortissant irlandais M. Gerald Lawless contre la République d'Irlande, soutenant que sa détention constituait une violation des articles 5 et 6 de la Convention européenne. M. Lawless était soupçonné d'appartenir à l'organisation illégale *Irish Republican Army* (I.R.A.). Cette affaire donna lieu à deux arrêts de la Cour européenne des droits de l'homme: un premier arrêt, du 14 novembre 1960, concernant des exceptions préliminaires et des questions de procédure (Publications de la Cour, Série A, N° 1), et un deuxième arrêt, du 1er juillet 1961, portant sur le fond et dans lequel la Cour a considéré que l'internement de Lawless était contraire à l'article 5, mais que cette mesure était cependant conforme à la dérogation invoquée par le gouvernement irlandais et prévue à l'article 15 [1].

3. *L'affaire grecque:* cinq requêtes étatiques contre la Grèce à l'époque des colonels: quatre requêtes émanant séparément du Danemark, de la Norvège, de la Suède et des Pays-Bas (Nos 3321/67, 3322/67, 3323/67 et 3344/67), et une requête introduite conjointement par le Danemark, la Norvège et la Suède (N° 4448/70). Ces requêtes alléguaient que la dérogation dont se prévalait le régime militaire grec, selon l'article 15, n'était pas justifiée. En outre, elles alléguaient la violation des articles 3, 5, 6, 7, 8, 10, 11, 13 et 14 de la Convention et 1 et 3 du premier Protocole.

Dans les quatre premières requêtes, le Comité des ministres fut saisi du rapport de la Commission. Lors de la réunion du Comité du 12 décembre 1969, et devant la menace d'expulsion du Conseil de l'Europe, le représentant de la junte militaire informa le Secrétaire général qu'il dénonçait le statut du Conseil de l'Europe et la Convention européenne, et il se retira. Par la suite, le Comité des ministres adopta une résolution concluant que la Grèce avait violé les articles 3, 5, 6, 8, 9, 10, 11, 13 et 14 de la Convention et l'art. 3 du premier Protocole. Dans la cinquième requête, le Comité des ministres se pencha sur le rapport de la Commission au mois d'avril 1971 et l'envoya à l'Assemblée consultative. Aucune suite n'y fut donnée jusqu'au rétablissement de la démocratie en Grèce; après la nouvelle ratification de la Convention par la Grèce avec effet à compter du 28 novembre 1974, la Commission reprit l'examen de cette affaire au cours de ses sessions de mars et mai 1975.

Le 14 juillet 1976, eu égard aux observations présentées par les parties, elle décida d'accéder aux demandes concordantes et de clore la procédure. Elle décida également de transmettre pour information un rapport succinct au Comité des ministres [2].

---

[1] Publications de la Cour européenne des droits de l'homme, Arrêts et décisions, Série A, nos 1, 2, 3.

[2] Le rapport de la Commission sur les quatre premières affaires a été publié dans le vol. 12 bis de l'*Annuaire*, et il existe également sous forme de document séparé. Les décisions sur la recevabilité ont été publiées dans l'*Annuaire*, vol. 11, pp. 690-781, et dans le *Recueil* n° 25, pp. 92-116, et n° 26, pp. 80-119.

4. *L'affaire irlandaise:* requête N° 5310/71, du gouvernement irlandais contre le Royaume Uni. L'Irlande présenta ultérieurement deux mémoires complémentaires et la Commission décida d'enregistrer le second texte comme une nouvelle requête (N° 5451/72).

Dans la première requête, le gouvernement irlandais alléguait que la loi de 1922 sur les pouvoirs d'exception des autorités civiles *(« Civil Authorities Special Powers Act »)* et les pratiques administratives pour la mise en œuvre de cette loi constituent une violation de l'article premier de la Convention. En outre, le gouvernement irlandais allégua des violations des articles 2, 3, 5 et 14 de la Convention. Enfin, se référant à l'invocation de l'article 15 par le Royaume-Uni, le requérant souligna que la portée et la forme que revêtaient les mesures prises par le gouvernement britannique « ont débordé de loin le cadre autorisé par l'article 15 ».

Dans la deuxième requête, le requérant se référa à la promulgation de la loi de 1972 sur l'Irlande du Nord relative aux attributions législatives du Parlement d'Irlande du Nord concernant les forces armées britanniques qui, selon lui, était contraire à l'article premier et à l'article 7 de la Convention.

Le rapport de la Commission fut transmis au Comité des ministres et le gouvernement irlandais déféra l'affaire devant la Cour. La Cour, par son arrêt du 13 décembre 1977, considéra que les pratiques utilisées (5 techniques) avaient constitué des traitements inhumains, mais non des actes de torture au sens de l'article 3 b), et que par ailleurs les dérogations aux articles 5 et 6 s'étaient révélées compatibles avec l'article 15 et n'avaient pas dépassé la stricte mesure des exigences de la situation [1].

Dans l'affaire Lawless, la Cour européenne des droits de l'homme a défini de la manière suivante un « danger public menaçant la vie de la nation »: « Une situation de crise ou de danger exceptionnel et imminent qui affecte l'ensemble de la population et constitue une menace pour la vie organisée de la communauté composant l'Etat ».

Un tel danger public devait donc présenter les caractéristiques suivantes d'après la jurisprudence de la Cour européenne:

i) il doit être exceptionnel [2];

ii) il doit être imminent [3];

iii) il doit affecter l'ensemble de la population;

iiii) il doit constituer une menace pour la vie organisée de la communauté composant l'Etat.

---

[1] Affaire Irlande contre le Royaume-Uni, Publications de la Cour européenne des droits de l'homme. Arrêts et Décisions, Série A. N° 25.

[3] C'est-à-dire que les mesures ou restrictions ordinaires autorisées par la Convention sont manifestement insuffisantes.

[4] La notion de « danger imminent » est implicite dans le texte anglais (« an exceptional situation of crisis of emergency... »). Cependant, c'est le texte français qui fait foi.

Dans l'affaire grecque, la Commission européenne a repris ces quatre éléments et elle a souligné qu'il convient « d'attacher la plus grande importance à la notion de « danger imminent » ». La Commission estima cependant qu'il incombe au gouvernement défendeur de démontrer la justification des mesures prises au titre de l'article 15. Cette constatation a constamment été réaffirmée dans la jurisprudence de la Commission.

Le gouvernement jouit d'une certaine marge d'appréciation; par exemple, dans la première affaire de Chypre, la Commission estima que « le gouvernement intéressé conserve une certaine marge d'appréciation en ce qui concerne l'existence d'un danger public menaçant la vie de la nation » [1]. De même que dans l'affaire Lawless: « Il est évident qu'il faut laisser au gouvernement une certaine marge d'appréciation pour déterminer l'existence du danger public » [2].

Si donc, les organes de la Convention peuvent contrôler l'usage que fait le gouvernement intéressé de ce pouvoir d'appréciation, ils doivent le faire en tenant compte de cette marge d'appréciation et sans se substituer à l'Etat. Ainsi la Cour, dans son arrêt du 13 décembre 1977 rendu dans l'affaire irlandaise, a dit ceci:

« Les limites du pouvoir de contrôle de la Cour se manifestent avec une clarté particulière dans le domaine de l'article 15. Il incombe d'abord à chaque Etat contractant, responsable de la vie de sa nation, de déterminer si un danger public le menace, et dans l'affirmative, jusqu'où il faut aller pour le dissiper. En contact direct avec les réalités pressantes du moment, les autorités nationales se trouvent en principe mieux placées que le juge international pour se prononcer sur la présence d'un pareil danger comme sur la nature et l'étendue des dérogations nécessaires pour le conjurer. L'article 15, par. 1, leur laisse en la matière une large marge d'appréciation ». Et la Cour de poursuivre dans son raisonnement: « Les Etats ne jouissent pas pour autant d'un pouvoir illimité dans ce domaine. Chargée, avec la Commission, d'assurer le respect de leurs engagements, la Cour a compétence pour décider s'ils ont excédé la « stricte mesure » des exigences de la crise. La marge nationale d'appréciation s'accompagne d'un contrôle européen » [3].

Dans l'affaire grecque, la Commission a admis que la crise politique et la période d'instabilité de 1965 à 1967 ne justifiaient pas les mesures de dérogation prises, car de ces éléments était absent le critère de l'actualité

---

[1] Par. 136 du rapport de la Commission (nº 176/56), cité dans l'Annuaire, Vol. 12 *op. cit.*

[2] Par. 90 du rapport de la Commission (nº 332/57), *Publications* de la Cour européenne des droits de l'homme, Serie B.

[3] Affaire Irlande contre Royaume-Uni 1978, Arrêt, *op. cit.*, p. 68.

ou de l'imminence du danger [1]. En revanche, dans l'affaire Lawless, la Cour a considéré que l'internement de Lawless était contraire à l'article 5, mais que cette mesure trouvait sa justification dans le droit de dérogation régulièrement exercé en vertu de l'article 15 par le gouvernement irlandais [2].

Enfin, la Cour européenne, dans son récent arrêt dans l'affaire irlandaise [3], a estimé, comme dans l'affaire Lawless, que les dérogations du gouvernement britannique aux paragraphes 1 à 4 de l'article 5 [4] et à l'article 6 [5] étaient compatibles avec le droit de dérogation de l'article 15.

La notion de « danger public menaçant la vie de la nation » n'est toutefois pas facile à définir et la marge d'appréciation pas facile à délimiter. Il y a en fait deux façons d'apprécier cette notion: la première répond à une conception « *extensive* » et la deuxième à une conception « *restrictive* ». La thèse « extensive » laisse à l'Etat un choix plus grand dans l'adoption des mesures, partant du principe selon lequel le gouvernement est mieux placé que les organes de la Convention pour « connaître les faits en cause et pour estimer à leur juste valeur les diverses considérations dont il y a lieu de tenir compte dans le choix entre les mesures à prendre pour parer au danger qui menace la vie de la nation » [6]. La thèse « restrictive » veut limiter le pouvoir d'appréciation des gouvernements quant aux mesures à prendre par un contrôle plus strict de la part des organes européens. M. Eustathiades, dans son opinion dissidente dans le rapport de la Commission sur l'affaire Lawless, a soutenu que l'adoption de la thèse « extensive » « rend la limitation expresse de l'article 15 lettre morte » [7], bien que la divergence quant à la notion même « du danger public » reste valable. D'après M. Eustathiadès, qui se base sur l'article 4 du Pacte II, cette notion « correspond à une situation de danger qui dépasse de beaucoup en gravité les situations de danger public, de danger pour l'ordre public ou la sécurité publique... et *qui affecte l'ensemble et non pas une partie de peuple* » [8]. Cette thèse « restrictive » diminuerait considérablement les possibilités d'invocation de la clause dérogatoire par les gouvernements, les limitant aux situations qui sont bien

---

[1] C'est en invoquant le « danger communiste » que la junte militaire tenta de justifier le coup d'Etat et les mesures d'exception qui ont suivi. Conseil de l'Europe, *L'Affaire grecque*, Strasbourg, 1970, vol. I, 1re partie, p. 85. Cette invocation doit être fondée sur une menace imminente et non pas sur des faits qui peuvent, dans l'avenir, créer un danger imminent.

[2] *Annuaire IV*, *op. cit.*, p. 439 et ss.

[3] *Op. cit.*, pp. 82-83.

[4] Droit à la liberté et à la sûreté.

[5] Droit à un procès équitable.

[6] Rapport de la Commission sur l'affaire Lawless, Publications de la Cour, *op. cit.*, p. 135.

[7] *ibid.*, p. 135.

[8] *ibid.*, p. 90.

plus graves que les situations de danger public. Ce n'est toutefois pas celle que la Commission semble avoir retenu dans l'affaire Lawless, car si d'après elle la notion définit bien la notion de « danger public », elle a admis que la mise en danger de l'ordre public justifiait des mesures à prendre d'après l'appréciation du gouvernement intéressé. La Commission s'est ainsi ralliée à une thèse « extensive ».

Pour notre part il nous semble que l'interprétation extensive est la moins appropriée compte tenu des buts et des objectifs de la Convention européenne. Pourquoi, après tout, mettre en œuvre tout un système de législation exceptionnelle (état de siège) pour des situations de tensions internes du moment que, dans ces situations, les actes de violence ne sont que des manifestations d'ordre politique. Est-ce qu'une grève générale accompagnée de manifestations, même violentes, justifie une restriction des droits de l'homme? Non, à moins que ces grèves ne tournent à l'émeute généralisée, constituant ainsi une menace d'extrême gravité pour la société. Dans ce cas, toutefois, il n'y a plus de tensions, mais des troubles graves, de sorte que l'application des clauses dérogatoires devient indispensable.

La situation est en revanche différente dans le cas d'une convention qui prévoit explicitement des situations d'une gravité moins importante que le « danger public exceptionnel ». C'est le cas de la Convention américaine des droits de l'homme qui, dans son article 27, prévoit en plus des situations « de guerre » et de « danger public » la situation « de crise »: « In time of war, public danger or *other emergency...* ». Cette référence expresse à la situation de crise traduit le climat socio-politique du continent américain, dont les crises politiques sont très fréquentes et dues à l'instabilité de leurs régimes [1].

Pour conclure, nous dirons que l'interprétation restrictive est la plus appropriée, et nous avons mentionné les raisons qui nous amènent à cette conclusion. Cette dernière est à notre avis conforme à la philosophie des droits de l'homme en général et aux buts recherchés par la Convention européenne en particulier.

Cela dit, nous ne sommes cependant pas d'accord pour pousser le raisonnement aussi loin qu'un auteur qui affirme que « la situation d'un danger public menaçant la vie de la nation équivaut, au point de vue de la gravité, à une situation analogue à celle de la guerre » [2]. Cette affirmation n'a pas de fondement dans les textes. Les deux conventions régionales, l'européenne et l'américaine, font une distinction explicite entre « guerre » et « danger

[1] Certaines dispositions matérielles de cette Convention sont d'ailleurs parfois assez étonnantes dans la mesure où elles prévoient des droits de l'homme spécifiques à l'Amérique du Sud, comme par exemple « le droit à un nom ».

[2] Antonopoulos, *La jurisprudence des organes de la Convention européenne des droits de l'homme*, Sijthoff, Leyden, 1967, p. 222.

public », ce qui démontre que, pour les auteurs de ces Conventions, les deux situations ne se recouvrent pas.

En ce qui concerne le Pacte II, les auteurs de ce texte envisageaient aussi la situation de guerre, mais, comme on l'a vu, ils ont préféré, pour des raisons évidentes [1], se limiter au danger public exceptionnel qui menace « l'existence de la nation ». Enfin, le juge grec de l'époque à la Cour européenne, M. Georges Maridakis, dans son opinion individuelle jointe à l'arrêt sur l'affaire Lawless, adopta une définition importante à mentionner et qui avance un élément essentiel de la définition. Sa définition stipule que « par danger public... on entend une situation tout-à-fait exceptionnelle qui met... en péril le fonctionnement normal de l'ordre public établi *conformément à la volonté des citoyens légalement manifestée...* » [2]. La référence au « fonctionnement normal des pouvoirs... conformément à la volonté des citoyens légalement manifestée... » constitue ce « nouvel élément » de la définition qui peut s'ajouter aux quatre éléments dégagés par la jurisprudence européenne.

Section 3. Les conditions auxquelles doivent satisfaire les mesures de dérogation.

Le texte de l'article 15 dispose que des mesures ne peuvent être prises que « dans la stricte mesure où la situation l'exige et à la condition que ces mesures ne soient pas en contradiction avec les autres obligations découlant du droit international ». Il y a là deux conditions qui peuvent affecter, de façon variable, certaines des mesures prises dans les situations d'exception.

A. *La proportionnalité des mesures.*

Le principe de la proportionnalité [3] trouve son fondement dans l'expression du premier paragraphe de l'article 15: « dans la stricte mesure où la situation l'exige ». Ici aussi les Etats conservent une marge raisonnable d'appréciation, qui est cependant en tout état de cause soumise au contrôle des organes de la Convention.

Dans l'affaire Lawless, la Commission et la Cour ont considéré que « les mesures d'arrestation et de détention prises par le gouvernement irlandais

---

[1] Voir p. 78.

[2] Rapport de la Commission sur l'affaire Lawless, *op. cit.*, p. 64.

[3] Principe également consacré dans le Pacte international relatif aux droits civils et politiques (art. 4) et dans la Convention américaine (art. 27).

avaient été strictement exigées par la situation » [1]. Ce même raisonnement a amené la Commission à déclarer irrecevable pour défaut manifeste de fondement une autre affaire, similaire à l'affaire Lawless, dans laquelle le requérant, de nationalité irlandaise, se plaignait de son internement au mois de février 1958 dans un camp. La Commission a estimé que le gouvernement défendeur avait des motifs suffisants pour considérer qu'un danger existait à cette époque [2].

Dans l'affaire grecque, la Commission parvint à la conclusion que, même dans l'hypothèse d'une interprétation extensive de la notion de « danger public », les mesures prises étaient manifestement disproportionnées [3]. Elle a estimé que le gouvernement défendeur n'avait pas pu démontrer l'existence d'un danger public menaçant la vie de la nation. La Commission n'a donc pas exprimé un avis sur la question de savoir si les mesures prises par le régime militaire d'Athènes l'avaient été dans la stricte mesure où la situation l'exigeait.

De même, dans l'affaire irlandaise, la Cour était appelée à déterminer si le Royaume-Uni avait excédé la « stricte mesure ». Il lui incombait de contrôler la double nécessité de privations de liberté incompatibles avec l'article 5, paragraphe 1, et de garanties inférieures au niveau fixé par les paragraphes 2 à 4. Sur les dérogations au paragraphe premier de l'article 5, la Cour a admis que les privations « extrajudiciaires » de liberté n'avaient pas excédé les limites de la marge d'appréciation laissée aux Etats (art. 15, par. 1), et que, de même, les dérogations aux paragraphes 2 à 4 du même article 5 étaient restées dans le cadre de la « stricte mesure » [4].

Le juge O'Donoghue, dans son opinion séparée, a estimé que les mesures « extrajuridiques » prises par le gouvernement britannique avaient été disproportionnées par rapport à la situation existante et que le parallélisme fait par la Cour avec l'affaire Lawless était « erroné » [5].

---

[1] Rapport de la Commission, *op. cit.*, pp. 114-130. *Annuaire I*, pp. 475-481. La détention sans comparution devant un juge peut se justifier comme mesure d'exception dans une situation de danger public menaçant la vie de la nation, mais dans le cadre d'une législation d'exception. Or, le gouvernement irlandais avait introduit cette pratique sans pour autant recourir au système des cours criminelles spéciales qui, selon le rapport de la Commission, offrait des garanties substantielles (Rapport de la Commission, cf. *supra*, p. 136). Peut-on déduire alors que la Cour, en tant qu'organe suprême chargé de l'application de la Convention européenne et du meilleur respect possible des droits de l'homme, devait constater que le gouvernement irlandais avait omis la possibilité de recourir à ce système d'exception pour que les mesures prises soient, *de jure*, strictement exigées par la situation? Cf. MANOS, *op. cit.*, p. 94.

[2] *Recueil des décisions* de la Commission européenne des droits de l'homme, Strasbourg, 1973, pp. 295-296.

[3] « L'affaire grecque », vol. I, 1re partie, *op. cit.*, pp. 160, 178 et 219.

[4] Affaire irlandaise, Arrêt, *op. cit.*, pp. 70-72.

[5] « It is erroneous to seek to establish a parallel with the Lawless Case, where the threat was to a small unitary State, not long recovered from a civil war situation, whereas in this case the threat must relate to the existence of the United Kingdom and not to

Il faut toutefois admettre que le problème de l'appréciation par la Commission et la Cour de la justification de l'invocation de l'article 15 est un problème délicat. Le président de la Commission européenne a déclaré, le 10 avril 1961, devant la Cour à propos de l'affaire Lawless:

« The concept behind this doctrine is that Article 15 has to be read in the context of the rather special subject matter with which it deals: the responsibilities of a Government for maintaining law and order in times of war or public emergency threatening the life of the national. *The concept of the margin of appreciation is that a Government's discharge of these responsibilities is essentially a delicate problem of appreciating complex factors and of balancing conflicting considerations of the public interest ;* and that, once the Commission or the Court is satisfied that the Government's appreciation is at least on the margin of the powers conferred by Article 15, then the interest which the public itself has in effective Government and in the maintenance of order justifies and required a decision in favour of the legality of the Government's appreciation » [1].

Encore plus délicat est le problème de l'appréciation, par les organes de la Convention, de l'efficacité des mesures prises par un gouvernement. Dans l'affaire irlandaise s'est en effet posée la question de savoir si l'on peut *a posteriori* conclure, du fait qu'une mesure a été inefficace, qu'elle n'avait pas été nécessaire. Selon le gouvernement irlandais, les privations « extrajudiciaires » de liberté prises par le gouvernement britannique s'étaient à l'expérience révélées inefficaces et en conséquence ne correspondaient pas à une nécessité absolue. La Cour rejeta cet argument en indiquant qu'il « ne lui appartient pas... de substituer à celle du gouvernement britannique une quelconque appréciation de ce que pouvait être la plus sage ou la plus opportune des politiques contre le terrorisme » [2].

En fait la Convention soumet quelques droits ou des libertés à certaines restrictions expresses, qui sont autorisées dans certaines conditions seulement de forme et de fond [3]. Ainsi la première condition est que la restriction doit être légale [4], c'est-à-dire en conformité avec le droit interne. Or la

---

the Six Counties only... ... the situation did not require the extrajudicial power of arrest and detention to have been employed without two safeguards, viz.: informing the person arrested and detained of the grounds therefor, and providing some means of obtaining a review of the extrajudicial action and release if the reviewing body was satisfied... Any such safeguards were not present in the early stages under Regulations 10, 11 and 12, and to the extent of their absence there was a breach, in my opinion, of Art. 5, par.4. »

[1] Cité par Robertson, *op. cit.*, p. 113.

[2] Affaire Irlande contre Royaume-Uni, Arrêt, *op. cit.*, p. 71.

[3] Article 8, par. 2; 9, par. 2; 10, par. 2; 11, par. 2 de la Convention et article 1 du Protocole nº 1 et 2, par. 3 et 4 du Protocole nº 4.

[4] « Prévue par la loi » ou « faite dans les conditions prévues par la loi et les principes généraux du droit international » Art. 1 du Protocole nº 1.

Commission et la Cour doivent apprécier aussi que la restriction imposée satisfasse aux exigences du droit interne [1], ce que la Cour a fait dans les affaires de « vagabondage », en se référant à l'Arrêt Royal belge du 21 mai 1965 [2] et dans l'Affaire Golder, en se référant au Règlement pénitentiaire britannique de 1964 [3]. Toutefois si la restriction imposée est légale selon le droit interne et cependant contraire à la Convention, il y a incompatibilité de la législation interne avec la Convention. Il y aurait alors violation de la Convention dans la mesure où les Etats partis s'engagent à ne pas limiter l'exercice des droits de la Convention dans leur législation interne au-delà de ce que permet la Convention.

En conclusion, on peut affirmer que s'il n'y a pas de « danger public » la mesure est alors illicite en elle-même et non pas seulement disproportionnée. Seule la « stricte mesure » est en revanche une question de proportionnalité.

B. *La conformité aux obligations internationales*

Enfin, le même paragraphe premier *in fine* de l'article 15, exige que les mesures prises ne soient pas en contradiction avec les autres obligations découlant du droit international. Cette restriction « purement juridique » [4] ne distingue pas entre les différentes sources du droit: elle se rapporte donc à toutes les obligations internationales, de quelque nature qu'elles soient (coutumière ou conventionnelle, multilatérale ou bilatérale), y compris celles découlant pour l'Etat du droit des conflits armés et des Conventions de Genève de 1949. Les Etats ayant adhéré aux Conventions de Genève de 1949 doivent donc prendre en considération leurs engagements découlant de ces dernières dans l'exercice du droit de dérogation et ne peuvent pas se prévaloir d'une dérogation décidée en application de l'article 15 pour se soustraire aux obligations que leur impose le droit humanitaire.

Dans l'affaire Lawless la Cour a considéré qu'aucun élément n'était parvenu à sa connaissance « qui lui permette d'estimer que les mesures prises par le gouvernement irlandais en dérogation à la Convention aient pu être en contradiction avec d'autres obligations découlant pour ledit gouvernement du droit international » [5]. Dans le même sens, la Cour européenne dira

---

[1] Au contraire dans des premières décisions la Commission avait estimé que cette exigence de légalité n'avait pas de signification concrète, mais visait seulement à empêcher des mesures arbitraires des pouvoirs publics: cf. JACOBS: « Les restrictions à l'exercice des droits et des libertés garantis par la Convention européenne des droits de l'homme », *Quatrième Colloque international sur la Convention européenne des droits de l'homme*. (Doc. H/Coll. (75) 5). Conseil de l'Europe, Strasbourg, 1975, p. 4.

[2] Affaire De Wilde, Doms et Versyn (affaires de « vagabondage »). Arrêt de la Cour, *série A, N° 14*, p. 93.

[3] Affaire Golder. Arrêt de la Cour, *série A, N° 18* p. 45.

[4] FAWCETT, « The application... », *op. cit.*, p. 250.

[5] Affaire Lawless, Annuaire IV, *op. cit.*, pp. 481-483.

dans l'affaire irlandaise que « les éléments recueillis par la Cour ne donnent aucune raison de penser que le Royaume Uni ait méconnu en l'espèce de telles obligations » [1].

Il faut relever que l'article 15 est le seul de la Convention européenne qui contienne une telle réserve. En général, cette Convention prétend s'appliquer sans égard pour les autres obligations éventuellement concurrentielles ou contradictoires, et cela à cause de la nature des droits de l'homme, qui doivent pouvoir prévaloir. Les droits découlant du droit international, en l'occurrence du droit humanitaire applicable dans les conflits armés ne peuvent donc être revendiqués que pour autant qu'ils sont conformes aux obligations découlant de la Convention européenne et dans la mesure où ils sont conformes à ceux de la Convention qui subsistent lorsque l'article 15 est applicable. Mais lorsqu'il s'agit de les suspendre, alors intervient la réserve des autres obligations internationales, cela permettant de « limiter les dégâts ».

Section 4. La notification de la dérogation

Le troisième paragraphe de l'article 15 prévoit dans sa première phrase que l'Etat qui exerce le droit de dérogation « tient le Secrétaire général du Conseil de l'Europe pleinement informé des mesures prises et des motifs qui les ont inspirées ». Cette obligation peut apparaître au premier abord comme une condition formelle de l'applicabilité de l'article 15 [2]. Cela ne saurait cependant être le cas du moment que l'information au Secrétaire général n'intervient pas antérieurement à la prise des mesures dérogatoires. Le fait de ne pas informer le Secrétaire général des mesures prises dans le cadre de l'article 15 constitue effectivement une violation de la Convention européenne, mais elle n'affecte pas la validité de la dérogation [3].

a) La Commission européenne, dans l'affaire Lawless, a estimé qu' : « il ne saurait être question d'invalider les mesures prises par le gouvernement défendeur par application du paragraphe 3 de l'article 15 en se fondant sur l'insuffisance des motifs invoqués, mais cet avis ne devrait pas être interprété au sens que l'inobservation ne saurait en aucun cas entraîner la nullité de la dérogation ou toute autre sanction » [4].

b) Dans l'affaire grecque, la Commission a admis que la junte grecque n'avait pas complètement satisfait à cette condition puisqu'elle n'avait pas

---

[1] Affaire irlandaise, Arrêt, série A, *op. cit.*, p. 73.

[2] Nous avons vu avant, que l'article 15 n'impose aucune condition formelle. Seul l'art. 4 du Pacte comprend une disposition de cette nature.

[3] En revanche, dans le cadre du Pacte de l'O.N.U., il faudrait admettre que l'inobservation de l'obligation de « proclamer par un acte officiel » invaliderait l'ensemble de celle-ci.

[4] Rapport de la Commission, *op. cit.*, p. 74.

fourni le texte de certaines lois et surtout de la « Constitution » de 1968, qu'elle n'avait pas non plus donné de renseignements sur les mesures administratives et n'avait communiqué les raisons qui avaient inspiré les mesures de dérogations que quatre mois après les avoir prises [1]. Elle a donc exprimé l'avis qu'Athènes avait enfreint les dispositions du paragraphe 3, mais sans en tirer de conséquences juridiques [2].

Dans l'affaire de Chypre, la Commission a examiné le problème de la communication au Secrétaire général en vertu de l'article 15 par. 3 sous deux angles: au regard des personnes vivant dans les territoires chypriotes occupés et au regard des prisonniers chypriotes transférés en Turquie. Cet examen est apparu nécessaire dès lors que la Turquie avait communiqué au Secrétaire général la proclamation de la loi martiale dans les provinces turques [3], alors qu'aucune déclaration n'avait été faite en vertu de l'article 15 par. 3 pour les territoires chypriotes où l'armée turque exerçait un pouvoir effectif d'occupant militaire.

Ce qui est intéressant dans cette affaire, c'est justement la question de savoir si l'on ne peut pas dans certaines circonstances échapper à l'obligation de l'article 15 par. 3, si par exemple il y a conflit armé comme dans le cas de Chypre, où les faits parlent pour eux-mêmes. C'était l'avis de M. Sperduti, membre de la Commission européenne, qui s'est exprimé, dans son opinion dissidente au rapport, en des termes qu'il nous paraît intéressant de citer ici:

« Il y a cependant lieu d'ajouter que l'exigence de publicité dont on vient de parler ne doit pas toujours et nécessairement être comprise en ce sens que le recours à des formes de publicité doit immédiatement précéder le recours aux mesures concrètes de dérogation. Il peut même y avoir des situations se caractérisant comme suit: Il s'agit de situations prévues par la loi interne ou par la loi internationale en tant que situations qui, du moment où elles s'instaurent, déclenchent l'applicabilité de règles — règles, selon les cas, de droit interne ou de droit international — d'après lesquelles des mesures d'exception pourront être prises dans les conditions qu'elles envisagent. On ne voit pas comment on pourrait déduire de l'article 15 la nécessité d'avoir recours, par rapport à ces règles, à de nouvelles formes de publicité. C'est notamment le cas de l'occupation militaire d'un territoire d'un Etat étranger: ainsi qu'on le lit dans le deuxième volume du renommé *Treatise* d'Oppenheim (*International Law, II, Disputes, War and*

---

[1] The Greek Case, *Annuaire*, 12, *op. cit.*, pp. 42-43.

[2] Cf. Kiss et Vegleris, « L'affaire grecque devant le Conseil de l'Europe et la Commission européenne des droits de l'homme », *A.F.D.I.*, 1971, p. 916.

[3] Note verbale du 23 juillet 1974, *Annuaire de la Convention européenne*, 1974, p. 23.

Neutrality, seventh edition edited by H. Lauterpacht, p. 438): « Un occupant exerçant une autorité militaire sur le territoire, les habitants de ce territoire sont soumis à l'état de siège qu'il a décrété et doivent obéissance à ses ordres. En effet, l'état d'urgence qu'entraîne pour les autorités d'occupation l'établissement d'un régime militaire dans un territoire étranger se différencie par rapport à d'autres situations de nécessité du fait qu'il revêt, dans une large mesure, certaines caractéristiques typiques, de sorte qu'il suffit que l'occupation militaire soit notoire pour que l'état de nécessité qu'elle a entraîné soit, dans son essence de phénomène inhérent, également connu. Ceci a permis l'élaboration des règles du droit de la guerre concernant l'occupation de territoires et visant, entre autres, l'exercice de pouvoirs d'exception par les autorités d'occupation (voir le Règlement sur les lois et les coutumes de la guerre terrestre, annexé à la 4me Convention de La Haye de 1907). L'ordre d'idées que l'on vient d'énoncer se prête à un développement ultérieur, toujours par rapport à l'hypothèse de l'occupation militaire par une Haute Partie Contractante du territoire d'un autre Etat. On remarquera que les règles du droit international concernant le traitement de la population dans les territoires occupés (et que contiennent notamment le Règlement de La Haye de 1907 et la 4me Convention de Genève du 12 août 1949) sont indéniablement susceptibles d'aider à résoudre la question de savoir si les mesures prises par la Puissance occupante par dérogation aux obligations qu'elle devrait en principe observer, en vertu de la Convention européenne, là où s'exerce (*de jure* ou *de facto*) sa juridiction, sont ou ne sont pas justifiées d'après le critère que seules les mesures dérogatoires strictement requises par les circonstances sont autorisées. En effet, ces règles tiennent dûment compte des nécessités de la Puissance occupante: elles s'inspirent de la recherche d'un juste équilibre entre nécessités militaires et sauvegarde des droits et intérêts de la population civile. Il s'ensuit que le respect de ces mêmes règles par une Haute Partie Contractante lors de l'occupation militaire du territoire d'un autre Etat assurera, en principe, cette Haute Partie de ne pas dépasser les limites du droit de dérogation que lui confère l'article 15 de la Convention. On citera, par exemple, l'article 49 de la IVme Convention de Genève, article portant sur l'interdiction des transferts forcés, en masse ou individuels, dans les territoires occupés ainsi que sur d'autres obligations de la Puissance occupante en matière de déplacement de personnes » [1].

La Commission a cependant considéré que l'article 15 nécessite en règle générale un acte formel de dérogation, et que dans le cas de Chypre, du

---

[1] « Chypre contre Turquie », *Rapport de la Commission...*, vol. I, *op. cit.*, pp. 170-171.

moment que la Turquie, qui exerçait une juridiction effective sur les territoires occupés, n'a pas invoqué cet article, ce dernier ne s'applique pas [1].

A notre avis, on se trouve en fait devant deux questions distinctes à résoudre:

a) si un retard ou une absence de communication en vertu de l'article 15 par. 3 invalide l'invocation de l'article 15, et par là le droit de dérogation?

b) si la Haute Partie contractante concernée n'invoque pas l'article 15, la Commission peut-elle l'invoquer *ex officio*?

a) Bien que la notification au Secrétaire général du Conseil de l'Europe des mesures dérogatoires prises soit obligatoire aux termes de l'article 15, par. 3, le but de cette disposition est que les organes de la Convention européenne prennent connaissance de la situation exceptionnelle évoquée à cette occasion et des mesures exceptionnelles prises. C'est également pour la même raison que le Pacte II exige la « proclamation d'un acte officiel » (article 4, paragraphe 1). Or, dans certaines situations exceptionnelles, les faits sont connus de chacun, même sans proclamation officielle. C'est en particulier le cas des conflits armés, où cela « saute aux yeux ». Comme l'a affirmé M. Sperduti, ce fut notamment le cas de Chypre, où l'occupation militaire était évidente. De plus, dans ces situations, les Etats en question prennent en principe des mesures sur la base du droit humanitaire sans avoir besoin pour autant de mettre en vigueur une législation exceptionnelle quelconque.

Dans le conflit de Chypre, bien que les autorités turques aient refusé l'applicabilité *de jure* de la IVe Convention de Genève applicable dans les territoires occupés, le C.I.C.R. a pu, sur une base pragmatique, intervenir et visiter les populations civiles dans les deux secteurs de l'île, le secteur sud restant sous le contrôle du gouvernement légitime et le secteur nord occupé par les forces militaires étrangères [2]. Dans une telle situation, la notification n'apporte aucun élément d'information et l'obligation du paragraphe 3 reste purement théorique.

Par conséquent, le retard ou l'absence de communication en vertu de l'article 15, par. 3, n'invalide pas la dérogation de l'article 15. La Commis-

---

[1] « The Commission, by twelve votes against three votes, concludes as regards the present case that it cannot, in the absence of some formal and public act of derogation by Turkey, apply Art. 15 of the Convention to measures taken by Turkey with regard to persons or property in the north of Cyprus ». Rapport de la Commission..., *op. cit.* p. 162.

[2] Les délégués du C.I.C.R. ont eu libre accès à toutes les localités de la zone restée sous contrôle du gouvernement de la République de Chypre et ils ont pu s'entretenir librement avec la population. En revanche, dans les territoires occupés, les délégués ont été empêchés d'accomplir leur tâche humanitaire, et le président du C.I.C.R. a dû rencontrer le ministre turc des affaires étrangères pour l'informer des problèmes rencontrés par les délégués dans cette zone contrôlée par l'armée turque. Cf. *Rapport d'activité 1974*, C.I.C.R., pp. 8 et ss.

sion européenne a estimé aussi dans l'affaire Lawless qu' « ... il ne saurait être question d'invalider les mesures prises... par application du paragraphe 3 de l'article 15 » et que « ... l'inobservation (de ce paragraphe) ne saurait en aucun cas entraîner la nullité de la dérogation ou toute autre sanction... » [1].

b) Dès lors, si dans une situation exceptionnelle, la Haute Partie contractante intéressée n'invoque pas l'article 15, la Commission peut-elle invoquer ce dernier *ex officio*, surtout dans les cas de conflit armé? Nous avons vu que dans l'affaire de Chypre, la Commission n'a pas appliqué l'article 15 du fait que la Turquie ne l'avait pas invoqué.

Rien n'empêcherait en théorie la Commission d'invoquer la clause dérogatoire *ex officio*, mais en le faisant, cela signifierait en pratique qu'elle remplace l'Etat. Or, la Commission est un organe qui a pour mission de sauvegarder les dispositions de la Convention européenne; en invoquant *proprio motu* l'article 15, elle limiterait elle-même le bénéfice des obligations de cette dernière et offrirait à l'Etat la possibilité de limiter sa responsabilité en vertu de la Convention, au détriment de la personne humaine, aux seules dispositions réservées par l'article 15. De plus, elle se substituerait à la souveraineté de la Haute Partie contractante à laquelle la Convention offre ce droit de dérogation pour lui faciliter la tâche et faire face à des situations d'exception sans violer ses engagements conventionnels. Si l'Etat lui-même ne veut pas invoquer l'article 15, c'est à lui d'assumer les responsabilités qu'il encourt en cas de violation des dispositions de la Convention européenne en période de conflit armé. C'est ce qui s'est produit avec la Turquie qui, en refusant d'invoquer l'article 15 pour des raisons purement politiques [2], s'est vu accuser de violation, à l'égard de la population chypriote-grecque, d'une série de dispositions fondamentales de la Convention européenne, dépassant de loin les articles réservés à l'article 15 [3].

CONCLUSION DE LA DEUXIÈME PARTIE

Dans cette deuxième partie, nous avons examiné les conditions d'applicabilité du droit humanitaire d'une part et des droits de l'homme d'autre part, toujours sous l'angle de la protection de la personne humaine en période de conflit armé et de situations d'exception. Nous avons constaté que le droit humanitaire s'applique dans son ensemble dans les conflits

---

[1] Rapport de la Commission, *op. cit.*, p. 74.

[2] La Turquie ne voulait pas donner l'image d'une puissance occupante exerçant un contrôle territorial effectif afin de donner un poids moral au « gouvernement » fantoche de M. Denktash qu'elle est d'ailleurs la seule à avoir reconnu, contrairement à toutes les résolutions pertinentes du Conseil de Sécurité et de l'Assemblée générale des Nations Unies.

[3] Articles dont la Commission a constaté la violation: 1, 2, 3, 4, 5, 6, 8 et 13.

armés à caractère international, tandis que seule une partie de celui-ci, soit l'article 3 commun et le Protocole II, s'applique dans les conflits armés à caractère non international, et qu'en période de troubles intérieurs et de tensions internes, il ne s'applique tout simplement pas, le Protocole II ayant expressément exclu ces situations de son champ d'application. Cependant, étant donné que ce Protocole ne modifie pas les conditions d'application de l'article 3 commun aux Conventions de 1949, l'application de ce dernier reste en conséquence autonome, et rien n'empêche en théorie l'application de cette disposition dans des situations de troubles et de tensions internes, à condition toutefois que la situation puisse être considérée comme un « conflit armé ».

En ce qui concerne les droits de l'homme, ces derniers s'appliquent dans leur ensemble en tout temps, y compris dans les situations précitées, à moins que l'Etat intéressé n'invoque les clauses de dérogation prévues dans les Conventions « en cas de guerre ou en cas d'autre danger menaçant la vie de la nation », pour exclure certains droits et à la limite, les restreindre aux seuls droits réservés, pour lesquels aucune dérogation n'est autorisée.

Comme nous l'avons vu, les conditions d'application du droit humanitaire sont très complexes et permettent de nombreuses échappatoires. Ces situations sont à la fois d'ordre juridique et politique.

Du point de vue juridique, bien que le droit humanitaire ait abandonné la conception formaliste de la guerre au sens juridique en tenant désormais compte de considérations matérielles, il n'en reste pas moins que son application dépend en dernier ressort de l'appréciation des Etats intéressés et en fait sinon en droit, reste facultative. Aucun organe n'est prévu pour qualifier la situation d'une manière obligatoire et le CICR lui-même n'est pas en mesure d'imposer son point de vue.

Du point de vue politique — et c'est ce dernier qui conditionne les considérations juridiques —, le fait que le conflit armé peut avoir des conséquences directes — c'est souvent le cas — sur la survie des gouvernements, est d'une importance primordiale. Bien que l'application du droit humanitaire n'ait en droit aucun effet sur le statut juridique des Parties au conflit, cette affirmation reste toutefois purement théorique, car en pratique son application a des conséquences politiques inévitables. Or, l'un des atouts dont les gouvernements disposent est justement leur pouvoir *de jure* — même s'il est limité par des conditions objectives — de reconnaissance et de qualification. Et dans ces cas, l'intérêt politique l'emporte presque toujours sur l'intérêt humanitaire.

Un bref survol de la pratique la plus récente confirme ce qui précède:

— l'existence d'un conflit armé elle-même est niée pour ne pas mettre en cause la stabilité gouvernementale. C'est le cas du soulèvement kurde contre le gouvernement irakien, avec ses répercussions sur les pays voisins dans lesquels on trouve également des minorités kurdes;

— le caractère non-international d'un conflit armé est nié d'un côté et affirmé de l'autre. C'est le cas du conflit de l'Ogaden, où le gouvernement d'Addis-Abeba a considéré qu'il se trouvait en conflit avec la Somalie et a nié l'existence d'un soulèvement de la population de l'Ogaden;

— l'occupation militaire *de jure* est contestée sur la base du statut spécial du territoire occupé, comme en Palestine, ou du fait du caractère « particulier » de l'intervention armée. Ce dernier argument a été utilisé lors de l'invasion de Chypre par les forces armées turques. Le gouvernement d'Ankara prétendait que l'intervention de ces forces armées aurait eu lieu « en application du traité de garantie » signé par la Grèce, le Royaume-Uni et la Turquie, « pour rétablir la situation constitutionnelle » mise en péril par un coup d'Etat contre le président de la République, Mgr Makarios; la Turquie se trouvant donc, d'après elle, à Chypre en vertu d'un traité international, le droit de l'occupation ne s'appliquerait pas, non plus que la IVe Convention de Genève. Même en admettant que cet argument est valable en soi — ce qui n'est certainement pas le cas — on remarquera qu'il a en tout cas cessé de pouvoir être invoqué, dès le rétablissement de l'ordre constitutionnel et le retour dans l'île de Mgr Makarios, réalisé avec l'aide du gouvernement démocratique d'Athènes après l'effondrement du régime des colonels. La continuation de l'occupation turque dans le nord de l'île démontre que la Turquie poursuit en réalité des buts qui n'ont plus rien à voir avec le Traité invoqué.

Dans chacun de ces exemples, il s'agit de situations dans lesquelles le droit humanitaire aurait dû ou devrait s'appliquer *de jure* mais dans lesquelles cette application s'est heurtée à des intérêts politiques.

En revanche, l'application des droits de l'homme ne présente aucune difficulté apparente. Leurs conditions d'application sont en principe les mêmes pour la période de paix et pour celle de conflit armé, les clauses de dérogation permettant cependant de tenir compte de l'existence d'un conflit et de « moduler » les obligations de l'Etat selon les exigences de la situation. Le système des droits de l'homme s'appuyant sur des organes ayant compétence pour qualifier les situations et contrôler l'applicabilité des clauses de dérogation dans les cas particuliers; il a sans conteste une base plus ferme et plus objective que le droit humanitaire dont nous avons dit que l'application dépendait de l'appréciation de l'Etat. L'affaire de Chypre illustre cette affirmation: dans cette affaire la Commission européenne des droits de l'homme n'a pas admis l'applicabilité de l'article 15 de la Convention, le gouvernement turc n'ayant pas fait de déclaration allant dans ce sens.

Toutefois, l'acte de qualification dans le droit humanitaire se rapproche de l'acte d'invocation de la clause de dérogation dans les droits de l'homme dans la mesure où l'un et l'autre revêtent dans une certaine mesure un caractère constitutif. Or, on peut se demander s'il n'y a pas entre les deux une relation automatique. Nous pourrions admettre que, du moment qu'un gouvernement suspend les droits de l'homme prévus dans une convention en invoquant la clause de dérogation pour faire face à une situation exceptionnelle, en l'occurrence un conflit armé, il reconnaît de ce fait la situation juridique du conflit et par là l'applicabilité du droit humanitaire, droit tout spécialement applicable dans cette situation et en quelque sorte « *lex specialis* ».

Il serait toutefois difficile d'aller plus loin et il n'existe pas à vrai dire de subsidiarité automatique entre droit humanitaire et droits de l'homme; leurs conditions d'applicabilité restent autonomes et indépendantes l'une de l'autre. En dépit de quelques inconvénients apparents, cette indépendance peut cependant présenter quelques avantages pour la protection de la personne en période de conflit armé.

Tout d'abord, l'autonomie des conditions d'applicabilité permet l'intervention simultanée des deux systèmes dans les mêmes situations. Ainsi la personne jouit-elle d'une double protection: l'une en vertu du droit humanitaire, l'autre en vertu des droits de l'homme, les deux protections se complétant et se renforçant. Cela est au fond toujours le cas, les droits de l'homme restant toujours au moins partiellement applicables, mais cela peut aller théoriquement jusqu'à l'applicabilité simultanée des deux systèmes complets.

Les droits de l'homme s'appliquent, on l'a dit, dans toutes les circonstances, en tout cas pour un minimum de droit. Cela signifie aussi que, si le droit humanitaire n'est pas reconnu applicable, il y aura au moins application de ce minimum, sinon de l'ensemble des droits garantis. On trouve une illustration de ce qui précède dans la même affaire de Chypre, où le gouvernement turc a refusé l'application *de jure* du droit humanitaire, mais il n'a pas pu, en revanche, empêcher l'application de la Convention européenne des droits de l'homme.

On peut pourtant se demander si cette autonomie ne peut parfois déboucher sur un vide juridique et humanitaire, c'est-à-dire sur une situation où ni le droit humanitaire ni les droits de l'homme ne s'appliquent.

Cette situation ne peut se produire là où les Parties à un conflit — où l'Etat sur le territoire duquel a lieu un conflit armé — sont liées par les Conventions générales en matière des droits de l'homme et par les Conventions du droit humanitaire.

On rappellera tout d'abord que les droits de l'homme ne sont jamais complètement hors de cause, mais qu'il reste toujours un minimum des droits applicables. Le droit humanitaire n'est donc jamais seul à s'appliquer. Il peut même se produire des situations dans lesquelles, malgré l'applicabilité du droit humanitaire, les droits de l'homme restent entièrement applicables. Elle est en tout cas exclue dans le cadre européen, où tous les Etats membres du Conseil de l'Europe ont adhéré aux Conventions de Genève de 1949 et à la Convention européenne des droits de l'homme.

Sur le plan universel cependant, cette hypothèse reste valable car, si les Conventions de Genève ont un caractère quasi-universel, nombreux sont encore les Etats qui n'ont pas adhéré au Pacte international relatif aux droits civils et politiques.

La solution idéale pour la meilleure protection possible de la personne en période de conflit armé, soit par le biais du droit humanitaire, soit par le biais des droits de l'homme, ne réside pas — comme plusieurs le soutiennent — dans la création de nouvelles règles, ce qui ne ferait qu'accroître les difficultés existantes, mais dans la ratification par un nombre croissant d'Etats des conventions et traités existants qui visent la protection de la personne humaine en période de conflit armé, ainsi que des conventions générales en matière des droits de l'homme.

Dans la troisième partie de notre ouvrage, nous allons examiner le contenu normatif de ces instruments, pour essayer de mesurer l'étendue de la protection ainsi accordée.

*
* *

TROISIÈME PARTIE

LE DROIT APPLICABLE

CHAPITRE V

LE DROIT HUMANITAIRE

SECTION 1. LA NATURE DU DROIT HUMANITAIRE

Le droit humanitaire impose aux belligérants le respect de certains principes humanitaires destinés à protéger aussi bien les personnes appartenant aux forces armées que la population civile [1]. Faisant partie du droit de la guerre et étant un droit conclu et appliqué par les Etats et pour les Etats [2], mais fondé sur des considérations humanitaires, il est le produit de l'affrontement de deux forces contradictoires: les principes élémentaires de la civilisation et les nécessités de la guerre [3]. Ces deux forces sont cependant conciliables dans le cadre du droit de la guerre, car ce dernier délimite les buts légitimes de la guerre. En effet, « si l'on admet que tous les buts ne sont pas légitimes dans la guerre, il faut admettre aussi que le motif de la nécessité militaire n'est légitime que dans le cadre posé par le droit, c'est-à-dire dans la mesure où elle est prise en considération par la norme juridique elle-même. La nécessité militaire apparaît ainsi comme conciliable avec le principe d'humanité: le compromis entre les deux s'établit lors de la création de la règle » [4].

Le droit humanitaire, en interdisant les représailles à l'égard des personnes et des biens protégés, présuppose son application indépendamment de son respect par la partie adverse au conflit. Cependant, cette non-réciprocité concrète ne signifie pas que les Etats ne peuvent rejeter l'applicabilité des Conventions de Genève, qui reposent sur une obligation conventionnelle. Il faut toutefois admettre que quelques règles parmi les plus anciennes, qui illustrent des valeurs supérieures, sont des obligations absolues. Ainsi, la Convention de Vienne sur le droit des traités statue dans son article 60, que les dispositions relatives à l'extinction ou la suspension d'un traité comme conséquence de sa violation ne s'appliquent pas aux dispositions relatives à la protection de la personne humaine contenues dans les traités de caractère humanitaire, « notamment aux

[1] GUGGENHEIM, *Traité de droit international public*, p. 434.

[2] PICTET, *Le droit humanitaire et la protection des victimes de la guerre*, p. 17.

[3] « It is the result of a « tug-of-war » between two contradictory forces: the need of an ethical standard of civilisation, and the requirements of war itself ». SCHWARTZENBERGER, « Selfdefense under the Charter of the United Nations and the use of prohibited weapons », *International Law Association Report*, 1962, p. 192.

[4] BINDSCHEDLER-ROBERT, dans un cours donné à l'I.U.H.E.I. (polycopié).

dispositions excluant toute forme de représailles à l'égard des personnes protégées par lesdits traités ». M. Pictet en conclut que « les normes du droit humanitaire ont un caractère impératif *(jus cogens)* [1].

Le droit humanitaire est essentiellement un droit applicable entre ennemis; il vise toutefois la personne non pas en sa qualité d'ennemi, mais en sa qualité de victime. Cette qualité de victime est pour certains auteurs déterminante [2]. M. Meyrowitz écrit à ce propos que les motifs de compassion et de charité ne sont pas seulement déterminants, mais exclusifs [3].

On dit en outre que, dans les dispositions du droit humanitaire, et notamment dans celles qui concernent les prisonniers de guerre et la population civile, il faut faire une distinction entre « droits humains » et « droits des citoyens ennemis » [4]. Les « droits humains » sont, d'après cette théorie, les dispositions qui concernent le traitement humain des personnes impliquées dans les conflits armés. Jusqu'ici tout est clair. Cela l'est moins en ce qui concerne la définition des « droits des citoyens ennemis »: ces droits, écrit M. Meyrowitz, « touchent les personnes ennemies au pouvoir d'un belligérant dans leur qualité de membres de l'Etat ennemi, de détenteurs d'une parcelle de la souveraineté de l'Etat ennemi » [5]. Pour illustrer ces « droits de l'ennemi », il donne comme exemples l'art. 17, al. 4 et les articles 50 et 130 de la IIIe Convention de Genève, qu'il qualifie de dispositions introduisant « un lien d'allégeance du prisonnier envers son Etat ». D'après lui, le fait d'interdire toute « torture physique ou morale, ou toute contrainte sur les prisonniers de guerre pour obtenir d'eux des renseignements de quelque sorte que ce soit » [6] n'est pas un droit humain, mais un « droit du citoyen ennemi ». De même en ce qui concerne l'interdiction d'utiliser les prisonniers pour des travaux industriels « de caractère ou à destination militaire », ou enfin l'interdiction absolue « de contraindre les prisonniers à servir dans les forces armées de la puissance ennemie » [7] (art. 130), article dont la violation est une infraction grave.

A notre avis, les trois exemples précités constituent bien des dispositions humanitaires, et non pas des « droits de citoyens ennemis »:

---

[1] *Op. cit.*, p. 18. L'article 53 de la même Convention définit la règle impérative comme « une norme acceptée et reconnue par la communauté internationale des Etats dans son ensemble, norme à laquelle aucune dérogation n'est permise et qui ne peut plus être modifiée que par une nouvelle norme du droit international ayant le même caractère ».

[2] De La Pradelle, R.G.D.I.P., 1970, *op. cit.*, p. 282 et Meyrowitz, R.F.S.P.F.E., *op. cit.*, p. 1100.

[3] *Ibid.*, p. 1100.

[4] *Ibid.*, p. 1100.

[5] *Ibid.*, p. 1100.

[6] Article 17, alinéa 4.

[7] Article 130.

a) l'interdiction de traitements inhumains à l'égard des prisonniers pour obtenir des renseignements n'a pas été imaginée pour protéger l'Etat dont les prisonniers sont ressortissants contre la communication de renseignements militaires au camp adverse. On sait que la torture est utilisée surtout pour obtenir des renseignements, et cela pendant les premières phases de tout interrogatoire. Or, cette double référence à l'interdiction de la torture [1], spécialement dans la phase d'interrogatoire, répond à une nécessité humanitaire impérieuse basée sur la pratique de traitements inhumains, surtout que les prisonniers de guerre sont obligés par leur Etat d'origine de refuser tout renseignement, donc, la disposition est en leur faveur.

b) en ce qui concerne les deux autres dispositions, à savoir l'interdiction d'utiliser les prisonniers à des travaux de caractère militaire et l'interdiction absolue de les contraindre à servir dans les forces armées ennemies, elles ne visent sûrement pas la protection de l'Etat dont les prisonniers sont ressortissants. Ces dispositions revêtent un caractère humanitaire et moral exceptionnel. En effet, le fait de contraindre une personne à combattre contre son propre pays ou à contribuer à la manufacture d'armes destinées à être utilisées contre son propre pays peut poser un grave problème de conscience [2]. En outre, le prisonnier pourrait se rendre coupable d'un crime à l'égard de l'Etat dont il est ressortissant. Du reste, la distinction qui précède est plutôt théorique, puisqu'il n'en découle aucune conséquence juridique.

Le droit humanitaire *de lege lata* contient dans sa plus grande partie, des normes humanitaires applicables entre ennemis. Cette nature de rapport de guerre le distingue d'autres systèmes de protection et elle contribue à sa spécificité. Néanmoins, le droit humanitaire tel qu'il a été récemment codifié étend aussi une certaine protection aux ressortissants de l'Etat qui exerce le contrôle à l'égard de ce même Etat. Il devient alors un droit qui protège à la fois les « ennemis » et les « ressortissants ». Par ailleurs, l'inclusion dans les nouveaux Protocoles additionnels de dispositions concernant la conduite des hostilités donne au droit humanitaire le caractère d'un véritable droit de la guerre.

Ainsi, aujourd'hui, le droit humanitaire s'étend dans deux directions opposées. Dans celle des droits de l'homme en incluant des normes de

---

[1] La protection générale du prisonnier de guerre contre les traitements inhumains est prévue dans le Titre II, articles 12 à 16, de la IIIe Convention.

[2] Le même problème de conscience peut se poser à un prisonnier en donnant des renseignements qui concernent son Etat d'origine, au profit de l'Etat ennemi. C'est pourquoi il est interdit d'obtenir des renseignements même autrement que par la torture. Chaque prisonnier est tenu de déclarer, quand il est interrogé *que* ses nom, prénom et grade, sa date de naissance et son numéro matricule ou, à défaut, une indication équivalente (art. 17. al. 1re).

protection qui visent les nationaux, et dans celle du droit des conflits armés en incluant des normes relatives à la conduite des hostilités qui, en plus des personnes, visent également les biens.

Ce développement reste cependant toujours dans les limites du but principalement visé par les Conventions de Genève, qui est la protection des victimes des conflits armés, soit:

a) les blessés, malades et naufragés;

b) les prisonniers de guerre;

c) la population civile.

Enfin, la distinction fondamentale entre conflit armé international et conflit armé non international demeure valable et conditionne l'unification de ce droit, ce qui porte un préjudice incontestable aux efforts tendant à fusionner ce droit avec les droits de l'homme. Ainsi le droit humanitaire des conflits armés internationaux semble, sinon s'éloigner, du moins garder ses distances envers les droits de l'homme, alors que le droit humanitaire des conflits armés non internationaux paraît s'en rapprocher de plus en plus [1].

Section 2. Les principes du droit humanitaire

Nous l'avons déjà dit dans nos considérations terminologiques, le droit humanitaire forme la plus grande partie du droit de la guerre. Le droit spécifiquement humanitaire représente, en volume, plus des trois-quarts du droit international des conflits armés. Dans les quatre Conventions de Genève se trouvent un certain nombre de dispositions communes aux quatre textes et qui, selon la doctrine du C.I.C.R., constituent les principes du droit international humanitaire.

Il s'agit en premier lieu de l'article premier, qui souligne le caractère unilatéral et non réciproque de l'engagement des Etats [2]. Cet article a contribué à changer une conception erronée de la « nécessité militaire ». Car, comme l'affirme Oppenheim: « What may be ignored in cases of military necessity are not the laws of war, but only the usages of war. » [3]. Le caractère impératif de cet article [4], voulu par les auteurs des Conven-

---

[1] Voir plus loin, chap. VI.

[2] « Les Hautes Parties contractantes s'engagent à respecter et à faire respecter la présente Convention en toutes circonstances... ».

[3] *International Law*, vol. 2, 7e éd., London, 1955, p. 233.

[4] *Commentaires des Conventions de Genève*, Conv. II, p. 26, Conv. III, p. 25, Conv. IV, p. 22. Voir aussi De La Pradelle, « Jus cogens et conventions humanitaires », *Annales de droit international médical*, Monaco, nº 18, pp. 9-27.

tions, découle de la constatation que les Etats ne sont pas seulement tenus de respecter celles-ci, mais encore qu'ils s'engagent à les faire respecter [1].

L'article 2, également commun, a contribué à l'abandon de la clause « *si omnes* », classique dans le droit de la guerre, en disposant à l'alinéa 3 que « si l'une des Puissances en conflit n'est pas partie aux Conventions, les Puissances parties à celles-ci restent néanmoins liées par elles dans leurs rapports réciproques. Elles sont liées en outre par les Conventions envers ladite Puissance si celle-ci en accepte et en applique les dispositions. »

L'article 7, commun aux Ire, IIe et IIIe Conventions, et l'article 8 de la IVe revêtent une importance capitale, car ils visent l'inaliénabilité des droits des personnes protégées [2]. Aux termes de cette disposition, celles-ci « ne pourront en aucun cas renoncer partiellement ou totalement » aux droits que leur assurent les Conventions [3].

Enfin, le Protocole additionnel I introduit une nouvelle disposition qui peut se classer parmi les principes du droit humanitaire. Il s'agit de l'article 4 qui stipule que l'application des Conventions et du Protocole « ainsi que la conclusion des accords prévus par ces instruments n'auront pas d'effet sur le statut juridique des Parties au conflit. Ni l'occupation d'un territoire, ni l'application des Conventions et du présent Protocole n'affecteront le statut juridique du territoire en question. » On peut naturellement s'interroger sur l'applicabilité pratique de cette disposition, qualifiée par un certain nombre de juristes de « pure fiction ».

---

[1] Commentaires, *op. cit.*, Conv. III, p. 24, Conv. IV, p. 21 et COURSIER, *Cours de cinq leçons sur les Conventions de Genève*, C.I.C.R., Genève, 1963, p. 30.

[2] Les trois articles que nous citons (1, 2, 7) ne sont pas les seuls communs aux quatre Conventions de Genève, mais ils sont les plus importants, exception faite bien entendu de l'article 3, qui sera examiné individuellement, en tant que mini-convention relative aux conflits armés non internationaux. Les autres articles communs concernent:

a) les personnes protégées et les accords spéciaux (4, 5, 6),
b) le système de protection (8, 9, 10), (9, 10, 11 pour la IVe),
c) la procédure de conciliation (11, 11, 11, 12),
d) les représailles (46, 47, 13, 33),
e) les sanctions (50, 51, 130, 147),
f) la dénonciation (63, 62, 142, 158).

[3] Le problème de l'inaliénabilité des droits accordés par les Conventions s'est posé dans la pratique quand, à la fin de la guerre de Corée, de nombreux prisonniers de guerre refusèrent d'être rapatriés chez eux en Corée du nord, craignant des traitements et des conditions de vie inhumaines. Les Sino-Coréens prétendirent que ces prisonniers, en vertu de l'article 7, n'avaient pas le droit de renoncer aux dispositions des Conventions relatives au rapatriement obligatoire. De son côté, le commandement de l'ONU soutint qu'un rapatriement forcé serait incompatible avec les principes humanitaires des Conventions de Genève. D'après le Commentaire de la IIIe Convention, « le rapatriement forcé d'un prisonnier de guerre serait manifestement contraire aux principes généraux du droit international protégeant la personne humaine; la Puissance détentrice peut, en quelque sorte, admettre le prisonnier au bénéfice du droit d'asile. » (p. 577).

SECTION 3. LES PERSONNES PROTÉGÉES

A. *Blessés, malades et naufragés*

La protection de cette catégorie de victimes des conflits armés internationaux fait l'objet des deux premières Conventions de Genève de 1949 [1] et du Titre II du Protocole I.

La liaison entre les deux premières Conventions s'effectue par le biais de l'article 4 de la deuxième, qui dit qu'en cas de guerre entre forces terrestres et navales, les forces embarquées jouissent de la protection de cette Convention et, que dès l'instant où les forces débarquent, elles sont immédiatement mises sous la protection de la première Convention.

Les Conventions s'abstiennent de définir les termes « blessés, malades et naufragés ». Cette lacune est comblée par l'article 8 du Protocole I:

a) « Les termes « blessés » et « malades » s'entendent des personnes, militaires ou civiles, qui, en raison d'un traumatisme, d'une maladie ou d'autres incapacités ou troubles physiques ou mentaux, ont besoin de soins médicaux et s'abstiennent de tout acte d'hostilité » [2];

b) « le terme « naufragé » s'entend des personnes, militaires ou civiles, se trouvant dans une situation périlleuse en mer ou en d'autres eaux par suite de l'infortune qui les frappe ou qui frappe le navire ou l'aéronef les transportant ». [3]

Enfin, les blessés, malades et naufragés qui tombent aux mains de l'ennemi sont considérés comme des prisonniers de guerre et jouissent de la protection de la IIIe Convention.

Les dispositions du droit humanitaire relatives à la protection de ces trois catégories de victimes s'étendent à des détails assez techniques, compte tenu de la spécificité de ces situations. Ces dispositions concernent, en gros, les formations et les établissements sanitaires, le personnel sanitaire, les transports sanitaires et l'utilisation du signe distinctif de la Croix-Rouge qui, par ailleurs, est mentionné dans toutes les Conventions et dans le Protocole I. Ce dernier introduit un développement normatif de ces dispositions basé sur la pratique suivie depuis la deuxième guerre mondiale, pratique qui a démontré les faiblesses et les lacunes des Conventions.

Mais la section la plus importante des deux Conventions par rapport à notre étude est celle qui concerne la protection de la personne humaine.

---

[1] « Convention de Genève pour l'amélioration du sort des blessés et des malades dans les forces armées en campagne (Conv. I ». — « Convention de Genève pour l'amélioration du sort des blessés, des malades et des naufragés des forces armées sur mer » (Conv. II).

[2] Par. *a)*. Ce paragraphe vise aussi expressément les femmes en couches, les nouveaux-nés et les personnes qui pourraient avoir besoin de soins médicaux immédiats telles que les infirmes et les femmes enceintes.

[3] Par. *b)*.

Cette protection est énoncée à l'article 12, commun à la première et à la deuxième Conventions, et auquel le Protocole I, à ses articles 10 et 11, ajoute une protection spécifique plus complète qui se rapproche du contenu normatif des droits de l'homme.

Aux termes de ces articles, les blessés, malades et naufragés doivent être traités avec humanité en toutes circonstances [1]; plus particulièrement aucun acte ou aucune ommission injustifiée n'est tolérée contre la santé et l'intégrité physique et morale de ces personnes. Sont notamment expressément interdits le fait de soumettre des personnes visées à un acte médical non motivé par leur état de santé [2], les mutilations physiques, les expériences médicales ou scientifiques et les prélèvements de tissus ou d'organes pour des transplantations. Ces pratiques demeurent prohibées même avec le consentement des personnes intéressées [3].

B. *Les prisonniers de guerre*

Le Règlement de La Haye de 1899, bientôt remplacé par celui de 1907,[4] est le premier à avoir conféré un statut juridique aux prisonniers de guerre. La Convention de 1929 relative au traitement des prisonniers de guerre restait attachée au Règlement de La Haye du fait que la qualité de prisonnier de guerre dans la Convention était subordonnée à la qualité de belligérant, définie dans les trois premiers articles du Règlement [5].

La protection des prisonniers de guerre fait l'objet aujourd'hui de la troisième Convention de Genève [6] et de la Section II du Titre III du Protocole I, intitulée « Statut de combattant et de prisonnier de guerre ».

La troisième Convention de Genève, en dépit de quelques faiblesses comblées maintenant par le Protocole I, accorde une protection complète et détaillée à cette catégorie de personnes protégées. Elle accorde surtout une protection qui est proche de celle des droits de l'homme dans la mesure où elle prévoit une série de droits individuels.

L'article 12 confère aux autorités détentrices une responsabilité pour le traitement des prisonniers. Il dispose que les prisonniers de guerre « sont au pouvoir de la Puissance ennemie, mais non des individus ou corps de

---

[1] Article 10, par. 2.

[2] Article 11, par. 1.

[3] Article 11, par. 2.

[4] Voir p. 56.

[5] Pour ce problème, voir ROSAS, *The legal status of prisoners of war*, Annales Academiae Scientiarum Fennicae, Helsinki, 1976.

La Convention de 1929 s'appliquait à toutes les personnes satisfaisant aux conditions posées par les articles 1, 2 et 3 du Règlement, à savoir: *a)* d'avoir à leur tête une personne responsable, *b)* d'avoir un signe distinctif, *c)* de porter les armes ouvertement, et *d)* de se conformer aux lois et aux coutumes de la guerre (art. 1).

[6] « Convention de Genève relative au traitement des prisonniers de guerre ».

troupes qui les ont fait prisonniers ». Bien entendu, les responsabilités individuelles demeurent, parallèlement à la responsabilité publique.

L'article 13 stipule que cette catégorie de personnes protégées doit être traitée avec humanité en tout temps et que tout acte ou omission illicite entraînant la mort ou mettant gravement en danger la santé d'un prisonnier sera considéré comme une infraction grave.

A côté de ces droits, les prisonniers sont aussi soumis à certains devoirs, comme par exemple, l'obligation de déclarer leur identité sous peine de restrictions des avantages qui sont dus au prisonnier [1], le devoir de saluer et de respecter les officiers de la puissance détentrice [2], et la puissance détentrice se voit reconnaître certains droits qui découlent du caractère exceptionnel de la guerre, par exemple celui de soumettre les prisonniers de guerre à l'internement [3].

Enfin, la Convention prévoit toute une série de mesures relatives à la situation du prisonnier de guerre, comme le travail du prisonnier, les ressources pécuniaires, les relations avec l'extérieur, les rapports avec les autorités, les sanctions disciplinaires, le rapatriement, la libération, etc...

Le Protocole I introduit un développement considérable du statut de prisonnier de guerre, en ce que le traitement humain de celui-ci est assuré par l'article 75, qui énonce les garanties fondamentales valables pour toutes les personnes couvertes par les quatre Conventions de Genève et le Protocole I. Nous traiterons de cet article, fondamental pour l'approche de notre sujet, sous la lettre D concernant le renforcement de la protection de la personne humaine.

En ce qui concerne l'attribution du statut de prisonnier de guerre, le Protocole I prévoit que les exigences requises traditionnellement pour que les membres de groupes ou d'unités soient considérés comme faisant partie des forces armées et puissent ainsi se prévaloir du statut de prisonnier de guerre sont ramenées de quatre à deux [4]:

— être placés sous un commandement responsable

— être soumis à un régime de discipline interne qui assure, notamment, le respect des règles du droit international humanitaire applicable dans les conflits armés [5].

---

[1] Article 17, al. 1 et 2.

[2] Article 39. Les officiers prisonniers ne sont tenus de saluer que le commandant du camp, quel que soit son grade.

[3] Article 21, 11. 1.

[4] Article 43.

[5] En conséquence, les deux autres conditions exigées par l'article 4, par. 2 de la IIIe Convention, à savoir: *a)* d'avoir un signe distinctif fixe et reconnaissable à distance, et *b)* de porter ouvertement les armes, sont éliminées. Cela sans pour autant que cette amélioration « prive une personne du droit d'être considérée comme prisonnier de guerre aux termes de l'article 4, par. 6 ». (article 43, chiffre 1).

Toutefois une solution devrait être donnée au difficile problème des guérilleros afin de satisfaire dans la mesure du possible les deux thèses principales avancées: l'une mettant l'accent sur l'importance de défendre la distinction fondamentale entre combattants et non-combattants, édifice essentiel du droit humanitaire; l'autre cherchant à adapter ce même droit aux nouvelles méthodes de combat des conflits modernes et notamment *la guérilla* qui tend justement à mêler combattants et non-combattants. Si alors on tient compte que cette forme de guerre est souvent la seule manière de défense pour une population ou un peuple pauvre et opprimé, il est apparu essentiel d'aboutir à un compromis. C'est ainsi que, la guérilla étant admise comme moyen de combat, les guérilleros sont protégés par le Protocole I, et le principe de la distinction entre combattant et non-combattant, est maintenu mais, il est vrai, d'une façon moins nette. Aux termes de ce Protocole « bien que tous les combattants soient tenus de respecter les règles du droit international applicables dans les conflits armés, les violations de ces règles ne privent pas un combattant de son droit d'être considéré comme combattant ou, s'il tombe au pouvoir d'une partie adverse, de son droit d'être considéré comme prisonnier de guerre » [1]. A cet effet, ils « sont tenus » de se distinguer de la population civile lorsqu'ils prennent part à une attaque ou à une opération militaire... » mais « étant donné, toutefois, qu'il y a des situations dans les conflits armés où... un combattant armé ne peut se distinguer de la population civile, il conserve son statut de combattant à condition que, dans de telles situations, il porte ses armes ouvertement » [2]. Enfin ce qui précède « ne prive personne du droit d'être considéré comme prisonnier de guerre aux termes de l'article 4 de la IIIe Convention » [3], ni ne modifie « la pratique des Etats, généralement acceptée, concernant le port de l'uniforme... » [4]

En revanche, le Protocole I exclut de la protection de la IIIe Convention et de ses dispositions les membres des forces armées tombés au pouvoir d'une partie adverse alors qu'ils se livrent à des activités d'espionnage, sauf s'ils sont revêtus de l'uniforme de leurs forces armées [5]. Les personnes qui recueillent ou cherchent à recueillir des renseignements d'intérêt militaire ne sont pas considérées comme espions à moins que, ce faisant, ils n'agissent « sous de fallacieux prétextes ou de façon délibérément clandestine » [6].

Enfin, le « mercenaire » n'a pas droit au statut de combattant ou de prisonnier de guerre. Le terme « mercenaire » s'entend de toute personne qui,

---

[1] Art. 44, par. 2.

[2] Art. 44, par. 3.

[3] Art. 44, par. 6.

[4] Art. 44, par. 7.

[5] Article 46, par. 1 et 2.

[6] Article 46, par. 3.

a) est spécialement recrutée dans le pays ou à l'étranger pour combattre dans un conflit armé;

b) en fait, prend une part directe aux hostilités;

c) prend part aux hostilités essentiellement en vue d'obtenir un avantage personnel et à laquelle est effectivement promise, par une Partie au conflit ou en son nom, une rémunération matérielle nettement supérieure à celle qui est promise ou payée à des combattants ayant un rang et une fonction analogues dans les forces armées de cette Partie;

d) n'est ni ressortissant d'une Partie au conflit, ni résident du territoire contrôlé par une Partie au conflit;

e) n'est pas membre des forces armées d'une Partie au conflit;

f) n'a pas été envoyée par un Etat autre qu'une Partie au conflit en mission officielle en tant que membre des forces armées dudit Etat. [1]

Cependant, un traitement humanitaire minimal de toutes ces personnes est toujours assuré par l'article 75, qui protège « les personnes qui sont au pouvoir d'une Partie au conflit et qui ne bénéficient pas d'un traitement plus favorable en vertu des Conventions et du présent Protocole », ou éventuellement par la IVe Convention.

C. *La population civile*

La protection des civils pendant un conflit armé est une très vieille préoccupation de l'humanité. A l'époque où la guerre était encore caractérisée par l'utilisation de tous les moyens et méthodes disponibles pour détruire l'ennemi, les civils, et surtout les femmes, les enfants et les vieillards devaient évacuer les lieux des combats avant le début des hostilités.

La protection juridique des civils surgit pour la première fois avec la première Conférence de La Haye de 1899, dont les textes furent ensuite revisés par la deuxième Conférence de La Haye de 1907, constituant un développement du droit spectaculaire pour l'époque [2].

Il y a deux domaines distincts en ce qui concerne la protection des civils: le premier concerne la population prise collectivement; le second concerne la personne individuelle considérée dans ses rapports avec la puissance ennemie au pouvoir de laquelle elle se trouve. De ces deux domaines, le premier, jusqu'à l'adoption du Protocole I, relevait exclusivement du droit

---

[1] Article 47.

[2] Grotius, dans son ouvrage intitulé « De jure belli ac pacis », écrivait que « le massacre des femmes et des enfants est compris dans le droit de la guerre ». Traduction P. Pradier-Fodéré, tome III, Paris, 1863-1867, p. 419.

de La Haye. Depuis, il a été incorporé dans le Protocole I et fait ainsi partie, avec le second domaine, du droit de Genève [1].

La protection de la population civile fait donc l'objet de la IVe Convention de Genève [2] et du Protocole I. D'après la Convention, la définition des civils protégés est assez complexe. Sont protégées aux termes de la Convention les personnes qui se trouvent au pouvoir d'une Partie dont elles ne sont pas les ressortissants et dont l'Etat d'origine n'a pas de représentation diplomatique auprès de l'Etat détenteur, et qui ne tombent pas dans une des catégories de personnes protégées par les trois premières Conventions [3].

Les personnes qui font l'objet d'une suspicion légitime de se livrer à une activité mettant en danger la sécurité de l'Etat [4] peuvent être privées de certains droits qui pourraient porter préjudice à la sécurité de l'Etat détenteur. Toutefois, ces personnes seront en tout état de cause « traitées avec humanité et, en cas de poursuites, ne seront pas privées de leur droit à un procès équitable et régulier tel qu'il est prévu par la présente Convention » [5].

L'article 50 du Protocole, tout en se basant sur le même système de définition qui exclut les personnes ayant droit au statut de prisonnier de guerre, dispose en outre « qu'en cas de doute, la dite personne sera considérée comme civile ». La définition de la population civile est donnée dans ce même Protocole à l'article 50, paragraphes 2 et 3: « La population civile comprend toutes les personnes civiles. La présence au sein de la population civile de personnes isolées ne répondant pas à la définition de personne civile ne prive pas cette population de sa qualité ».

Une personne civile n'est cependant pas protégée contre les attaques si elle prend part directement aux hostilités; elle recouvre cette protection dès qu'elle cesse cette activité [6].

La protection des populations civiles prises collectivement est assurée par la Convention en ce qui concerne certains effets de la guerre, mais le Protocole I, développant aussi le droit de La Haye, complète cette protection dans une série d'articles où il énonce les biens de caractère civil contre lesquels les attaques sont interdites. Ainsi, une protection particulière est accordée aux « biens indispensables à la survie de la population civile » [7]

---

[1] Protocole I, Titre III, Section I: « Méthodes et moyens de guerre », et Titre IV, Section I: « Protection générale [de la population civile] contre les effets des hostilités ». En fait, comme nous l'avons déjà dit, cette fusion fait que la distinction entre « droit de La Haye » et « droit de Genève » n'est désormais plus appropriée (voir p. 57).

[2] « Convention de Genève relative à la protection des personnes civiles en temps de guerre » (Conv. IV).

[3] Blessés, malades, naufragés, prisonniers de guerre.

[4] Article 5, al. 1er.

[5] Article 5, al. 3.

[6] Article 51, par. 3.

[7] Article 54, par. 2.

(contre lesquels les représailles sont également interdites), à l'environnement naturel [1] et aux biens culturels et lieux de culte [2]. Enfin, un chapitre est consacré à la « protection civile » [3], c'est-à-dire à l'accomplissement de toutes les tâches humanitaires destinées à protéger la population civile contre les dangers des hostilités ou des catastrophes et à l'aider à surmonter leurs effets immédiats ainsi qu'à assurer les conditions nécessaires à sa survie [4].

Les droits essentiels de la personne humaine sont prévus dans le Titre III de la Convention, intitulé « Statut et traitement des personnes protégées ».

La Section I de ce Titre établit les normes de protection destinées aux étrangers se trouvant sur le territoire d'une Partie au conflit et à la population d'un territoire occupé: « Les personnes protégées ont droit, en toutes circonstances, au respect de leur personne, de leur honneur, de leurs droits familiaux, de leurs convictions et pratiques religieuses, de leurs habitudes et de leurs coutumes. Elles seront traitées, en tout temps, avec humanité et protégées notamment contre tout acte de violence ou d'intimidation, contre les insultes et la curiosité publique [5]. Les femmes seront spécialement protégées... [6]. Compte tenu des dispositions relatives à l'état de santé, à l'âge et au sexe, les personnes protégées seront toutes traitées... avec les mêmes égards, sans aucune distinction défavorable, notamment de race, de religion ou d'opinions politiques » [7].

De plus, une protection spécifique contre les souffrances physiques, soit l'extermination des personnes protégées, soit les simples brutalités, est prévue à l'article 32 [8]. L'article 33 dispose qu'aucune personne ne peut être punie pour une infraction qu'elle n'a pas commise personnellement; il s'agit du principe bien connu selon lequel la responsabilité pénale a un caractère personnel. Enfin, les personnes protégées sont à l'abri des représailles et du pillage [9].

La Convention reconnaît aussi des droits individuels aux étrangers sur le territoire d'une Partie au conflit [10]. Ces droits sont toutefois limités par les nécessités résultant de la guerre. Les étrangers peuvent quitter le terri-

---

[1] Article 55.

[2] Article 53.

[3] Chapitre VI, articles 61 à 67.

[4] Article 61, litt. *a)*.

[5] Article 27, al. 1.

[6] Article 27, al. 2.

[7] Article 27, al. 3. Le texte du premier alinéa reprend et développe l'article 4 du Règlement de La Haye.

[8] Voir plus bas en ce qui concerne ces droits, chapitre VII, sections 1 et 2.

[9] Règle énoncée à l'article 47 du Règlement de La Haye.

[10] Section II.

toire au début ou au cours des hostilités, à moins que leur départ ne soit contraire aux intérêts nationaux de l'Etat [1].

Une disposition spéciale est prévue pour les réfugiés, qui ne sont pas traités comme des étrangers ennemis, même s'ils appartiennent juridiquement à un Etat ennemi, du moment que ces personnes « ne jouissent en fait de la protection d'aucun gouvernement » [2]. Le Protocole I étend cette protection aux réfugiés et expatriés sur territoire occupé et cela même à l'égard de l'Etat dont ils sont ou ont été ressortissants [3].

Enfin, dans les territoires occupés [4], la protection prévue pour les personnes vivant dans ces territoires complète les dispositions analogues du Règlement de La Haye.

La disposition la plus importante de cette Section est celle qui interdit « les transferts forcés, en masse ou individuels, ainsi que les déportations » hors du territoire occupé ou dans celui de tout autre Etat, occupé ou non [5]. On peut déduire de cette disposition que le transfert volontaire, avec l'accord des personnes intéressées, est autorisé, surtout dans le cas de minorités ethniques persécutées.

La protection des enfants et leur droit à l'éducation font aussi l'objet d'une mention spéciale [6]: « La Puissance occupante facilitera, avec le concours des autorités nationales et locales, le bon fonctionnement des établissements consacrés aux soins et à l'éducation des enfants ».

L'autorité occupante, assumant la responsabilité de sauvegarder l'ordre public dans le territoire qu'elle contrôle, est obligée de garantir des conditions de vie humaines, et à cet effet des dispositions spéciales règlent les conditions de travail, le problème du ravitaillement, de la protection, de la santé et des secours et l'assistance spirituelle par les ministres des cultes [7]. Enfin, certaines règles concernant la législation pénale sont prévues pour protéger les personnes contre l'arbitraire de la Puissance occupante. En principe, la législation pénale, déjà en vigueur dans le territoire occupé, continue à s'appliquer; l'occupant ne peut l'abroger ni la suspendre que si elle constitue une menace pour sa sécurité ou un obstacle à l'application de la Convention de Genève. [8] Bien entendu, les principes de base de la justice restent en vigueur en tout état de cause [9].

---

[1] Article 35. Cette réserve, proche des réserves des conventions relatives aux droits de l'homme, s'explique par la généralisation du service militaire obligatoire. Si l'étranger concerné est en effet ressortissant d'un pays belligérant, son départ signifie son incorporation dans l'armée ennemie.

[2] Article 44.

[3] Article 73.

[4] Section III.

[5] Article 49.

[6] Article 50.

[7] Article 52, 55, 56, 58.

[8] Article 64.

[9] Article 65, 66, 67.

Lorsque la sécurité de l'Etat territorial ou de la Puissance occupante l'exige, un régime d'internement peut être imposé; mais les personnes qui y sont soumises conservent leur capacité civile et des conditions d'hygiène et de salubrité sont exigées. L'internement ne constitue pas une peine, mais une mesure de sécurité en faveur de la puissance publique [1].

D. *Renforcement de la protection de la personne humaine*

La Section III du Titre IV du Protocole I apporte une amélioration considérable dans le domaine de la protection des personnes au pouvoir d'une Partie au conflit. Le champ d'application de cette Section complète les normes de protection des personnes civiles (et de leurs biens) énoncées dans la IVe Convention de Genève, en particulier aux Titres I [2] et III, ainsi que « les autres normes applicables du droit international qui régissent la protection des droits fondamentaux de l'homme pendant un conflit armé de caractère international » [3].

Ainsi que nous l'avons dit, cette Section offre en premier lieu une protection supplémentaire et plus spécifique à toutes les personnes qui bénéficient déjà de la protection de l'une ou l'autre des quatre Conventions et du Protocole, et en second lieu aux personnes qui n'en bénéficient pas [4]. Elle constitue en quelque sorte un code de conduite de traitement humanitaire minimum auquel pour certaines règles aucune restriction ou dérogation n'est autorisée, même pour les personnes considérées comme « criminels de guerre ».

Les garanties fondamentales constituant cette protection sont énoncées à l'article 75, qui reproduit — à quelques exceptions près — les droits de l'homme et les libertés fondamentales prévus dans les instruments relatifs aux droits de l'homme. Cet article est inspiré du contenu des règles de dérogation des droits de l'homme et des dispositions de la IVe Convention relatives aux territoires occupés. Il constitue d'une certaine manière une duplication des droits de l'homme, transférés dans le domaine propre du droit humanitaire.

Le premier paragraphe de l'article 75 énonce le minimum de protection valable pour toutes les personnes. Il faut souligner ici la véritable nouveauté de cet article ainsi que des autres figurant dans la même Section (76, 77...) qui consiste dans le fait que leur champ d'application *ratione personae* s'étend non seulement aux étrangers, comme c'est le cas du droit humani-

---

[1] Section IV.

[2] « Blessés, malades et naufragés ».

[3] Article 72.

[4] Article 75, par. 1.

taire classique applicable dans les conflits armés internationaux, mais à toute la population soumise au contrôle de l'Etat visé, y compris aux propres ressortissants de ce dernier. Ces articles, qui comprennent une série de dispositions matérielles, rapprochent ce droit des droits de l'homme, qui visent toutes les personnes, y compris et surtout les nationaux.

Aux termes de l'article 75, toutes les personnes sans exception « seront traitées avec humanité en toutes circonstances et bénéficieront au moins des protections prévues par le présent article sans aucune distinction de caractère défavorable fondée sur la race, la couleur, le sexe, la langue, la religion ou la croyance, les opinions politiques ou autres, l'origine nationale ou sociale, la fortune, la naissance ou une autre situation, ou tout autre critère analogue. Chacune des Parties respectera la personne, l'honneur, les convictions et les pratiques religieuses de toutes les personnes. »

Les actes suivants demeurent prohibés « en tout temps et en tout lieu », « qu'ils soient commis par des agents civils ou militaires »:

a) les atteintes portées à la vie, à la santé, au bien-être physique ou mental des personnes (meurtre, torture sous toutes ses formes, physique ou mentale, peines corporelles, mutilations);

b) les atteintes à la dignité de la personne, notamment les traitements humiliants et dégradants, la prostitution forcée et toute forme d'attentat à la pudeur;

c) la prise d'otages;

d) les peines collectives;

e) la menace de commettre l'un quelconque des actes précités.

En outre, au paragraphe 4, l'article 75 établit tout un système de garanties judiciaires inspiré directement des dispositions correspondantes du Pacte II, relatif aux droits civils et politiques des Nations Unies.

Enfin, les articles 76 et 77 offrent une protection spéciale aux femmes et aux enfants, qui « doivent faire l'objet d'un respect particulier ».

Section 4. Le droit humanitaire dans les conflits armés non internationaux

Dans notre Chapitre IV, Section 4, nous avons parlé des conditions d'application du droit humanitaire dans les conflits armés non internationaux, ainsi que de la qualification de ces conflits et des développements survenus à la suite de l'adoption du Protocole II.

Nous avons constaté que, dans les Conventions de Genève, il n'existe pas de définition du conflit armé non-international, dont les règles de protection sont énoncées à l'article 3 commun aux quatre Conventions, puis ont été développées et complétées par le Protocole II additionnel.

L'article 3 commun pose une formule générale sur la protection de la personne humaine tout en énumérant une liste d'actes qui demeurent prohibés en tout temps. Cette formule a été reprise d'un texte proposé par le CICR à la Conférence diplomatique de 1949 et destiné initialement à servir de préambule aux Conventions [1]. Les personnes visées par l'article 3 sont celles « qui ne participent pas directement aux hostilités, y compris les membres de forces armées qui ont déposé les armes et les personnes qui ont été mises hors de combat par maladie, blessure, détention, ou pour toute autre cause... ».

Le Protocole II, qui, lui, introduit quelques éléments de définition du conflit armé non international, prévoit en outre un champ d'application personnel plus large en disposant qu'il s'applique « à toutes les personnes affectées par un conflit armé » au sens de l'art. 1er, c'est-à-dire non international [2]. Toutefois, comme nous l'avons déjà signalé, le champ d'application matériel du Protocole II est autonome par rapport à celui de l'article 3 et il ne modifie pas les conditions d'application de ce dernier [3].

La rédaction choisie pour l'article 3, restreinte mais essentielle, a facilité l'adoption de cet article. La préoccupation principale des auteurs était de ne pas restreindre le droit du gouvernement au pouvoir de poursuivre et de condamner les rebelles. Avec un tel contenu, « un gouvernement qui assure tous les jours les garanties judiciaires et les moyens de subsistance aux pires criminels de droit commun ne serait pas gêné par l'obligation d'accorder à des insurgés le strict minimum d'humanité et les garanties judiciaires usuelles » [4].

Aux termes de l'article 3 demeurent prohibés en tout temps et en tout lieu:

a) les atteintes à la dignité des personnes, et notamment les traitements humiliants et dégradants;

b) les atteintes à la vie et à l'intégrité corporelle;

c) les condamnations sans jugement équitable;

d) la prise d'otages.

---

[1] Cité par Pictet, « Le droit humanitaire et... » *op. cit.*, p. 58.

[2] Article 2.

[3] Article premier.

[4] Pictet, *supra*, p. 59, Cette affirmation, inspirée par un souci humanitaire, ne correspond toutefois pas à la triste réalité. Les « pires criminels » de droit commun ne portent pas atteinte à la survie du gouvernement au pouvoir. Les insurgés ne visent au contraire que ce but. Et c'est dans cette perspective qu'il faut envisager les difficultés d'application de l'article 3, même si celui-ci n'a aucun effet, *de jure*, sur le statut juridique de la partie insurgée. Aux yeux du pouvoir, le crime politique est bien plus grave que le pire des crimes de droit commun.

Ces dispositions sont identiques aux droits non sujets à dérogation prévus dans les conventions des droits de l'homme, sauf en ce qui concerne les garanties judiciaires, qui ne sont pas réservées dans les clauses dérogatoires des droits de l'homme [1].

Le Protocole additionnel II introduit un développement normatif spectaculaire de l'article 3, bien que le texte adopté soit bien plus « mince » que celui que proposait le CICR

Le Titre II de ce Protocole établit à l'article 4 une série de garanties fondamentales qui reprennent les dispositions relatives aux droits de l'homme [2] et surtout, à l'article 6 sur les poursuites pénales, reprend presque mot pour mot l'article 14 du Pacte II. Ajoutons, que ces articles contiennent également des dispositions qui sont spécifiques à la situation de conflit armé interne, comme par exemple l'interdiction des punitions collectives ou l'interdiction du pillage [3], tandis que d'autres dispositions ont une portée identique en temps de paix comme en temps de conflit armé interne; nous pensons ici à l'interdiction de la prise d'otages et d'actes de terrorisme [4]. Mais il n'y a rien d'étonnant à cela si l'on se représente que le conflit armé non international est la situation qui se rapproche le plus de celle du temps de paix du moment que sa qualification, par rapport à des situations de troubles internes, se révèle parfois des plus malaisées.

Cependant, l'esquisse de définition donnée aux conflits armés non internationaux dans ce Protocole — définition qui n'existe pas dans l'article 3 commun — place son champ d'application matériel dans une catégorie de conflits qui ont dépassé le stade de la simple insurrection interne couverte par l'article 3. D'où la nécessité pour ce Protocole d'étendre ses règles d'application à d'autres catégories de personnes victimes de ces conflits armés. C'est ainsi que le Titre III outre les blessés, malades et naufragés protège également le personnel sanitaire et religieux et le Titre IV la population civile contre les dangers résultant d'opérations militaires. Dans ces deux Titres, on rencontre des dispositions que l'on trouve aussi dans le Protocole concernant les conflits armés internationaux [5].

En conclusion, on peut affirmer que le droit humanitaire, par sa codification, a développé des normes spécifiques pour les conflits armés. Néan-

---

[1] Voir p. 152.

[2] Droit à la vie, interdiction de la torture et des traitements cruels et inhumains, interdiction des atteintes à la dignité et des traitements humiliants, interdiction de l'esclavage et de la traite des esclaves, droit à l'éducation des enfants, etc...

[3] Article 4, par. 2, al *c)* et *g)*.

[4] Article 4, par. 2, al. *c)* et *d)*.

[5] Par exemple, protection du personnel sanitaire et religieux (art. 9), protection de la mission médicale (art. 10), protection des moyens de transport sanitaire (art. 11), protection des biens indispensables à la survie de la population civile (art. 14), protection des biens culturels et des lieux de culte (art. 16), et interdiction des déplacements forcés (art. 17).

moins, la plus grande partie de ces normes spécifiques a un contenu humanitaire et est par conséquent dirigée vers la protection de la personne humaine, tout en tenant compte des conditions particulières à la situation de conflit armé.

Cependant, l'influence des conventions des droits de l'homme a été déterminante quant à la formulation de ces droits et quant à la définition de leurs bénéficiaires. On observe en effet une tendance à protéger l'ensemble de la population, y compris la population nationale d'un territoire occupé.

* * *

CHAPITRE VI

LES DROITS DE L'HOMME

Section 1. Droits « civils et politiques » et droits « économiques, sociaux et culturels »

Les droits « civils et politiques » d'une part et les droits « économiques, sociaux et culturels » d'autre part constituent les deux catégories les plus importantes des normes des droits de l'homme.

Ces deux catégories correspondent à deux conceptions différentes, mais en voie de rapprochement:

— la première est la conception dite « occidentale », issue des grandes révolutions bourgeoises, qui limite les droits de l'homme aux seuls droits civils et politiques. Il s'agit de la conception traditionnelle, ou libérale, des droits de l'homme, qui met tout son poids sur l'individu et ses droits inhérents en tant qu'être humain;

— la deuxième est la conception dite « socialiste », au sens large du terme (pays de l'Est, Tiers-Monde), qui est soutenue par des pays ayant connu des révolutions sociales [1] et qui attribuent une plus grande importance aux droits économiques et sociaux [2]. Cette tendance, également appelée « progressiste » [3] met l'accent sur l'individu en tant que membre de la collectivité et dont les besoins d'ordre économique et social passent avant les besoins civils et politiques: « La reconnaissance internationale de la dignité de la personne humaine a sa justification rationnelle et idéologique dans le degré de développement économique actuel du monde, qui s'intègre toujours davantage en une unité économique, donc en une unité sociale indivisible [4] ».

---

[1] La révolution française était une révolution libérale, ou bourgeoise.

[2] Les droits culturels ne sont apparus que plus tard et sont venus se joindre aux droits précités.

[3] A notre avis, dans le contexte actuel de la protection internationale des droits de l'homme, il faut éviter de telles appellations, souvent arbitraires. Du moment que c'est la politique qui détermine le respect de ces droits, et qu'en même temps ces droits deviennent un instrument de politique, le passage du « progressisme » au « conservatisme » et vice-versa devient un jeu de mot suspect et dangereux.

[4] Radojkovic, Académie serbe des sciences et des arts, Belgrade, 1964, pp. 15-16.

Néanmoins, des différences juridiques subsistent, qui se manifestent à travers la pratique conventionnelle relative aux droits de l'homme, pratique dont l'étude paraît indispensable, surtout pour l'objet de notre ouvrage.

A. *La Déclaration universelle des droits de l'homme*

Cette déclaration constitue la source moderne d'inspiration et le point de départ des droits de l'homme. L'adoption de ce texte répondait à une nécessité impérieuse, qui était d'éclaircir et de définir les droits de l'homme et les libertés fondamentales, vaguement mentionnés dans la Charte des Nations Unies [1], et de résoudre le problème du « domaine réservé » et des obligations des Etats vis-à-vis de ces droits [2].

Un bref coup d'œil jeté sur les travaux préparatoires à cette Déclaration nous démontre que sa nature juridique a suscité plusieurs polémiques parmi les représentants des gouvernements, ainsi que des controverses en doctrine.

Les polémiques se situent à deux niveaux:

a) au niveau formel, concernant la portée de la Déclaration en tant que résolution de l'Assemblée générale [3];

b) au niveau matériel, concernant la valeur juridique du contenu de ces normes; cette question est au cœur de notre débat, car elle débouche sur la nature juridique des « droits civils » et des « droits économiques » et détermine laquelle de ces deux catégories est la plus proche des normes du droit humanitaire.

En ce qui concerne la question formelle, la doctrine admet que les résolutions de l'Assemblée générale n'ont pas de caractère obligatoire pour les Etats, même pour ceux qui en ont approuvé les textes en votant en leur

---

[1] Voir p. 32.

[2] Voir p. 33.

[3] Trois thèses essentielles ont été avancées:

a) La Déclaration universelle a une force juridique dans la mesure où ses dispositions se fondent sur les obligations assumées par la Charte de l'ONU (Brunet, *op. cit.*, p. 205; Favre, *Les droits constitutionnels et la garantie internationale des droits de l'homme*, Zürich, 1948, p. 335; Tchirkovitz, « La Déclaration universelle des droits de l'homme », *R.G.D.I.P.*, 1959, p. 359.

b) La Déclaration universelle a une force juridique limitée. Elle a une valeur juridique, mais pas obligatoire à proprement parler (Dehousse, ONU, Documents officiels de la troisième session, Troisième Commission, pp. 190-200; Cassin, R.C.A.D.I.H., *op. cit.*, p. 295: « N'importe quelle loi ou mesure contraire à la Déclaration édictée postérieurement en contradiction avec celle-ci n'est pas entachée *ipso facto* de nullité... cependant... la violation de l'engagement juridique de coopérer avec les Nations Unies... peut être relevée, à la charge des Etats qui maintiendront sans effort sérieux de réforme ou aggraveront les parties de leurs législations ou les pratiques contraires aux droits... proclamés dans la Déclaration. »)

c) La Déclaration universelle, en tant que résolution de l'Assemblée générale, n'a aucune force obligatoire (Kelsen, *The Law of the United Nations*, *op. cit.*, p. 459.)

faveur [1]. Cependant, nous sommes d'avis qu'une résolution adoptée à l'unanimité sans opposition exprimerait une volonté commune des Etats, une *opinio juris*, et sa violation par un Etat mettrait en jeu sa responsabilité morale en violant l'éthique internationale [2]. Cela serait particulièrement vrai pour la Déclaration universelle, qu'il ne faudrait pas voir comme une simple résolution, mais comme un instrument — sans force contraignante proprement dite — qui a acquis un tel caractère de façon à entraîner pour les Etats un engagement moral incontestable, surtout après une pratique conventionnelle en la matière prouvant que son impact a dépassé de loin l'influence d'une simple décision de l'Assemblée générale (ainsi que les prévisions les plus optimistes). Comme l'affirme M. Vasak [3], tous les traités relatifs aux droits de l'homme sont rattachés d'une certaine manière à l'un ou l'autre des droits de la Déclaration. Celle-ci serait à la base des normes universelles et régionales et constituerait une « source » de droit au sens matériel. A première vue, elle n'aurait qu'une valeur de recommandation, « mais l'évolution a considérablement atténué, pour ce qui est de la Déclaration universelle, la distinction entre textes obligatoires et ceux qui, par leur nature, ne le sont pas, de sorte que la force obligatoire d'un texte juridique n'est pas nécessairement la conséquence de sa forme. La distinction désormais classique entre *soft-law* et *hard-law* est particulièrement adaptée au domaine des droits de l'homme. » En effet, l'évolution de la Déclaration universelle pourrait être comparée à celle de la Résolution 1514 de 1960 sur la décolonisation et de la Résolution 2625 de 1970, à laquelle le Professeur Abi-Saab reconnaît une « valeur universelle, juridique et obligatoire » [4].

Enfin, aujourd'hui, nombre de juristes reconnaissent aux règles de la Déclaration universelle le caractère de règles coutumières [5].

A notre avis, désormais la poursuite du débat sur la portée de la Déclaration universelle n'a pas grand sens. Cet instrument, dépourvu de caractère juridique contraignant par sa forme, n'en a pas moins influencé directement et indirectement l'évolution des droits de l'homme aussi bien sur le plan national qu'international. Tous les instruments relatifs aux droits de l'homme se réfèrent à elle, ainsi que plusieurs constitutions nationales [6].

---

[1] ONU, Documents officiels de la troisième session de l'Assemblée générale, *Troisième Commission*, Comptes rendus analytiques, 1948, p. 199.

[2] CASTANEDA, « Valeur juridique des résolutions des Nations Unies », *R.C.A.D.I.H.*, 1970, T. 129, p. 205.

[3] VASAK, « Le droit international des droits de l'homme », Résumé des cours, *op. cit.*, pp. 12-13.

[4] Voir Chapitre III, Section 1.

[5] WALDOCK, Sir, « Human Rights in contemporary international Law and the significances of the European Convention », *I.C.L.Q.*, 1965, n° 11, p. 15; ROBERTSON, *Human Rights in the world, op. cit.*, p. 28; SCHWELB, *The influence of the Universal Declaration of human Rights on the international and national Law*, New York, 1959, p. 35.

[6] Plusieurs constitutions nationales promulgées depuis son adoption s'y réfèrent expressément, soit dans leur préambule, soit dans leur dispositif. D'autres contiennent des droits inspirés ou repris par la Déclaration (p. ex. les Constitutions des pays suivants:

La portée de la Déclaration est universelle, aussi bien du point de vue temporel que spatial; ses normes ne font pas de distinction entre périodes de paix et périodes de conflit armé. Ce point a été souligné dans le premier rapport du Secrétaire général sur « le respect des droits de l'homme dans les conflits armés » [1], qui affirme que « la terminologie de la Charte internationale des droits de l'homme [2] s'applique dans sa généralité aux civils aussi bien qu'au personnel militaire; elle englobe les personnes vivant sous la juridiction de leurs propres autorités nationales et les personnes vivant dans les territoires occupés » [3].

Cette affirmation du Secrétaire général a été critiquée par M. Meyrowitz, parce que « les présupposés philosophiques de l'objet et du but » de l'instrument le placent dans le cadre de la paix [4]. L'auteur se réfère ici au préambule de la Déclaration, qui dit que « la reconnaissance de la dignité inhérente à tous les membres de la famille humaine et leurs droits égaux et inaliénables constituent le fondement de la liberté, de la justice et de la paix dans le monde ». Mais cette référence explicite à la paix est-elle suffisante pour tenir le respect des normes de la Déclaration universelle pour acquis seulement en temps de paix ? Certainement pas. D'ailleurs, le Protocole I additionnel aux Conventions de Genève, instrument applicable par excellence dans les conflits armés internationaux, proclame aussi dans son préambule le « désir ardent de voir la paix régner entre les peuples » et rappelle le devoir de chaque Etat « de s'abstenir dans ses relations internationales de recourir à la menace ou à l'emploi de la force ». Comme nous l'avons souligné au premier chapitre, tout le droit international contemporain est bâti sur la nécessité de préserver la paix et la sécurité internationales. Dans cet esprit, tout instrument ne peut que rappeler ce but fondamental de la société internationale, représentée au plan universel par les Nations Unies. Et même le droit de la guerre, s'il impose des règles de conduite pendant les conflits armés, le fait en vue de diminuer la haine et les atrocités réciproques et de contribuer ainsi au rétablissement de la paix. Néanmoins, cela ne veut pas dire que l'ensemble des dispositions de la Déclaration universelle puissent s'appliquer pendant les conflits armés. Etant la source du droit international des droits de l'homme, celle-ci contient les deux catégories principales des droits de l'homme.

Algérie, Burundi, Cameroun, Côte d'Ivoire, Dahomey, Gabon, Guinée, Haute Volta, Madagascar, Mali, Mauritanie, Niger, Congo, Sénégal, Tchad, Togo, Zaïre, etc...).

[1] Rapport A 7720, *op. cit.*, par. 23.

[2] La Charte internationale des droits de l'homme comprend:

(a) La Déclaration universelle des droits de l'homme;

(b) Les Pactes des Nations Unies I et II ainsi que le Protocole facultatif se rapportant au Pacte II.

[3] Rapport A 7720, *supra*, par. 23.

[4] *Op. cit.*, p. 1082.

Ces catégories sont, nous l'avons précisé, les « droits civils et politiques » et les « droits économiques, sociaux et culturels », dont la nature juridique a suscité et continue de susciter des divergences en doctrine. Ces controverses ont débuté avec la question de la portée formelle de la Déclaration universelle.

Cependant, en ce qui concerne la question matérielle, la polémique est d'une autre nature [1].

La représentante des Etats-Unis, Mme Eleonore Roosevelt, un jour avant l'adoption de la Déclaration, s'exprima de la manière suivante: « ... my Government has made it clear that it doesn't consider that the economic, social and cultural rights... imply an obligation on the Government to assure the enjoyment of these rights by direct Government action [2]. »

De son côté, le représentant belge, M. Dehousse, fit à ce sujet les considérations suivantes: « Il s'agit en effet de distinguer entre les principes... qui ne feront que répéter des règles figurant déjà dans le droit coutumier des Nations, et reconnues par conséquent par le droit international non écrit (« droits civils ») et d'autres principes (« droits économiques... ») qui ne relèvent pas du droit des gens coutumier, et le fait de les inclure dans une déclaration internationale ne leur donnera certes pas une valeur obligatoire. Cependant, cette inclusion engendrera pour les Etats membres l'obligation de prendre ces principes très sérieusement en considération [3]. »

Cette conception a été suivie dans la pratique conventionnelle en matière de droits de l'homme. En effet, la société internationale a adopté, sur le plan universel et régional, une série d'instruments distincts pour les droits civils et politiques et pour les droits économiques, sociaux et culturels.

B. *Le Conseil de l'Europe*

Dans le cadre du Conseil de l'Europe, les travaux entrepris pour l'établissement d'une convention des droits de l'homme n'ont fait que réaffirmer cette distinction. Le 4 novembre 1950 fut signée la Convention européenne de sauvegarde des droits de l'homme et des libertés fondamentales, incluant seulement des droits civils et politiques, et ce n'est que quatre ans plus tard, en 1954, que fut adoptée une « Charte sociale européenne ». Cette séparation conventionnelle n'est pas intervenue sans de grandes discussions, voire de divergences [4].

---

[1] La Déclaration universelle comprend trente articles au total, dont cinq concernent les droits économiques, sociaux et culturels (articles 22 à 27), les autres étant bien entendu des droits civils et politiques.

[2] *Department of State Bulletin*, Vol. 19, nº 494, Décembre 1948, p. 751.

[3] ONU, *Documents officiels de la troisième session de l'Assemblée générale*, 1948, p. 199.

[4] *Textes adoptés par l'Assemblée consultative*, Recommandation 38, 1949, p. 49; Voir aussi le « Message spécial du Comité des Ministres transmettant à l'Assemblée consultative le programme de travail du Conseil de l'Europe. *Documents de l'Assemblée consultative*, 1954, Document 238, p. 45.

L'opinion qui a prévalu, et qui fut adoptée par l'Assemblée consultative dans sa proposition adressée au Comité des Ministres, était celle du rapporteur de la Commission juridique, le professeur Teitgen, formulée dans sa déclaration devant l'Assemblée le 19 août 1949: « La définition générale et totale de toutes les libertés et de tous les droits nécessite des années de compréhension mutuelle, d'études et d'expériences collectives... Aujourd'hui donc, ce maximum souhaitable n'est pour l'instant pas atteignable à l'heure actuelle... Contentons-nous alors de définir les libertés essentielles fondamentales de l'ordre démocratique que nos pays garantiraient à tous les ressortissants et qui feraient l'objet d'une définition commune [1]. »

C. *L'œuvre conventionnelle des Nations Unies*

Dans le cadre des Nations Unies, la préparation de l'œuvre conventionnelle qui devait suivre la conclusion de la Déclaration universelle et qui a abouti à l'adoption des deux Pactes des Nations Unies relatifs aux droits de l'homme a également suscité des divergences, bien plus graves en fait que dans le cadre du Conseil de l'Europe. Il s'agissait au fond de la question de savoir s'il fallait adopter un seul instrument incorporant les deux catégories de normes, ou bien deux instruments distincts, l'un concernant les « droits civils » et l'autre les « droits économiques ». Les premières discussions sur le ou les Pacte(s) débutèrent déjà en 1947, pour reprendre en 1949 et se concrétiser en 1952. Il fallut donc presque vingt ans de discussions pour aboutir à l'adoption des deux Pactes (1966) et dix ans ensuite pour qu'ils entrent en vigueur. [2]

En effet, c'est le 23 mars 1976 qu'entrèrent en vigueur le Pacte I relatif aux droits économiques, sociaux et culturels, et le Pacte II relatif aux droits civils et politiques et son Protocole facultatif.

Depuis, tous les instruments de portée générale relatifs aux droits de l'homme traitent séparément les deux catégories. La Convention américaine relative aux droits de l'homme, signée à Costa Rica en 1969, traite aussi des droits civils et politiques. Cependant, dans un seul article (sur les 82 prévus

[1] *Documents de l'Assemblée consultative*, Comptes rendus, 1949, pp. 217-218.

[2] Le premier projet de Pacte, d'inspiration anglo-américaine, fut établi par la Commission des droits de l'homme de l'ONU en 1947, incluant seulement des dispositions civiles et politiques. En 1949, la délégation soviétique proposa l'inclusion des droits économiques et sociaux; le 5 février 1952, la troisième Commission de l'Assemblée générale présenta sa proposition, se basant sur les initiatives anglo-américaines et soviétiques et proposa deux Pactes. Déjà en 1950 (le 4 décembre), l'Assemblée générale, par sa Résolution 421, se prononça en faveur de l'inclusion dans un seul Pacte des deux catégories de droits. Cette résolution, d'après MIRKINE-GUETZEVITCH (R.C.A.D.I.H., *op. cit.*, p. 316) « avait esquissé une telle doctrine qui pouvait être considérée comme un point de départ théorique. En se basant sur l'unité de l'homme, elle considérait que la jouissance des libertés civiques et politiques et celle des droits économiques, sociaux et culturels sont liées entre elles et se conditionnent mutuellement. »

au total), et notamment à l'article 26, est énoncé l'engagement pour les Etats à prendre des mesures pour « le développement progressif des droits économiques, sociaux et culturels ».

Nombreux sont ceux qui ont critiqué la séparation entre ces deux catégories dans le droit conventionnel. Ils fondent leurs arguments sur des considérations philosophiques concernant l'unité de l'homme, à laquelle « appartiennent indubitablement les libertés civiques et politiques, ainsi que les droits économiques, sociaux et culturels » [1].

Si les hommes politiques et les diplomates ont voulu séparer ces deux groupes dans des textes distincts, ce n'était pas seulement pour des raisons de commodité évidente [2], ni à cause d'un « vieux libéralisme aveugle aux besoins sociaux de l'homme » [3] et encore moins dans l'intention de laisser entendre qu'il y a des libertés plus fondamentales que d'autres [4]. Même les supporteurs les plus ardents de l'unité des deux catégories admettaient implicitement des différences « élémentaires », qui rendaient très difficile leur inclusion dans un même instrument de caractère obligatoire [5].

D. *La nature juridique des deux catégories de droits*

Nombreuses sont les thèses portant sur la définition de la nature de ces deux groupes de droits. La plus répandue aujourd'hui est celle qui définit les « droits civils » comme des droits d'*abstention* et les « droits économiques comme des droits *à une prestation*.

Les « droits civils » pourraient être satisfaits sans transformation sociale et sans prestations de la part de l'Etat. Ce seraient des droits immédiatement opposables à l'Etat, dont ils exigeraient une attitude d'abstention à l'égard de leurs titulaires [6]. En revanche, les « droits économiques » ne pourraient être satisfaits que par de profondes et coûteuses réformes sociales [7]. Ils constitueraient des créances vis-à-vis de l'Etat, dont ils exigeraient l'intervention active pour être réalisés. En somme, le premier groupe de

---

[1] Bossuyt, *L'interdiction de la discrimination dans le droit international des droits de l'homme*, Thèse I.U.H.E.I., Genève, 1976, p. 218.

[2] L'adoption de deux textes a facilité le processus de ratification.

[3] Bossuyt, *supra*, p. 47.

[4] Cette thèse a été avancée dans les milieux anglo-américains et vivement critiquée par d'autres pays occidentaux: Cassin, R.C.A.D.I.H., *op. cit.*, p. 301.

[5] « On peut diviser en deux groupes les libertés énumérées dans la Déclaration: les libertés dont l'acceptation, même purement symbolique, serait difficilement refusée par quelque civilisation politico-juridique que ce soit, et les droits... qui ne sont pas encore intégrés à certains sytèmes juridiques et économiques. » Mirkine-Guetzevitch, *op. cit.*, pp. 311-312.

[6] Cassin, R.C.A.D.I.H., *op. cit.*, pp. 299-300; Vasak, K., Cours de Strasbourg, *op. cit.*

[7] « Un droit est un droit social quand il implique un effort financier ». Bossuyt, *supra*, p. 219.

normes constituerait des obligations négatives, et le deuxième des obligations positives [1].

Cette thèse est réaffirmée par les termes mêmes qu'utilisent les instruments des droits de l'homme; alors que le Pacte I dispose que chaque partie s'engage « à agir, tant par son effort propre que par l'assistance et la coopération internationales » en vue « d'assurer *progressivement* le plein exercice des droits » économiques, sociaux et culturels, le Pacte II dispose que chaque partie « s'engage *à respecter* et *à garantir* » à tous les individus relevant de leurs compétences les droits civils et politiques [2].

Les différences apparentes entre les deux groupes de droits se situent au niveau du contenu et au niveau de leur application [3]. En effet, les « droits économiques » nécessitent pour leur réalisation un effort financier et donc une intervention de l'Etat, qui doit mettre sur pied un programme de politique économique et sociale, les « droits civils » ayant en revanche besoin pour leur réalisation d'une attitude d'abstention de la part de l'Etat. Quant à leur application, les « droits civils » contiennent une obligation « d'application immédiate », tandis que les « droits économiques » s'appliquent « progressivement », ce qui a un impact direct sur leur nature juridique respective.

Pour le moment, les « droits civils » forment des dispositions juridiques *stricto sensu*, et les « droits économiques » des objectifs à atteindre. La ratification du Pacte I n'entraîne pas, pour l'Etat qui ratifie cet instrument, l'obligation d'appliquer lesdites dispositions, mais celle d'adapter progressivement sa structure sociale aux exigences du traité, dont la mise en application exige des transformations sociales. Aucun pays ne peut être tenu internationalement responsable du simple fait que son niveau de développement ne lui permet pas de garantir la jouissance des droits économiques, sociaux et culturels à ses citoyens.

A notre avis, la différence essentielle réside dans le fait que les « droits civils », comme des droits plus anciens ayant fait leur chemin à travers l'histoire, peuvent s'appliquer immédiatement. Les « droits économiques », comme tous nouveaux droits, ont aussi besoin de faire leur chemin. Une

---

[1] Bossuyt, *op. cit.*, p. 220.

[2] Article 2, paragraphe 1 des deux Pactes. La *Convention européenne* dispose dans son premier article que les parties « reconnaissent à toute personne relevant de leur juridiction les droits et libertés ». La *Charte sociale européenne* dispose que les parties « reconnaissent comme objectif d'une politique qu'elles poursuivront... ». La *Convention américaine* utilise aussi les mêmes termes « reconnus », « garantis », tandis que l'article 26 de la même Convention, seul réservé aux « droits économiques », dispose que les Etats s'engagent « à prendre des mesures visant à assurer progressivement... ».

[3] Un excellent travail fait par M.P. Schaufelberger dans le cadre du séminaire de Mme D. Bindschedler-Robert sur « La protection internationale des droits de l'homme » (I.U.H.E.I., 1977-78), établit une triple distinction: a) « la différence de contenu », b) « la différence de source », c) « les différences de modalités d'application ». Les travaux de ce séminaire de l'année 1976/77 ont paru en décembre 1977 dans un volume intitulé « La protection internationale des droits de l'homme » (I.U.H.E.I.).

fois le développement du pays achevé, ces droits aussi pourront s'appliquer immédiatement. Ceci dit, le critère d'ancienneté est pour le moment le critère déterminant dans la distinction entre ces deux groupes de règles qui n'ont pas de différence de nature essentielle. Les droits civils ont également passé par le stade des objectifs à atteindre, pour se transformer plus tard en dispositions obligatoires. De même, les droits économiques se développeront ainsi à travers un processus de transformations sociales.

Ces transformations exigent des dépenses et dans cette mesure nous sommes d'accord avec M. Bossuyt lorsqu'il affirme que « l'effort financier est déterminant », voire des plus importants, mais nous ne le suivons plus dans son raisonnement lorsqu'il avance que « l'effort financier se présente comme le critère permettant de distinguer un droit social d'un droit civil » [1]. La liberté du travail, le droit de grève, le droit à la liberté syndicale sont trois exemples de droits classés parmi les droits sociaux et qui non seulement n'ont pas besoin d'un effort financier, mais exigent avant tout une attitude d'abstention de la part des Etats au même titre que les droits civils [2].

Pour ces raisons, nous concluons que les deux catégories ne sont pas d'une nature fondamentale différente [3], et que les « droits économiques » constituent pour le moment des créances vis-à-vis de l'Etat et pour cette raison ils ne peuvent être défendus par voie judiciaire au même titre que les « droits civils » [4].

Le critère de distinction est par conséquent celui de l'*ancienneté* et du *développement*. Les « droits civils » forment des dispositions déjà reconnues, dont l'amélioration consiste à perfectionner les mécanismes de protection, tandis que pour les « droits économiques », le premier objectif serait de définir le contenu matériel des dispositions, qui varie selon les systèmes juridico-politiques. Une fois cette étape franchie, il n'y aura plus de place

---

[1] *Op. cit.*, p. 219.

[2] Voilà un exemple des droits qui ont connu un développement plus rapide que d'autres droits sociaux. Tous ces droits étaient encore inconcevables dans la réalité socio-économiques du XIXe siècle. Il y a aussi d'autres droits qui sont à la fois des « droits sociaux » et des « droits civils », comme par exemple le « droit à l'éducation », qui figure dans les deux Pactes et dans le premier Protocole de la Convention européenne (droit à l'instruction). Dans son contexte de droit civil, il exige l'égalité de toutes les personnes et leur libre accès à l'éducation sans aucune discrimination, et dans son contexte de droit social, il exige la mise en œuvre d'une politique qui finance la construction d'écoles et d'universités dans le cadre d'une politique générale de l'éducation. Une fois les conditions matérielles de cette politique satisfaites, il n'y aura plus de distinction entre droit à l'éducation en tant que droit civil et droit à l'éducation en tant que droit social. Il faut cependant admettre que certains droits n'ont jamais besoin de prestations financières de l'Etat (p. ex.: le droit à l'intégrité physique).

[3] Conclusion soutenue par l'Ambassadeur M.H. Gros-Espiel dans son cours à l'Institut international des droits de l'homme de Strasbourg; *Selected readings in human Rights*, Strasbourg, 1975.

[4] Dans certains cas, une indemnité peut être accordée par les tribunaux internes, par exemple l'allocation de chômage en cas de non respect du droit de travail, si une législation et un financement adéquats existent.

pour cette discussion, car l'homme a de par sa nature besoin pour son épanouissement des deux groupes de règles pour se satisfaire [1]. Comme l'affirmait dans un journal suisse [2] M. Mbaye, président de la 34e Session de la Commission des droits de l'homme des Nations Unies: « Il me paraît vain de discuter sur les priorités respectives des droits économiques et sociaux d'une part, ou des droits civiques d'autre part; c'est comme si l'on se demandait s'il vaut mieux mourir de faim ou mourir sous la torture ».

Section 2. Comparaisons avec le droit humanitaire

Cela étant dit, il faut cependant prendre en considération cette distinction juridique — même apparente — pour ce qui est de l'application des droits de l'homme dans les conflits armés.

De ces deux catégories, ce sont les droits civils qui, en tant que droits subjectifs inhérents à la personne humaine, se rapprochent le plus du droit humanitaire et de la réalité d'un conflit armé. Cette notion a été reprise par la pratique conventionnelle et nous avons pu voir que les clauses de dérogation réservent quelques dispositions qui sont toujours applicables dans les situations exceptionnelles, y compris les conflits armés. Ces dispositions, dites fondamentales, relèvent de la catégorie des droits civils et politiques, tandis que les instruments relatifs aux droits économiques, sociaux et culturels ne prévoient tout simplement pas de clauses de dérogation, ce qui signifie que ces droits sont exclusivement conçus pour le temps de paix [3].

Si l'on voulait classer les droits de l'homme par apport aux dispositions du droit humanitaire et à la survenance d'un conflit armé, on aurait trois groupes de droits:

A) les droits de l'homme se trouvant en contradiction avec le droit humanitaire;

B) les droits de l'homme en principe compatibles avec le droit humanitaire;

C) les droits de l'homme juridiquement compatibles avec le droit humanitaire.

A) Le premier groupe comprend les droits de l'homme dont l'applicabilité dans les conflits armés n'est tout simplement pas envisagée, ou bien

---

[1] « En effet, du point de vue philosophique, les deux groupes de droits sont inséparables dans la mesure où la jouissance des deux complète la dignité de l'homme ». Gorazd Kusez, *Condition de l'homme dans les relations internationales*, Académie serbe des sciences et des arts, Belgrade, 1964, pp. 15-16.

[2] « La Tribune de Genève », 20 février 1978.

[3] Cela ne veut pas dire qu'il n'y a pas de droits fondamentaux parmi les droits économiques, sociaux et culturels. La Charte sociale européenne, dans son article 20, par. 1, al. b, dispose que, même si les droits énoncés dans la Charte constituent les objectifs d'une politique à suivre, les parties contractantes « sont liées » par au moins cinq des sept articles suivants de la Partie II de la Charte: arts. 1, 5, 6, 12, 13, 16 et 19.

dont la nature les met en contradiction avec la nature et l'esprit du droit humanitaire: il s'agit des droits économiques, sociaux et culturels dans leur ensemble qui, en tant qu'objectifs d'une politique à poursuivre, verraient leur réalisation devenir impossible dans une situation de conflit armé. La guerre est la première situation qui met en cause tout effort financier et contribue à l'écroulement économique et social d'un pays. De même, la nature de ces droits est très différente de la nature du droit humanitaire, car ce ne sont pas des droits subjectifs.

B) Le deuxième groupe comprend les droits civils et politiques dont la nature, en tant que droits subjectifs, se rapproche du droit humanitaire, et dont le respect en période de conflit armé n'implique pas de contradiction avec les nécessités de la guerre.

Néanmoins, on trouve ici aussi des dispositions qui sont en contradic-diction avec le droit humanitaire. La contradiction dans ces cas ne réside pas dans leur caractère ou leur nature, mais surtout dans leur contenu propre, qui est incompatible avec la réalité socio-politique d'un conflit armé. Il s'agit par exemple du droit à la réunion pacifique, du droit d'association, du droit au libre déplacement, du droit de quitter son pays et d'y revenir, de la liberté d'expression, d'opinion et d'information, etc... Tous ces droits, comme d'autres, sont en contradiction avec les impératifs de la guerre et la nature d'une situation de crise.

Les dispositions de ce deuxième groupe peuvent toutefois être suspendues si l'on invoque la clause de dérogation dans les situations d'exception. Tel n'est cependant pas toujours le cas, comme dans l'affaire de Chypre, où la Commission européenne a admis l'obligation de respecter toutes les dispositions de la Convention européenne, y compris celles qui ne sont pas prévues dans l'article 15. On tient cependant compte de la situation matérielle créée par la survenance d'un conflit armé, même sans l'invocation de la clause d'exception, pour apprécier le contenu des dispositions avant de se prononcer sur leur violation [1].

Le fondement de ce groupe de droits dits « en principe compatibles avec le droit humanitaire » doit être recherché dans la relativité du contenu des clauses de dérogation. En effet, si nous comparons les dispositions dérogatoires, nous constatons que, parmi les 11 articles prévus au total dans le Pacte II et les deux Conventions régionales, seuls quatre sont mentionnés dans chacun des trois instruments. L'interdiction de l'emprisonnement pour dettes, prévue à l'article 11 du Pacte et réservée dans la clause de l'article 4, n'est pourtant réservée ni dans la Convention européenne, ni dans la Con-

[1] Le gouvernement chypriote a invoqué des violations de dispositions de la Convention qui dépassent celles qui sont réservées à l'article 15, tout en se limitant aux droits dont l'exercice peut être garanti en période de conflit armé ou d'occupation, comme par exemple le droit au respect de la vie privée de la famille, le droit à un procès équitable, etc... On notera que l'article 7 sur la non rétroactivité n'a pas été invoqué, alors qu'il est pourtant réservé à l'article 15.

vention américaine, bien qu'elle soit prévue à l'article premier du Protocole 4 additionnel à la Convention européenne. Peut-on alors affirmer qu'un droit *de jure* compatible avec le droit humanitaire sur le plan universel ne l'est pas sur le plan régional ?

C) Le troisième groupe comprend les droits fondamentaux qui sont réservés dans les clauses de dérogation et auxquels aucune dérogation n'est autorisée en cas de guerre ou en cas d'autre danger menaçant la vie de la nation. Nous les examinerons à la Section suivante étant donné leur importance dans le contexte de cette étude. En effet, ce sont ceux qui se rapprochent juridiquement du droit humanitaire puisqu'ils incluent *grosso modo* toutes les dispositions que l'on trouve dans les Conventions de Genève de 1949 et dans les deux Protocoles additionnels à ces dernières, et leur applicabilité dans les conflits armés est expressément stipulée.

Section 3. Les droits fondamentaux réservés dans les clauses de dérogation

Nous avons vu dans le chapitre IV quelles sont les conditions d'application des droits de l'homme en cas de guerre ou en cas d'autre danger public qui menace la vie de la nation. Nous avons constaté à cette occasion que, dans ces situations, les conventions relatives aux droits de l'homme, et notamment le Pacte II, la Convention européenne et la Convention américaine, dans leurs articles 4, 15 et 27 respectivement, autorisent la suspension de leurs dispositions, sauf celles qui sont fondamentales. Ces dernières, tout en étant « fondamentales et intangibles », puisque toute limitation de leur exercice est interdite en tout temps, ne sont toutefois pas toutes « essentielles » au sens juridique du terme, dans la mesure ou elles ne constituent pas toutes ce qu'on pourrait appeler le minimum standard des droits de la personne, c'est-à-dire des droits irréductibles.

La nature d'un « droit fondamental » (donc réservé) dépend en fait de l'évaluation et de l'appréciation qui en sont faites, et qui diffèrent selon les époques, les régions et les philosophies politiques. Seuls les droits irréductibles ont cette nature coutumière généralement acceptée et constituent le « minimum standard » de la protection de la personne humaine. La pratique conventionnelle en matière de dérogation n'a fait que réaffirmer ce qui précède, dans la mesure où les droits réservés (donc fondamentaux) ne sont pas tous identiques dans les trois instruments. Il y a même des cas où une convention réserve un droit qui ne figure dans aucune disposition des autres conventions [1].

---

[1] Comme par exemple le droit à un nom, qui est réservé dans l'article 27 de la Convention américaine, mais qui ne figure ni dans le Pacte II, ni dans la Convention européenne.

Disposition	Convention européenne	Pacte II	Convention américaine
Droit à la vie	Art. 2.	Art. 6, par. 1.	Art. 4.
Interdiction de la torture et des peines et traitements inhumains ou dégradants	Art. 3.	Art. 7.	Art. 5, par. 1.
Interdiction de l'esclavage et de la servitude	Art. 4, par. 1.	Art. 8, par. 1.	Art. 6.
Principe de légalité et de rétroactivité	Art. 7.	Art. 15.	Art. 9.
Reconnaissance de la personnalité juridique		Art. 16.	Art. 3.
Liberté de pensée, de conscience et de religion		Art. 18.	Art. 12.
Non emprisonnement pour dettes		Art. 11.	
Protection de la famille			Art. 17.
Droit à un nom			Art. 18.
Droit de l'enfant			Art. 19.
Droit à une nationalité			Art. 20.
Droits politiques			Art. 23.

On peut donc dire que le fait que certains instruments juridiques de caractère universel ou régional relatifs aux droits de l'homme interdisent expressément toute dérogation à certains droits ne signifie pas nécessairement que les droits mentionnés sont des droits irréductibles, mais qu'ils peuvent correspondre soit à une spécificité idéologique dans un cadre régional, soit constituer un compromis entre idéologies différentes dans le cadre universel [1]. Il est vrai que les droits irréductibles ressortent de ces droits fondamentaux et réservés, mais leur validité ne dépend plus de l'acceptation des sujets de droit, de sorte qu'ils constituent la base juridique de la communauté [2].

Une comparaison entre les droits qui figurent dans le tableau ci-dessus montre facilement quels sont les droits qui ont en même temps le caractère de droits irréductibles *de jure :* ce sont les droits qui figurent dans les trois textes à la fois. Il s'agit bien entendu des droits protégeant l'intégrité physique et morale (droit à la vie, interdiction des traitements cruels, inhumains et dégradants, interdiction de l'esclavage et de la servitude). A ces droits il faut ajouter les droits judiciaires qui, même s'ils ne sont pas réservés dans ces clauses, ont fait en pratique la preuve de leur caractère fondamental et irréductible en périodes d'exception et de conflit armé (droit à un procès équitable).

La Convention européenne réserve dans son article 15 le principe de la légalité et de la non-rétroactivité des lois pénales (art. 7, par. 1); le Pacte II et la Convention américaine réservent en plus le droit à la reconnaissance de la personnalité juridique (articles 16 et 3, respectivement). Ce qui est regrettable pour la protection de la personne humaine en période d'exception est qu'aucune clause dérogatoire ne réserve le droit à un jugement équitable [3]. Cela est d'autant plus regrettable que, pendant ces périodes, ces garanties judiciaires prennent une importance toute particulière. L'actualité internationale nous donne quotidiennement des exemples de violations de ces garanties dans des situations exceptionnelles et d'exécutions arbitraires qui démontrent la nécessité impérieuse de classer ces garanties parmi celles auxquelles aucune dérogation n'est permise [4]. De plus, la jurisprudence

---

[1] Il faut admettre aussi ici l'évolution que connaissent certaines dispositions à travers le temps. Un droit peut en effet évoluer en un droit irréductible et vice versa. Par exemple, les garanties d'une justice équitable ont pris une importance capitale surtout dans les périodes d'exception, ce qui rend ces garanties fondamentales, voire irréductibles. En revanche le droit de propriété alors qu'il était considéré comme inviolable dans des déclarations historiques a de nos jours perdu ce caractère, et on a tendance à le subordonner aux exigences de l'intérêt général de la société.

[2] Van Boven : « Critères de distinction » in *Manuel U.N.E.S.C.O. des droits de l'homme.* Ed. provisoire, Strasbourg, chap. II, p. 11. M. Van Boven soutient que « l'existence des droits réservés constitue un argument en faveur de la thèse selon laquelle il existe en tous cas un nombre minimum de droits de l'homme fondamentaux et élémentaires. » (p. 1, *ibid*).

Nous retenons cet argument dans la mesure où les droits fondamentaux sont les droits réservés mais en revanche tous les droits réservés prévus dans les clauses de dérogation, ne sont pas nécessairement des droits irréductibles constituant ce minimum-standard.

[3] Prévu aux articles 14 du Pacte II, 6 de la Convention européenne et 8 de la Convention américaine.

[4] L'article 85, par. 4, al. e du Protocole additionnel I classe parmi les infractions graves « le fait de priver une personne de son droit d'être jugée régulièrement et impartialement ».

internationale en la matière, et notamment celle des organes de la Convention européenne, a démontré que dans les affaires qui relevaient de l'article 15, les droits judiciaires (art. 5 et 6) pouvaient être invoqués (dans trois affaires sur quatre au total) [1].

Si l'on voulait enfin faire une critique générale des droits réservés dans les trois conventions, elle irait dans deux directions opposées. D'un côté l'on remarque l'omission de certains droits qui de par leur nature devraient être respectés en tout temps, et d'un autre côté l'on observe une tendance à mentionner un nombre de droits qui de par leur nature ne peuvent tout simplement pas trouver application dans les situations d'exception. Cela ne peut s'expliquer que si l'on considère que les situations prioritaires envisagées n'étaient pas les mêmes pour les auteurs des différentes conventions et si l'on tient compte d'une certaine spécificité régionale des droits de l'homme.

Faut-il ajouter que même une telle interprétation n'est pas toujours suffisante ?

Comment expliquer le fait que l'article 15 de la Convention européenne ne réserve pas le droit à la liberté de conscience et de religion (art. 9) [2], alors que cette Convention a été adoptée cinq ans seulement après la fin de la seconde guerre mondiale, durant laquelle la liberté de conscience et de religion a été gravement foulée aux pieds, et cela d'autant plus que ce droit ne devrait pas « faire de mal » à l'Etat. Mais ce droit n'est pas la seule lacune de cette Convention dans ce domaine. La protection de la famille, qui n'est réservée que dans la Convention américaine (art. 17), devrait également figurer parmi les droits réservés aussi bien dans la Convention européenne que dans le Pacte II.

En revanche, la Convention américaine, tout en préservant tous les droits véritablement fondamentaux, dépasse de loin dans son article 27 ce que l'on peut logiquement considérer comme étant un droit réservé dans les situations d'exception. L'inclusion de l'article 23, qui concerne les droits politiques, est à notre avis un abus du droit de dérogation, car il est évident que dans le cadre d'une telle situation, les premiers droits appelés à être suspendus sont justement les droits politiques, c'est-à-dire le droit de vote et la consultation au suffrage universel. De plus, dans ce même article, on rencontre des droits réservés spécifiques à l'Amérique latine, comme par exemple le droit à un nom (art. 18) ou le droit à une nationalité (art. 20). Enfin, le Pacte II réserve une disposition qui interdit l'emprisonnement pour dettes (art. 11), qui n'est pas réservé dans les autres instruments.

---

[1] Il s'agissait de l'affaire Lawless, de l'affaire grecque et de l'affaire irlandaise.

[2] Réservé dans les autres instruments.

Pour conclure, nous reprenons ce que nous avons déjà dit ci-dessus concernant les situations exceptionnelles envisagées par les auteurs de ces instruments. Afin, pour justifier la diversité du contenu des clauses de dérogation, il faut se placer à l'époque à laquelle chacune fut adoptée, la région dans laquelle elle fut adoptée et enfin les vrais dangers envisagés comme menaçant la vie de la nation. Car d'après nous, il n'y a que deux solutions possibles: soit réserver les dispositions les plus élémentaires pour que la dérogation puisse effectivement fonctionner, soit ouvrir la boîte de Pandore et en arriver dès lors à des contenus irréalistes qui rendent la clause de dérogation inapplicable.

La Convention européenne est la plus restreinte quant aux droits réservés, car les auteurs envisageaient avant tout soit la guerre au sens international, au cours de laquelle les droits de la personne humaine sont complétés par le droit humanitaire applicable en période de conflit armé, soit les guerres de décolonisation, considérées à l'époque comme des guerres civiles et dans lesquelles la Convention ne jouait qu'un rôle minime. Même si l'article 15 a été invoqué plusieurs fois à propos des territoires coloniaux, il n'en reste pas moins que l'extension de la Convention à ces territoires était subordonnée au consentement de l'Etat intéressé qui d'après l'article 63, avait la faculté de notifier au Secrétaire général du Conseil de l'Europe qu'il appliquerait la Convention européenne à l'un quelconque des territoires dont il assurait les relations internationales. Bien entendu, rien n'empêchait au demeurant ledit Etat de retirer cette notification à n'importe quel moment. Le Pacte II, qui prévoit un nombre de droits réservés plus élaborés, envisageait avant tout les guerres de décolonisation, dont le processus d'internationalisation avait déjà débuté au sein de l'Organisation des Nations Unies, et surtout les conflits armés de caractère mixte, se plaçant entre la paix et la guerre, et qui devenaient de plus en plus nombreux. La non application du droit humanitaire des conflits armés, *de jure*, nécessitait alors un contenu plus complet des clauses dérogatoires. Enfin, examinons la Convention américaine, qui prévoit le plus grand nombre de droits réservés. Ses auteurs, se basant sur leurs propres expériences, envisageaient moins la guerre au sens propre du terme ou les guerres de décolonisation, que les conflits armés internes avec interventions étrangères et surtout les insurrections internes et les changements brutaux de régime politique suite à des coups d'Etat. D'ailleurs, comme nous l'avons déjà remarqué, la Convention américaine est le seul instrument parmi les trois à placer la « situation de crise » à un niveau inférieur à celui de « danger public ».

La référence expresse aux « droits politiques » comme droits réservés illustre cette préoccupation spécifique de l'Amérique latine contre les régimes dictatoriaux. En plaçant ces droits parmi les droits fondamentaux, les Etats latino-américains ont voulu exercer une pression sur ces régimes afin que ceux-ci procèdent à des élections, même dans l'hypothèse d'une « situation de crise » ou d'un « danger public » où l'état de siège est en principe en vigueur. La Convention américaine vient d'entrer en vigueur, ce qui ne permet pas encore une évaluation de l'impact de cette disposition dans la pratique. Etant cependant quotidiennement témoins oculaires par l'intermédiaire des mass médias de la situation qui existe sur ce continent, ainsi que de la pratique suivie sur d'autres continents où des instruments des droits de l'homme sont depuis plus longtemps en vigueur, nous maintenons notre affirmation précédente selon laquelle nous considérons l'inclusion des « droits politiques » dans la clause de dérogation de la Convention américaine comme un abus de l'interdiction de dérogation, qui peut à la longue compromettre l'efficacité de l'ensemble de cette procédure d'exception au détriment de l'homme et de sa protection. Mieux vaut prévoir moins et protéger mieux que de prévoir beaucoup sans pouvoir assurer de protection effective.

En conséquence, on peut affirmer que les droits réservés dans les clauses de dérogation, et dont l'application continue en période d'exception et de conflit armé, n'appartiennent pas tous à la même catégorie de droits irréductibles. Il faut en effet distinguer entre les « droits fondamentaux » (en anglais: « basic Rights ») et les droits qui constituent le « minimum standard » de la protection de la personne humaine (en anglais: « hard core of human Rights »).

La catégorie des « droits fondamentaux » comprend tous les droits de l'homme qui sont réservés dans les clauses de dérogation des trois instruments de portée générale et sont de ce fait des droits *fondamentaux lato sensu.*

La catégorie des droits irréductibles constitue le « minimum standard » de la protection de la personne humaine et comprend les droits qui tout en étant compatibles avec la défense de l'Etat constituent le *minimum irréductible de la protection de la personne humaine.* Ces droits sont des droits *fondamentaux stricto sensu,* et leur contenu est absolument le même en période de paix ou en période de conflit armé. Ces droits, incorporés à la fois dans les instruments des droits de l'homme et du droit humanitaire, servent la même cause, mais dans des situations bien différentes, et se distinguent par là même dans leur mode d'exécution.

Le caractère strictement essentiel de ces droits est démontré par l'importance qu'ils revêtent aussi dans les conventions du droit humanitaire, où les auteurs ont voulu affirmer le caractère irréductible de quelques dispositions pour la protection de la personne humaine en période de conflit armé. Et ces dispositions sont — ce n'est pas un hasard — identiques aux dispositions réservées prévues dans les droits de l'homme. Etant donné l'importance de ces droits, nous allons y consacrer un chapitre entier (Chap. VII).

L'inclusion dans des instruments relatifs à la protection de la personne humaine d'un certain nombre de droits fondamentaux se vit opposer l'argument très répandu, surtout parmi les juristes du Tiers-Monde, selon lequel une distinction entre les droits de l'homme fondamentaux et les autres impliquerait une hiérarchie, ce qui serait contraire à la théorie moderne des droits de l'homme qui admet l'indivisibilité de ces droits [1]. Cette théorie de l'indivisibilité est clairement énoncée dans la Proclamation de Téhéran de 1968, qui dit que « les droits de l'homme et les libertés fondamentales sont indivisibles... » [2]. Néanmoins, l'idée des droits fondamentaux n'est pas nouvelle, car nous la trouvons déjà dans les sources historiques de la protection de l'être humain. L'intervention « humanitaire » pratiquée au début du siècle et la protection des minorités dans le système de la Société des Nations visaient seulement quelques droits essentiels de la personne humaine [3].

Plus tard, avec la positivisation universelle des droits de l'homme, c'est le Préambule de la Déclaration universelle des droits de l'homme qui mentionne des « droits fondamentaux de l'homme » [4].

Dans la cadre de la protection de la personne humaine pendant les conflits armés, cette notion apparaît très nettement avec le contenu de l'article 3 commun aux quatre Conventions de Genève qui énumère un certain nombre de droits qui sont et demeurent protégés en tout temps et en tout lieu. Enfin, la jurisprudence internationale a toujours fait cette distinction dans divers arrêts et avis consultatifs [5].

---

[1] Van Boven, *op. cit.*, p. 1.

[2] Art. 13.

[3] Voir p. 31.

[4] Préambule, par. 4 de la Déclaration universelle.

La notion de droits essentiels apparaît aussi dans plusieurs procédures de protection des droits de l'homme, comme par exemple:

a) La procédure dite spéciale de la Commission interaméricaine des droits de l'homme pour l'examen des communications de certains droits de la Déclaration américaine des droits et des devoirs de l'homme (art. 1, 2, 3, 4, 8, 15, 16) considérés comme fondamentaux et méritant une attention particulière (Voir Deuxième Conférence interaméricaine extraordinaire, Rio de Janeiro 1965, « Renforcement des pouvoirs de la Commission », O.E.A. 1965.)

b) L'article 20, par. 1, al. 2, de la Charte Sociale Européenne, qui prescrit que chacune des Parties Contractantes s'engage « à se considérer comme liée par cinq au moins des sept articles » de la partie II du texte, à savoir les articles 1, 5, 6, 12, 13, 16 et 19.

c) La Résolution 1235 XLIV, du 6 juin 1967 de l'E.C.O.S.O.C., qui autorise la Commission des droits de l'homme des Nations Unies et la Sous-commission contre les mesures discriminatoires et de la protection des minorités à examiner les renseignements concernant les violations flagrantes des droits de l'homme, et la Résolution 1503 (XLVIII) du 27 mai 1970 qui définit les procédures à engager pour ces violations.

D'après Van Boven, les pouvoirs de la Commission et de la Sous-commission ne sont pas seulement liés au caractère massif de ces violations mais aussi à la nature fondamentale de ces normes.

[5] Avis consultatif sur la présence continue de l'Afrique du Sud en Namibie. Voir aussi la référence aux droits fondamentaux de la Cour de Justice des Communautés européennes. Affaires Stork (1959), Stander (1969), Handelsgesellschaft (1970), Nolde (1974). Voir pour un résumé de ces affaires: « The protection of fundamental Rights in the European Community », *Bulletin of the E.C. Supplement 5/76*, pp. 8-9.

La distinction dans la pratique conventionnelle entre droits de l'homme fondamentaux et d'autres droits ne signifie pas qu'il y a des droits de l'homme moins importants que d'autres, car comme nous l'avons déjà dit, l'homme pour s'épanouir a besoin de jouir de tous ces droits, mais c'est là une conception ressortissant à la philosophie de la personne humaine. Quand il s'agit d'appliquer un mécanisme juridique pour sanctionner la violation d'un droit, il faut tenir compte de critères extra-philosophiques. Le droit se base sur la philosophie, mais il n'est pas créé pour la servir. Le droit doit servir les hommes en tant que citoyens vivant dans une société concrète. Si le droit ne tient pas compte de cette réalité, il perd son efficacité et devient une pure science morale. La hiérarchie établie, ne vise donc pas le contenu de la norme, mais son mode d'application. Tous les droits de l'homme ont la même valeur, mais leur applicabilité ne peut être égale, et le législateur doit tenir compte des situations objectives dans le but de sauvegarder l'efficacité du droit.

* * *

CHAPITRE VII

LE « MINIMUM STANDARD » DES DROITS DE LA PERSONNE HUMAINE

Par « minimum standard », nous entendons les droits qui forment le minimum irréductible absolument nécessaire à la personne humaine et sans lequel l'homme cesse tout simplement d'exister, physiquement, moralement ou juridiquement. Ces droits sont: *le droit à la vie*, *le droit à l'intégrité physique et morale* et *le droit à un jugement équitable*. Ils doivent être protégés en tout temps et en toutes circonstances, dans les limites toutefois reconnues par le droit international. Etant donné le caractère spécial de cette catégorie des droits qui constitue en même temps le corps de cette étude, nous allons faire, pour chaque droit, une comparaison entre les droits de l'homme et le droit humanitaire, contrairement à la méthode suivie jusqu'à présent.

SECTION 1. LE DROIT A LA VIE

Le droit à la vie, énoncé dans les constitutions des pays européens et d'un grand nombre des pays membres des Nations Unies, et inspiré de l'art. 3 de la Déclaration universelle, est consacré dans l'art. 2 de la Convention européenne, 6 du Pacte II, 4 de la Convention américaine, ainsi que dans les textes conventionnels du droit humanitaire. Nous allons examiner ci-dessous comment se présente la protection du droit à la vie dans les différentes situations de paix et de conflit armé.

A. *Le droit à la vie dans les droits de l'homme*

La Déclaration universelle des droits de l'homme stipule dans son article premier que « tout individu a droit à la vie ».

Dès la première réunion de l'Assemblée générale en 1948, celle-ci est saisie de la question du génocide, c'est-à-dire du meurtre délibéré de groupes entiers d'individus. La *Convention sur la prévention et la répression du crime de génocide* fut adoptée le 9 décembre 1948, veille de l'adoption de la Déclaration universelle. Le génocide est un crime défini comme « l'un quelconque des actes commis dans l'intention de détruire, en tout ou en partie, un groupe national, ethnique, racial ou religieux » [1].

Le crime de génocide n'est pas limité dans le temps. Il peut aussi bien avoir lieu en temps de paix qu'en période de conflit armé, car d'après les Résolutions 3 (I) et 95 (I) de l'Assemblée générale du 13 février et du 11 décembre 1946 respectivement, il constitue un crime contre l'humanité [2], et ne peut donc jamais constituer un acte de guerre licite. Certains bombardements affectant la population civile ne sont-ils pas des actes de guerre qui constituent des crimes de génocide ?

Le génocide en tant que crime contre l'humanité demeure imprescriptible d'après la *Convention sur l'imprescribilité des crimes de guerre et des crimes contre l'humanité du 26 novembre 1968*, « ce qui repose sur l'idée que certaines normes sont d'une importance si fondamentale pour l'humanité et la communauté internationale que les infractions graves à ces normes, par opposition aux infractions à d'autres règles, ne voient nullement leur caractère criminel atténué par l'écoulement du temps ».

La *Convention européenne* autorise une restriction au droit à la vie dans la cadre d'un recours à la force rendu absolument nécessaire, comme: *a)* la défense d'une personne contre une violence illégale, *b)* afin d'effectuer une arrestation régulière ou dans le but d'empêcher l'évasion d'une personne régulièrement détenue, et *c)* afin de réprimer conformément à la loi une émeute ou une insurrection. Cette dernière disposition confirme le caractère légal de l'action gouvernementale et le caractère illicite des actes des insurgés. Ces derniers sont considérés comme des criminels, et le gouvernement au pouvoir a le droit de faire usage de la force, donc de priver les insurgés de la vie. Cependant, dans ces situations, le droit humanitaire est appelé à combler les lacunes, et l'article 3 commun aux Conventions de Genève ainsi que le Protocole II imposent des limites humanitaires. Ces restrictions ne sont pas prévues explicitement par le Pacte II ni par la Convention américaine. Néanmoins, dans l'un et l'autre instrument figure le terme « arbitrairement ». Il est admis que le sens de ce terme est le même que dans la Conventions européenne, dont les diverses réserves figurent à l'article 2.

Dans la pratique et la jurisprudence des organes de la Convention européenne, le droit à la vie, en relation avec les troubles intérieurs et les conflits armés, fut invoqué dans trois affaires, toutes trois interétatiques.

Dans la première affaire, l'affaire irlandaise, où la requête du gouvernement irlandais faisait état notamment du décès d'un certain nombre de

[1] Par cette définition, il peut aussi concerner le droit à la vie ou d'autres droits comme les atteintes à l'intégrité physique et morale, la soumission intentionnelle à des conditions d'existence pénibles, les mesures visant à entraver les naissances et le transfert forcé d'enfants d'un groupe à l'autre.

[2] D'après le Colonel Draper: « Les seules zones de confluence entre les droits de l'homme et le droit humanitaire sont: a) le génocide, b) les crimes contre l'humanité », I.Y.B.H.R., *op. cit.*, p. 194.

personnes en Irlande du Nord, et au sujet desquelles il a allégué la violation de l'article 2, la Commission déclara néanmoins l'affaire irrecevable quant aux griefs fondés sur l'article 2 [1].

Dans la deuxième, celle de Chypre, le gouvernement chypriote, se référant à l'invasion de son territoire par l'armée turque, faisait état de violations du droit à la vie par la Turquie. La Commission européenne, considérant que le gouvernement chypriote avait fourni des précisions suffisantes sur les violations alléguées (y compris le droit à la vie), déclara la requête recevable [2].

En ce qui concerne les restrictions de la Convention prévues aux paragraphes 1 et 2 de l'article 2, la Commission a considéré que la violation du droit à la vie n'était justifiée par aucune de ces exceptions [3]. La Commission a notamment examiné la question de savoir si ces violations avaient constitué des «actes licites de guerre» conformément à l'article 15, paragraphe 2. Elle s'est référée alors aux Conventions de Genève pour considérer que le meurtre de civils constituait également un acte illicite de guerre et par conséquent représentait de même une violation de la Convention européenne.

Enfin, la Commission européenne des droits de l'homme, le 11 juillet 1978, a déclaré recevable une nouvelle requête introduite par le gouvernement chypriote contre la Turquie, requête qui fait état d'autres violations de la Convention européenne par l'armée turque, notamment de violations du droit à la vie. Le rapport sur cette affaire reste confidentiel et nous ne possédons par conséquent pas d'autre information à ce sujet [4].

B. *Le droit à la vie dans le droit humanitaire*

Comme nous l'avons déjà vu, le droit à la vie est aussi un droit fondamental du droit humanitaire applicable dans les conflits armés en ce que tout acte de guerre contre des non-combattants ou des combattants mis hors de combat est interdit. Cette protection n'a rien à voir avec le statut de la personne intéressée, mais uniquement avec le point de savoir si elle prend part aux combats ou non. Cela vaut aussi bien pour les conflits armés internationaux que les conflits armés non internationaux. Il s'agit d'un principe fondamental du droit humanitaire, inscrit dans le droit coutumier,

---

[1] Bilan de la *Convention européenne des droits de l'homme*, 1977, pp. 9-11.

[2] La Commission a entendu plusieurs témoins occulaires et a pris en outre en considération le témoignage de Mme SOULIOTIS, Présidente de la Croix-Rouge chypriote, ainsi que les procédures concernant la même question entamées devant les Nations Unies. Voir paragraphes 319-349 du Rapport.

[3] « Rien n'indique que ces cas de non-respect du droit à la vie aient été justifiés en vertu des paragraphes 1 ou 2 de l'art. 2 ». *Rapport, op. cit.* paragraphe 355.

[4] Communiqué de la Commission européenne des droits de l'homme du 11 juillet 1978, reproduit dans le journal « Le Monde » du 13 juillet 1978, p. 5.

puis dans le droit classique de la guerre, et enfin dans les Conventions de Genève et les Protocoles additionnels [1].

En ce qui concerne les personnes au pouvoir de l'ennemi, sans doute faut-il distinguer entre conflits armés internationaux et conflits armés non internationaux.

a) *Dans les conflits armés internationaux*, le Protocole I étend la protection de la vie à toutes les catégories de personnes protégées par les Conventions de Genève et par le Protocole I lui-même, ainsi qu'à des personnes qui ne sont pas protégées par les Conventions de Genève comme p. ex. les combattants, espions, etc., à qui le Protocole offre un minimum de protection. L'article 75 de ce dernier stipule que les personnes « qui ne bénéficient pas d'un traitement plus favorable en vertu des Conventions et du Protocole seront traitées avec humanité en toutes circonstances ». Cette protection est complétée par l'affirmation du paragraphe 2, alinéa a): « les atteintes portées à la vie, à la santé et au bien-être physique ou mental sont et demeurent prohibées en tout temps et en tout lieu... » [2].

En ce qui concerne la peine de mort, elle est permise à l'égard des prisonniers de guerre pour des actes expressément réprimés par la législation de la Puissance détentrice ou par le droit international et qui prévoient la peine de mort (article 99). Dans le cadre de l'article 100 de la IIIe Convention en particulier, le tribunal doit voir son attention spécialement attirée sur le fait que le prévenu n'est pas un ressortissant de la Puissance détentrice, qu'il n'est donc lié à elle par aucun devoir de fidélité et qu'il se trouve en son pouvoir à la suite de circonstances indépendantes de sa propre volonté. En outre, selon l'article 101, le jugement ne sera pas exécuté avant l'expiration d'un délai d'au moins six mois à partir du moment où la Puissance protectrice a été informée de la condamnation, conformément à l'article 107 de la même Convention.

Dans les territoires occupés, la peine de mort peut être infligée, d'après l'article 68, par. a, à des personnes protégées dans les cas où celles-ci sont reconnues coupables d'actes d'espionnage, d'actes graves de sabotage des installations militaires de la Puissance occupante ou d'infractions intentionnelles qui ont causé la mort d'une ou de plusieurs personnes et à condition que la législation du territoire occupé, en vigueur avant le début de l'occupation, prévoie la peine de mort dans de tels cas.

Enfin, le Protocole I étend l'interdiction de la peine de mort aux femmes enceintes (art. 76, par. 3) et aux jeunes gens (art. 77, par. 5).

---

[1] Pictet, « Le droit humanitaire et la protection des victimes de la guerre », *op. cit.*, p. 35.

[2] L'article 13 de la IVe Convention stipule aussi que les dispositions du Titre II relatives à la protection générale des populations contre certains effets de la guerre visent toute la population sans distinction de race, de nationalité, de religion ou d'opinions politiques. Pour les deux premières Conventions, l'article 12 commun prévoit que les blessés, malades et naufragés devront être respectés et protégés en toutes circonstances. Est strictement interdite toute atteinte à leur vie et à leur personne.

b) *Dans les conflits armés non internationaux.* Ici aussi nous revenons à ce que nous avons dit plus haut en ce qui concerne le droit à la vie qui, étant garanti dans le droit humanitaire aux seules personnes qui ne prennent pas part aux combats, indépendamment de leur statut, la solution est identique pour le conflit armé international comme pour le conflit armé non international.

En revanche, en ce qui concerne les personnes au pouvoir de l'ennemi, sans doute faut-il distinguer entre les deux catégories de conflits armés. L'article 3 commun, seule disposition des quatre Conventions de Genève à concerner les conflits armés non internationaux, interdit les atteintes portées à la vie en tout temps et en tout lieu sans pour autant stipuler quoi que ce soit à propos des condamnations à mort et de leurs limites.

Le Protocole II, plus complet dans ses dispositions matérielles, s'inspire directement des dispositions analogues du Pacte II des Nations Unies en interdisant les atteintes portées à la vie en tout temps et en tout lieu non seulement à l'encontre des personnes ennemies, mais de toute la population en général tant qu'elle ne participe pas directement ou ne participe plus aux hostilités [1]. Cette protection générale de toutes les personnes se rapproche des dispositions analogues des conventions des droits de l'homme, notamment de l'article 2 de la Convention européenne.

En outre, une protection spéciale est prévue pour les personnes privées de liberté dans les articles 5 et 6 du même Protocole, spécialement pour les femmes enceintes et les mères d'enfants en bas âge, contre lesquelles l'exécution de la sentence de la peine de mort est interdite. En ce qui concerne enfin les enfants âgés de moins de 18 ans, la prononciation de la peine de mort est purement et simplement interdite, tandis que dans le Protocole I, elle est en principe permise.

Si l'on veut comparer enfin la protection du droit à la vie dans les nouveaux Protocoles de Genève par rapport aux Conventions de 1949, on ne peut que constater un progrès considérable dans la mesure où l'article 75 du Protocole I prévoit que ce droit est une garantie fondamentale pour toutes les personnes qui sont au pouvoir d'une Partie au conflit, même si elles ne font pas partie des catégories de personnes protégées par les Conventions de Genève. Or, pour ces personnes, une protection minimale est prévue, ce qui en pratique signifie que l'article 75 protège les personnes qui ne sont pas protégées par les Conventions de Genève.

Cette disposition, qui couvre à la fois les ennemis et les propres ressortissants de l'Etat, ainsi que les catégories de personnes qui ne sont pas couvertes par le droit humanitaire, se rapproche de la philosophie de la protection des droits de l'homme, qui visent toutes les personnes sans aucune distinction d'aucune sorte.

---

[1] Article 4, « Garanties fondamentales ».

En conclusion on peut dire que l'affirmation qui sert en même temps d'argument pour démontrer « l'incompatibilité » des droits de l'homme avec le droit humanitaire qui dit que le premier droit de l'homme est le droit à la vie et le premier droit que reconnaît le droit de la guerre est le droit de tuer est sans fondement [1]. Faisant abstraction de toute considération philosophique et historique, cette affirmation, du point de vue juridique, n'est pas valable pour les raisons que nous venons de voir: le droit à la vie n'est pas un droit absolu et il est limité par le droit pénal et par le droit public (maintien de l'ordre) d'une part, et par le droit humanitaire des conflits armés d'autre part. Le droit à la vie peut se trouver en contradiction avec les exigences du maintien de l'ordre public en temps de paix, et avec les nécessités militaires en temps de guerre. Sa limitation devient alors licite pour autant que ces situations l'exigent et qu'elle soit prévue par le droit national ou international. Ainsi, la Convention européenne dispose que la mort peut être prononcée en exécution d'une sentence capitale prononcée par un tribunal au cas où le délit est puni de cette peine par la loi.

Le contenu du droit à la vie, en tant que droit de l'homme, est très difficile à définir, ne serait-ce que parce que la notion de « vie » est difficile à saisir. Il n'est toutefois pas dans notre propos d'analyser ce droit, car ce qui nous intéresse et que nous avons montré, est son caractère irréductible et ce qui fait l'identité de son contenu en temps de paix et en temps de conflit armé. Cependant, les limitations relevées plus haut démontrent que le droit à la vie n'est pas juridiquement un droit absolu de l'homme, du moment que la Convention européenne dispose qu'en cas de guerre, une dérogation est permise à l'article 2 (droit à la vie), « pour le cas de décès résultant d'actes licites de guerre ». Or le droit humanitaire interdit toute atteinte à la vie d'une personne qui ne porte pas ou plus les armes ou qui est mise hors de combat. Toute atteinte à la vie d'une personne — militaire ou civile — qui ne combat pas est donc interdite aussi bien par les droits de l'homme que par le droit humanitaire.

Il y a par conséquent identité complète de réglementation due au fait que l'article 15, paragraphe 2, renvoie en l'occurrence au droit de la guerre (et donc au droit humanitaire), qui seul peut dire ce qui est un acte licite de guerre.

Section 2. L'interdiction de la torture et des peines inhumaines et dégradantes

La protection contre la torture et les peines inhumaines et dégradantes, énoncée de même dans la plupart des constitutions des pays européens et

[1] Draper, « The relationship between the regime of human rights and the law of armed conflicts », in Institut international des droits de l'homme, *Résumé des cours, 1974*, Strasbourg.

d'un grand nombre de pays membres de l'Organisation des Nations Unies, est consacrée dans les articles 3 de la Convention européenne, 7 du Pacte II et 5, par. 1, de la Convention américaine. Ces textes sont inspirés de l'article 5 de la Déclaration universelle.

A. *L'interdiction de la torture et des peines inhumaines et dégradantes dans les droits de l'homme*

Les trois conventions générales relatives aux droits de l'homme prohibent en termes absolus la torture et les traitements inhumains et dégradants, quels qu'aient été les agissements des personnes qui en sont victimes. Les dispositions y relatives ne prévoient pas de restrictions, ce qui est en contraste avec la majorité des clauses normatives de ces instruments.

En ce qui concerne l'article 3 de la Convention européenne, elle est, avec l'interdiction de l'esclavage et de la servitude, la seule des dispositions réservées de l'article 15 de la Convention européenne qui n'autorise aucune restriction. Cela démontre le caractère absolument fondamental de cette norme, ce qui est corroboré par le fait qu'aucune restriction n'est non plus permise pour les clauses analogues dans le droit humanitaire.

Aucun motif ne peut donc être invoqué pour justifier une limitation au plein exercice et au respect entier de ce droit. Cependant, l'imprécision du contenu de la norme, et notamment la difficulté de délimiter la notion de torture par rapport à celle de traitements inhumains, peut porter atteinte à son application. Ainsi, dans l'affaire irlandaise, la majorité de la Cour a considéré dans son arrêt que l'emploi d'un certain nombre de « techniques » d'interrogatoire par les autorités britanniques [1] constituaient une pratique de traitements inhumains et non de torture au sens de l'article 3, alors que la Commission y avait vu une pratique de torture.

La Cour a en effet estimé que l'intensité et la gravité des actes étaient les éléments déterminants de la torture. La Commission pour sa part s'était appuyée aussi sur l'élément de la gravité, mais avait apprécié différemment

---

[1] Douze personnes arrêtées par les autorités britanniques le 9 août 1971 et deux personnes appréhendées en octobre 1971 furent selectionnées et emmenées dans un ou des centres non identifiés. Elles y subirent du 11 au 17 août et du 11 au 18 octobre respectivement un type d'interrogatoire « poussé » comprenant l'application cumulative de cinq techniques particulières: a) *station debout contre un mur :* (« stress position ») elles ont dû se tenir bras et jambes écartés, contre un mur, les doigts s'y appuyant bien au dessus de la tête, les pieds en arrière, ce qui les aurait obligées à se dresser sur les orteils, le poids du corps portant sur les doigts pour l'essentiel.

b) *encapuchonnement :* on leur couvrait la tête d'un sac noir ou bleu foncé au moins au début, et elles demeuraient avec en permanence, sauf pendant les interrogatoires.

c) *bruit :* elles se trouvaient dans une pièce où ne cessait de retentir un fort sifflement.

d) *privation de sommeil :* avant les interrogatoires, elles étaient privées de sommeil.

e) *privation de nourriture solide et liquide :* Elles ne recevaient qu'une alimentation restreinte pendant leur séjour au centre et avant les interrogatoires.

les faits. L'arrêt de la Cour définit la torture comme des traitements inhumains délibérés provoquant de fort graves et cruelles souffrances [1].

La Résolution 3452 du 9 décembre 1975 [2] de l'Assemblée générale des Nations Unies, dans ses paragraphes 1 et 2 du premier article, définit la torture comme suit: « ... Torture means any act by which severe pain or suffering, whether physical or mental, is intentionally inflicted by or at the instigation of a public official... » (par. 1), et « Torture constitutes an aggravated and deliberated form of cruel, inhuman or degrading teratment or punishment » (par. 2). La définition donnée par la Cour se rapproche de celle de l'Assemblée générale. La distinction entre la torture et les traitements inhumains apparaît donc dans la graduation de l'intensité des souffrances infligées. Or cette notion donnée par la Cour fut critiquée comme étant très restreinte.[3]

Le juge Evrigenis, dans son opinion séparée à l'arrêt de la Cour, écrit à ce propos que le niveau de souffrance ne doit pas être placé si haut. « J'ose avancer, dit-il, l'hypothèse que si l'article 3 de la Convention se référait uniquement à la notion de la torture, il serait difficile de ne pas admettre que l'emploi combiné des cinq techniques dans le cas d'espèce tomberait sous le coup de cet article. Je ne vois pas pourquoi le résultat pourrait être différent du fait que la Convention condamne non seulement la torture, mais également d'autres catégories d'actes dans le seul but d'élargir la protection de la personne ». « L'interprétation retenue par la Cour en l'espèce semble en outre s'orienter vers une conception de la torture fixée sur des procédés d'infliction de souffrances qui ont déjà été dépassés par l'ingéniosité des mécanismes modernes d'oppression. La torture ne suppose plus nécessairement la violence, notion à laquelle se réfère expressément et de façon générique l'arrêt. Elle peut être pratiquée — en fait elle

---

[1] *Affaire Irlande contre Royaume-Uni :* Arrêt, *op. cit.*, p. 36.

[2] Il s'agit de la « *Déclaration sur la protection de toutes les personnes contre la torture et autres peines ou traitements cruels, inhumains ou dégradants...* », ONU *Recueil d'instruments internationaux*. 1978 p. 76-77.

[3] Les proches parents des trois terroristes allemands Andreas Baader, Jan Carl Raspe et Gudrun Enslin, ont introduit une requête devant la Commission européenne, à la suite de leur suicide dans les cellules de la prison de Stuttgart en octobre 1977. Dans cette requête, les requérants prétendaient que le régime d'isolement qu'ont subi en prison les terroristes, a provoqué leur suicide, constituant ainsi une forme de torture. La Commission dans sa décision sur la recevabilité du 19 juillet 1978, a déclaré la requête irrecevable, en concluant que « rien ne permettait d'affirmer que les trois activistes aient été soumis à la torture par isolement et que rien non plus prouve que le triple suicide commis après l'échec d'un complot... ait été provoqué par de dures conditions d'incarcération. »

Correspondance de presse de Reuters publiée dans les quotidiens genevois *Journal de Genève* et *Le Courrier* du 20 juillet 1978.

On notera qu'une autre requête introduite par les terroristes eux-mêmes devant la Commission européenne en 1973 (Requête nº 6166/73) alléguant des violations des articles 3,6 par. 1,8 par. 1 et 10 par. 1 de la Convention Européenne fut déclarée irrecevable le 30 mai 1975. *Annuaire*, vol. 18 p. 133-147.

est pratiquée — au moyen de techniques subtiles mises au point dans des laboratoires pluridisciplinaires qui se veulent scientifiques »[1].

De son côté, le juge Matscher écrit: « Il est hors de doute... qu'au sens de l'article 3... le traitement infligé à une personne était de nature à provoquer... des souffrances physiques... d'une certaine gravité. Mais je considère l'élément de l'intensité comme étant complémentaire de celui du système: plus la méthode sera étudiée et raffinée, moins les douleurs qu'elle devra provoquer pour atteindre son but seront aiguës... »[2].

Enfin, dans le même sens, d'autres juges ont joint des opinions séparées, comme le juge Zekia[3] et le juge O'Donogue[4]. Pour notre part, nous considérons que les cinq techniques, même si elles ne provoquent pas chez les victimes des souffrances physiques d'une certaine gravité, constituent cependans des pratiques de torture au sens de l'article 3 de la Convention européenne[5].

L'article 3 fut invoqué à maintes reprises dans le cadre de la jurisprudence des organes de la Convention européenne en relation avec les situations de troubles intérieurs ou de conflits armés mentionnés plus haut.

Dans la première affaire de Chypre, le gouvernement grec allégua devant la Commission européenne l'incompatibilité avec l'article 3 d'une série de lois et règlements mis en vigueur à Chypre par les Britanniques. Il s'agissait de l'imposition de la peine du fouet et de certaines peines collectives, ainsi que de quarante-neuf cas de « torture ou sévices assimilés à la torture ». Après le règlement politique intervenu à Chypre, le Comité des Ministres, sur demande des parties intéressées, décida de considérer l'affaire comme

---

[1] Arrêt, *op. cit.*, p. 118.

[2] Arrêt (supra) *op. cit.*, p. 119.

[3] « I do not share the view that extreme intensity of physical or mental suffering is a requisite for a case of illtreatment to amount to « torture » within the purpose and object of art. 3 of the Convention. The nature of torture admits gradation in its intensity, in its severity and methods adopted. » *Ibid* p. 86.

[4] « Torture is of course a more severe type of inhuman treatment. No amount of careful consideration can alter my opinion that the approach of the Commission was the correct one. Accordingly, I conclude that the combined use of five techniques constitued a practice of inhuman treatment and torture in breach of Art. 3 » *Ibid* p. 91.

[5] Nous ne pouvons pas oublier les propos d'un ami, l'avocat M. Panayotis KANNELAKIS qui, après avoir été privé pendant longtemps de sa liberté, sans jugement aucun et qui a passé la plupart de son incarcération dans les lieux d'interrogatoire des Colonels grecs, a passé ses premières journées de liberté à Genève. Il nous disait que les moments les moins pénibles de sa détention étaient lorsque les policiers en rage les battaient lui et ses compagnons, avec des coups sur la tête et dans l'estomac. Il souffrait beaucoup, disait-il, mais les moments les plus insupportables étaient lorsqu'il devait rester debout dans une chambre sombre pendant de longues heures avec une goutte d'eau qui tombait au dessus de sa tête toutes les minutes. Cette sensation était insupportable. Ce témoignage confirme les opinions minoritaires des membres de la Cour européenne d'après lesquelles la torture n'est pas seulement une forme d'agression physique mais aussi une pratique physiquement moins intense mais mentalement insupportable, mettant la personne physiquement à bout de force.

close [1]. Cette résolution ne résolvait toutefois pas le problème de fond quant aux violations des droits de l'homme. Le Comité des Ministres devait à notre avis, en dépit de l'avis des parties, se prononcer sur cette affaire, car toute solution dans le cadre de la Convention européenne doit être conforme aux dispositions des droits de l'homme. Cette notion apparaît clairement dans l'article 28, paragraphe 2, qui stipule qu'« un règlement amiable doit s'inspirer du respect des droits de l'homme tels que les reconnaît la présente Convention ».

L'article 3 fut également évoqué dans l'affaire grecque, où la Commission, constatant la violation de cette disposition par le régime des colonels, en donnera l'interprétation suivante: « It is plain that there may be treatment to which all these descriptions apply, for all torture must be inhuman and degrading treatment, and inhuman treatment also degrading. The notion of inhuman treatment covers at least such treatment as deliberately causes severe suffering, mental or physical, which, in the particular situation, is unjustifiable. The word « torture » is often used to describe inhuman treatment, which has a purpose, such as the obtaining of information or confessions, or the infliction of punishment, and it is generally an aggravated form of inhuman treatment. Treatment or punishment of an individual may be said to be degrading if it grossly humiliates him before others or drives him to act against his will or conscience » [2].

Dans la dernière affaire de Chypre contre la Turquie [3], le gouvernement requérant a allégué que des centaines de personnes, y compris des enfants, des femmes et des personnes âgées, furent victimes de tortures et de « sauvages » humiliations au cours de l'invasion de l'île par l'armée turque et au cours de leur détention. La Commission, après avoir examiné les témoignages, affirme que les éléments de preuve recueillis permettent d'établir que, dans un très grand nombre des cas, des prisonniers (détenus par les Turcs) ont été sévèrement battus ou ont fait l'objet de sévices de la part des soldats turcs. En conséquence, la Commission, par douze voix contre une (celle de la Turquie), a conclu comme suit: « Le témoignage de M. Pirkettis et celui du docteur Hadjikakou suffisent à montrer que dans un certain nombre de cas des prisonniers ont subi des sévices de la part de soldats turcs. Ces sévices ont entraîné de graves blessures et, au moins dans un cas décrit par le docteur Hadjikakou, la mort de la victime. Du fait de leur

---

[1] *Annuaire*, volume II p. 187.

[2] *The Greek case*, Annuaire, *op. cit.*, p. 186.

[3] La publication officielle d'un rapport de la Commission fut décidée par le Comité des Ministres, constituant ainsi une forme de sanction. Cependant, suite à des fuites, le rapport de la Commission européenne sur l'affaire de Chypre fut publié en grec par le journal KATHIMERINI du 3-7 mai 1978, et en anglais par THE BRITISH COMMITTEE OF THE FRIENDS OF CYPRUS.

gravité, ils constituent des « traitements inhumains » au sens de l'article 3 de la Convention, traitements qui doivent être imputés à la Turquie » [1].

Il est sans doute vrai que la forme la plus grave de traitements inhumains et dégradants est la torture au sens large du terme, c'est-à-dire la pratique qui provoque des souffrances soit par son intensité, soit par les méthodes utilisées. C'est pour cette raison qu'actuellement des travaux sont en cours pour la conclusion d'une convention qui non seulement interdirait la torture, mais prévoirait de plus des mesures pour empêcher qu'elle se produise. Dans cette optique, une « Conférence d'experts sur les conventions internationales contre la torture » s'est réunie à Saint-Gall (Suisse) du 29 juin au 1er juillet 1978. Au cours de cette réunion, trois projets furent examinés:

a) *Le projet suédois*, qui proposait une convention dans le cadre des Nations Unies, avec de faibles moyens de contrôle, se basant sur le système des rapports. Cependant, la possibilité d'une enquête était aussi envisagée sous certaines conditions.

b) *Le projet Gautier*, d'inspiration genevoise, qui proposait une convention limitée à quelques Etats avec un mécanisme de contrôle préventif et correctif basé sur une commission qui serait habilitée à visiter les lieux de détention. Cependant, ce projet était très faible quant à son contenu normatif dans la mesure où il ne définissait pas la torture ni n'énumérait les mesures à prendre pour la réprimer.

c) *Le projet de la Commission internationale de Juristes*, qui proposait une procédure de contrôle au sein de l'Organisation des Nations Unies pour réprimer la torture.

Ces projets montrent l'importance qu'attache la communauté internationale au problème de l'interdiction des traitements cruels et dégradants, et surtout à la torture, et soulignent en outre le caractère inconditionnel et général de l'interdiction.

B. *L'interdiction de la torture et des traitements cruels, humiliants et dégradants dans le droit humanitaire*

Dans le droit humanitaire, les mêmes dispositions des Conventions de Genève et des Protocoles traitent à la fois du droit à la vie, de l'interdiction des traitements inhumains et cruels, ainsi que des droits judiciaires de la personne pendant un conflit armé.

L'inclusion de l'interdiction de la torture et des traitements similaires dans le droit humanitaire est, comme dans les droits de l'homme, caractérisée par la nature fondamentale de ce droit, auquel aucune restriction n'est autorisée.

---

[1] *Chypre contre Turquie*, Rapport de la Commission, *op. cit.*, p. 132.

Ainsi, comme l'indique l'article 3 de la « Déclaration des Nations Unies sur la protection de toutes les personnes contre la torture et autres traitements cruels, inhumains ou dégradants »: « Aucun Etat ne peut autoriser ou tolérer la torture ou autres peines ou traitements cruels, inhumains ou dégradants. Des circonstances exceptionnelles telles qu'un état de guerre ou une menace de guerre l'instabilité politique intérieure ou tout autre état d'exception, ne peuvent être invoquées pour justifier la torture et autres peines ou traitements cruels, inhumains ou dégradants » [1].

Cette résolution dans son ensemble se place *ratione temporis* aussi bien en période de paix qu'en période de conflit armé, et il vise un ensemble de règles minima de traitement applicable à toutes les personnes privées de liberté. Cela ressort clairement du dernier alinéa de la résolution, qui stipule que le texte en annexe [2] est « un principe directeur à l'intention de *tous les Etats et* autres autorités exerçant un pouvoir effectif » (par exemple en cas d'occupation).

a) *Dans les conflits armés internationaux*

En ce qui concerne les conflits armés internationaux, l'interdiction de la torture et des mauvais traitements est répétée à propos de toute catégorie de personne protégées. Les Conventions de Genève la stipulent en ce qui concerne les personnes ayant droit au statut de prisonnier de guerre [3].

Aux termes de l'article 13 de la IIIe Convention, « aucun prisonnier de guerre ne pourra être soumis à une mutilation physique ou à une expérience médicale ou scientifique de quelque nature qu'elle soit, si elle n'est pas justifiée par le traitement médical... Plus spécifiquement, l'article 17, paragraphe 4, de la même Convention accorde une protection double et spécifique aux prisonniers contre toute atteinte physique au cours de l'interrogatoire. Aux termes de cet article, aucune torture physique ou morale ni aucune contrainte ne pourra être exercée sur les prisonniers de guerre pour obtenir d'eux des renseignements... » C'est de cette disposition que M. Meyrowitz dit qu'elle introduit « un lien d'allégeance du prisonnier envers son Etat », ce qui, selon lui, la priverait de tout caractère humanitaire [4].

La protection de la population civile dans la IVe Convention de Genève contre les traitements cruels et inhumains est expressément énoncée dans la Section I du Titre III, qui est consacrée au traitement des personnes sur

---

[1] Recueil d'instruments, *op. cit.*, p. 76.

[2] La déclaration figure en annexe à la résolution.

[3] Article 12 commun aux deux premières Conventions, articles 13 et 17 de la IIIe, et article 10 du Protocole I. Article 12: « ... est strictement interdit... de les soumettre à la torture, d'effectuer sur eux des expériences biologiques ou de les laisser de façon préméditée sans secours médical ou sans soins, ou de les exposer à des risques de contagion ou d'infection créés à cet effet ».

[4] Voir plus haut nos propres considérations à ce sujet, p. 103.

les territoires des Parties au conflit et sur les territoires occupés (particulièrement à l'article 32).

Enfin, le Protocole I étend l'interdiction de la torture à toutes les personnes au pouvoir de l'une des Parties au conflit et qui ne bénéficient pas d'un traitement plus favorable en vertu des Conventions ou du Protocole I, ce qui comprend les nationaux [1]. L'article 75 interdit en effet expressément « la torture sous toutes ses formes, qu'elle soit physique ou morale », « les peines corporelles », « les traitements humiliants et dégradants » et « la menace de commettre un quelconque » des actes précités [2].

b) *Dans les conflits armés non internationaux*

En ce qui concerne les conflits armés non internationaux, l'article 3 commun aux quatre Conventions de 1949 interdit « en tout temps et en tout lieu... les atteintes portées à la vie et à l'intégrité corporelle,... les traitements cruels, tortures et supplices ». De même, sont interdites « les atteintes à la dignité des personnes, notamment les traitements humiliants et dégradants ».

Ces interdictions sont répétées dans le Protocole II à l'article 4, bien que les dispositions de l'article 3 commun aux quatre Conventions continuent à être valables dans le cadre des conflits visés par ledit Protocole.

En conclusion on peut affirmer que la notion de torture est la même dans le droit humanitaire et dans les droits de l'homme, comme il ressort de la comparaison faite ci-dessus. Ce n'est pas par hasard que la Déclaration universelle des droits de l'homme a prévu à son article 5 l'interdiction de la torture et des peines ou traitements cruels, inhumains ou dégradants, et que quelques mois plus tard seulement, la Conférence internationale de la Croix-Rouge tenue à Stockholm en juillet-août 1948 adoptait, sur proposition du C.I.C.R., le texte suivant: « La torture et les peines corporelles sont interdites » [3].

Cette disposition deviendra pour la première fois du droit positif avec l'adoption en 1949 des quatre Conventions de Genève, qui toutes les quatre interdisent expressément la torture. On remarquera ici que la IVe Convention, dans son article 32, introduit l'interdiction la plus complète du point de vue normatif.

Ce qui séparait alors le droit humanitaire des conventions des droits de l'homme adoptées postérieurement n'était pas la notion même de l'interdiction de la torture et des traitements similaires, mais les destinataires de ces règles. Le droit humanitaire visait les non-ressortissants seulement, alors

---

[1] L'article 11 du même Protocole concerne seulement la catégorie des personnes blessées, malades et naufragées.

[2] Une protection analogue spéciale est accordée aux femmes (article 76) et aux enfants (article 77).

[3] Coursier, « L'interdiction de la torture », *C.I.C.R.*, 1971, p. 545. (Article reproduit de la *R.I.C.R.*, 1952, pp. 365-380.)

que les droits de l'homme visent toute la population. Seul l'article 3 commun avait franchi cette barrière de « relation ennemie », à cause bien entendu de la nature du conflit visé. La limitation du droit humanitaire des conflits armés internationaux quant aux personnes protégées soulignait la nécessité de l'élaboration des conventions des droits de l'homme qui, dans cette mesure, comblèrent les lacunes du droit humanitaire.

De nos jours, la situation s'est transformée pour le droit humanitaire puisque le Protocole additionnel I, dans son article 75, se rattache à la conception des droits de l'homme en couvrant toute la population qui se trouve au pouvoir de l'ennemi, y compris les propres nationaux de ce dernier. Ainsi, l'interdiction de la torture et des traitements similaires devient désormais non pas seulement un droit fondamental au contenu identique en période de paix et en période de conflit armé sans aucune autorisation de restriction, mais de plus, dans ces deux types de situations, les mêmes personnes jouissent de la protection de cette interdiction sans aucune discrimination.

Section 3. Garanties judiciaires

La garantie des droits judiciaires, en un mot, concerne le droit à un procès équitable. Elle est prévue à l'article 6 de la Convention européenne, l'article 14 du Pacte II et l'article 8 de la Convention américaine.

Le texte de ces conventions est inspiré de l'article 10 de la Déclaration universelle [1]. Une disposition analogue apparaît déjà dans la Déclaration française des droits de l'homme et du citoyen [2]. Mais les vraies racines de ce droit se trouvent dans la notion anglo-saxonne du « right to a fair trial » incorporé dans la *Magna Carta.*

L'article 6 de la Convention européenne, qui de son côté a inspiré d'autres textes [3], n'est pas réservé dans la clause de dérogation prévue à l'article 15, ni dans l'article 27 de la Convention américaine, ni dans l'article 4 du Pacte international II, de l'ONU.

Cependant, en période d'exception, le réalisme prouve que la notion de « procès équitable » prend toute sa valeur du fait que, dans de telles situations, les garanties judiciaires sont les plus bafouées et la notion d'une justice indépendante — qui est le fondement même du droit à un procès équitable — est presque inexistante.

---

[1] « Toute personne a droit en pleine égalité, à ce que sa cause soit entendue équitablement et publiquement par un tribunal indépendant et impartial, qui décidera, soit ses droits et obligations, soit du bien fondé de toute accusation en matière pénale dirigée contre elle. »

[2] Article 7.

[3] Les articles 12-30 de la Constitution de la République de Chypre reprennent *grosso modo* les termes de cet article.

Ce droit est, de même, fondamental en période de paix puisque son application est presque toujours liée au droit à la liberté et à la sûreté prévu à l'article 5 de la Convention européenne [1]. C'est-à-dire que le non rsepect des garanties judiciaires au sens large aboutit soit à des arrestations arbitraires, soit à des détentions illégales et prolongées. Or, c'est la restriction de la liberté qui est visée.

Toute forme de détention — même régulière — constitue en soi une restriction du droit fondamental de la personne humaine à la liberté. Si le droit international admet une telle restriction à cette liberté fondamentale, il détermine d'une manière plus ou moins précise les conditions dans lesquelles une telle restriction peut s'effectuer et les droits que le détenu doit conserver malgré tout, précisément du fait de cette restriction [2].

A. *Les garanties judiciaires dans les droits de l'homme*

Les garanties judiciaires dans les droits de l'homme concernent aussi bien les affaires pénales que les affaires civiles, mais surtout en fait les affaires pénales. Ce sont ces dernières qui nous intéressent ici. Nous allons donc examiner les dispositions pertinentes de la Convention européenne des droits de l'homme (article 6), en raison particulièrement de la jurisprudence abondante qui existe à ce sujet. Cependant, l'article 7 de cette Convention, qui interdit les peines pénales rétroactives, sera également pris en considération étant donné son importance capitale.

Le premier paragraphe de l'article 6 de la Convention européenne contient la « clause générale », le deuxième contenant la « présomption d'innocence » et le troisième les « droits de la défense » [3].

D'après la jurisprudence des organes de la Convention européenne, les éléments de la notion de « procès équitable » sont: *a)* « l'égalité des armes » entre les parties; *b)* l'indépendance et l'impartialité du tribunal et *c)* le délai raisonnable [4]. De la même notion découle aussi le droit « d'être entendu », que le Tribunal fédéral suisse a considéré comme étant un droit naturel et primordial existant en dehors de toute prescription légale expresse et décou-

---

[1] D'ailleurs, dans la jurisprudence européenne, les affaires traitées concernent presque toujours les deux articles pris ensemble, c'est-à-dire l'art. 5 relatif à la liberté et la sûreté et l'art. 6 relatif aux garanties judiciaires.

[2] Knittel, « La protection du détenu en droit international des droits de l'homme ». Cours donné à l'Institut international des droits de l'homme. *Résumé des cours*, Strasbourg, 1976, p. F/hk5.

[3] Robertson, *op. cit.*, p. 60.

[4] Cette liste n'est pas exhaustive et d'autres éléments peuvent intervenir dans cette vaste notion. Par exemple, dans l'affaire Autriche contre Italie, le requérant a fait valoir à propos de cette notion que, dans le procès qui a abouti à la condamnation de six jeunes gens pour le meurtre d'un douanier italien dans la partie germanophone du Tyrol du sud — Haut Adige, « l'atmosphère ne pouvait pas rester sans influence sur les jurés, en majorité d'allégeance ethnique italienne ». Antonopoulos, *op. cit.*, p. 124.

lant du principe fondamental de l'égalité devant la loi, formulé par l'article 4 de la Constitution fédérale [1].

« L'égalité des armes » et le « droit d'accès devant les tribunaux » sont, d'après la Cour européenne, des « éléments inhérents au droit qu'énonce l'article 6, paragraphe 1 » [2].

La notion de « procès équitable », aux termes de l'article 6, paragraphe 1, n'inclut pas le principe *non bis in idem*, ainsi que la Commission et la Cour européennes l'ont constaté. La Commission a toutefois proposé l'inclusion de ce principe dans un Protocole [3].

De nombreuses affaires ont été introduites devant la Commission européenne à propos de l'article 6:

a) Tout d'abord une série d'affaires analogues, parmi lesquelles les plus importantes furent les *affaires Pataki et Dunshirn contre l'Autriche* [4]. Dans ces affaires, les requérants alléguaient que la procédure devant la Cour des appels criminels, selon le code de procédure pénale autrichien, violait le droit à un « procès équitable », les requérants n'ayant pas été autorisés à se faire représenter lors des débats à huis clos auxquels participait le ministère public. La Commission dans son rapport du 28 mars 1963 a estimé que cette procédure n'était pas conforme à l'article 6, car le principe de « l'égalité des armes », c'est-à-dire l'égalité entre la position de l'appelant et celle du Procureur général devait être assurée. Toutefois de nouvelles dispositions législatives ayant été adoptées, la Commission proposa qu'il ne soit pas donné suite à ces affaires et le Comité des Ministres prit une décision définitive dans le même sens [5].

b) Une autre affaire qui offre une interprétation de l'article 6 et notamment de l'exigence du « délai raisonnable » est l'*affaire HUBER* contre l'Autriche [6]. Dans cette affaire le requérant M. Herbert Huber — qui avait été un co-accusé avec MM. Neumeister et Rafaël [7] —, s'étant enfui en Suisse, fut libéré pour raisons de santé, puis arrêté de nouveau et libéré une fois encore; il fut ensuite extradé en Autriche en septembre 1962, à la

---

[1] Cf. PONCET, *La protection de l'accusé par la Convention européenne des droits de l'homme*, Genève, Georg, 1977, p. 27, n. 73.

[2] « Affaire Golder », *Publications de la Cour*, nº 18, série A, p. 18.

[3] XVIe Rapport du Comité des Ministres à l'Assemblée consultative, 1965, Chap. 9, p. 76.

[4] Requêtes nº 596/59 et 789/60, jointes par ordonnance du 15 mars 1961.

[5] Bilan, *op. cit.*, p. 14.

[6] Requête nº 4517/70.

[7] Ces deux derniers ont aussi introduit des requêtes (1936/63, 2424/65) pour les mêmes motifs. La requête de M. Rafaël a été déclarée irrecevable le 24 mai 1966 par la Commission pour abus du droit de requête.

Celle de M. Neumeister a été déclarée recevable quant aux griefs tirés des art. 5 et 6. La Cour Européenne a été saisie de cette affaire et a rendu son arrêt le 27 juin 1968. Elle a jugé qu'il y avait eu violation de l'art. 5 par. 3 de la convention, mais non de l'art. 5 par. 4 ni de l'art. 6 par. 1. *Arrêt* série A, nº 8 et 17, 1968.

suite d'une demande d'extradition du gouvernement autrichien. M. Huber faisait l'objet de poursuites pénales en Autriche pour avoir escroqué l'Etat autrichien, entre 1952 et 1958, en obtenant frauduleusement le remboursement de l'impôt sur le chiffre d'affaires dont le but est d'encourager les exportations (Umsatzsteuerrückvergütung). M. Huber introduisit une requête devant la Commission européenne en alléguant la violation des articles 5 et 6. La Commission, le 14 juillet 1971, déclara recevable une partie de la requête, c'est-à-dire le grief relatif à la violation de l'article 6 par. 1 concernant la durée des procédures pénales. En fait deux questions se posaient:

1) A quelle période s'applique l'exigence d'un délai raisonnable stipulée à l'article 6 par. 1 de la convention ?

2) La période ainsi déterminée peut-elle ou non être considérée comme d'une durée raisonnable, compte tenu des circonstances particulières [1] ?

Pour la première question, la Commission a tenu compte des arrêts rendus dans les affaires Wemhoff, Neumeister et Ringeisen [2]. D'après cette jurisprudence, la période à prendre en considération commence au moment où la personne est accusée et pour déterminer cette date, il convient de tenir compte des circonstances particulières de l'affaire. Le point de départ de la procédure peut se situer à trois niveaux: *à la date d'arrestation, à la date de l'ouverture de l'instruction* ou *à la date du dépôt de l'acte d'accusation.* La Commission était de l'avis qu'il faut faire preuve de souplesse et dans son rapport sur l'affaire Neumeister, elle estimait que « ce moment est celui où les soupçons dont l'intéressé était l'objet ont eu des répercussions importantes sur sa situation » [3].

Quant à la deuxième question, la Commission s'en est tenue à la jurisprudence selon laquelle, dans une procédure pénale, le problème du délai raisonnable doit être tranché en tenant compte:

— de la complexité de l'affaire,

— de la manière dont l'affaire a été traitée par les autorités judiciaires,

— de la conduite du requérant [4].

---

[1] Par ex. la complexité de l'affaire, la manière d'après laquelle l'affaire a été menée par les autorités judiciaires, la conduite du requérant.

[2] Affaires Wemhoff et Neumeister, arrêts du 27 juin 1968. Série A, n°s 7, 8 et 17. — Affaire Ringeisen, arrêt du 16 juillet 1971, *Série A*, n°s 13, 15 et 16. La Commission s'en est tenue aux considérations de son rapport du 3 février 1970 dans l'affaire Soltikow, confirmé par la Résolution du Comité des Ministres en date du 19 février 1971.

[3] Affaire « Neumeister », Publications de la Cour, Série B, p. 81.

Cette affirmation s'appliquait difficilement dans l'affaire Huber, du moment que les affaires du requérant avaient fait objet d'une enquête des autorités fiscales avant même l'ouverture de l'instruction préparatoire.

[4] La Commission estime dans son rapport qu'aucun de ces éléments n'est décisif par lui-même, mais que ceux-ci constituent des facteurs à titre d'exemple.

En conclusion, la Commission a considéré que le délai écoulé de douze ans — qui se montait à douze ans, du moment de l'ouverture de l'instruction à l'arrêt de la Cour suprême, — n'était pas raisonnable et qu'il y avait donc eu en l'espèce violation de l'article 6, paragraphe 1, de la Convention [1]. Le rapport ayant été transmis au Comité des Ministres, ce dernier put seulement décider « qu'il n'y a pas lieu de donner d'autres suites à la présente affaire », car le vote n'avait pas permis de dégager la majorité des deux tiers nécessaire pour prendre une décision sur le fond [2].

c) Une autre affaire portée devant la Commission et jugée par la Cour européenne, l'affaire Engel et autres, a donné aux organes de la Convention européenne l'occasion d'interpréter l'article 6, de statuer sur son applicabilité, ainsi que sur celle de la Convention aux forces armées.

Cette affaire présente un intérêt particulier pour notre étude générale dans la mesure où elle traite d'un problème relevant « de situations particulières » comme le service militaire. Par ailleurs, l'importance de cette affaire réside dans le fait que la jurisprudence, une fois de plus, a établi une distinction entre « accusation en matière pénale » et accusation « de caractère purement disciplinaire », les règles relatives au procès équitable (et aux droits de la défense) ne s'appliquant qu'au premier cas [3].

L'affaire Engel et autres concerne cinq requêtes qui ont été introduites devant la Commission européenne de mai à décembre 1971 [4] par cinq ressortissants néerlandais accomplissant leur service militaire comme sous-officiers [5]. Ils furent punis chacun par leur commandant respectif pour infractions à la discipline militaire. Les punitions consistèrent en plusieurs jours d'arrêts légers, d'arrêts aggravés, d'arrêts de rigueur ou d'affectation à une compagnie disciplinaire. Chacun des requérants se plaignit à l'officier de recours, puis devant la Haute Cour militaire, qui confirma en substance les décisions attaquées.

---

[1] *Annuaire*, vol. 18, pp. 327-385, p. 385.

[2] *Annuaire*, vol. 18, pp. 324-326, p. 326.

[3] « La notion de procès équitable s'applique seulement dans les cas de contestation sur les « droits civils » et « obligations de caractère civil » ainsi que dans les cas d'accusation en matière pénale. Le problème de l'application de cette notion dans des procédures administratives chargées d'exercer des fonctions juridictionnelles est controversée. Cette notion ne trouve aucune place dans le procès disciplinaire. »

Voir Antonopoulos, *op. cit.*, p. 122-129. Poncet, *op. cit.*, p. 32-34, Castberg, *The European Convention on human rights*, Leyden, 1974, p. 112-114.

Pendant les travaux préparatoires du Pacte II, des discussions eurent lieu sur l'art. 14 du Pacte qui a le même contenu que l'art. 6 de la Convention européenne. Les Etats Unis proposèrent d'utiliser l'expression « in a civil suite », « apparently intending to exclude various matters such as those connected with military service and taxation » qui constituent des procédures administratives. Après une intervention du Président Cassin, on accepta d'utiliser la forme de « in a suit at law », en français « ses droits et obligations civiles ».

[4] Requêtes n° 5100-2/71, 5354/72, 5370/72.

[5] MM. Engel, Van der Wiel, de Wit, Dona et Schul.

Les requérants soutenaient entre autres que la procédure suivie devant les autorités militaires et la Haute Cour militaire n'avait pas répondu aux exigences de l'article 6. La Commission, dans son rapport, estima cependant que la procédure disciplinaire à laquelle les requérants avaient été soumis ne tombait pas sous le coup de l'article 6 [1]. La Cour européenne, à laquelle l'affaire fut soumise, dans son arrêt du 8 juin 1976, établit une distinction entre « une accusation en matière pénale », à laquelle l'article 6 s'applique, et une accusation « de caractère purement disciplinaire », dans laquelle il faut tenir compte de deux facteurs, à savoir la nature de l'infraction et la sévérité de la peine [2]. La qualification n'est donc pas confiée à la seule appréciation de l'Etat, qui ne peut arbitrairement soustraire une affaire pénale à l'article 6 en la qualifiant de disciplinaire.

Quant à la nature même de l'infraction, la Cour marque son accord avec la thèse du gouvernement néerlandais d'après laquelle l'Etat peut en principe utiliser le droit disciplinaire plutôt que le droit pénal contre un militaire qui se voit reprocher une action ou omission contraire à une norme juridique régissant le fonctionnement des forces armées.

En ce qui concerne le degré de sévérité de la sanction, elle considère qu'une accusation requérant de lourdes peines perd son caractère disciplinaire en ce sens que l'article 6 doit pouvoir s'y appliquer, et elle estime que les accusations portées contre MM. de Wit, Dona et Schul relevaient de la « matière pénale », car elles tendaient à l'infliction de lourdes peines privatives de liberté [3].

Sur l'observation de l'article 6, la Cour a estimé que la Haute Cour militaire constituait « un tribunal indépendant et impartial établi par la loi », qu'elle avait entendu la cause des accusés équitablement et que le délai écoulé entre l'accusation et la décision avait été raisonnable. En revanche, elle a estimé que les débats contradictoires, qui s'étaient déroulés à huis clos, avaient été de ce fait à l'encontre de l'article 6, paragraphe 1, qui impose de manière très générale la publicité de la procédure. Les exceptions à cette règle prévues dans l'article n'ayant pas été invoquées par le gouvernement,

---

[1] Entretemps, en octobre 1971, le Parlement néerlandais avait été saisi d'un projet de loi modifiant la loi sur la discipline militaire, le code pénal militaire et le code de procédure militaire. En janvier 1972, le Ministre néerlandais de la défense, dans une note sur la compatibilité de la Convention européenne avec les règles de discipline militiare, donna l'instruction aux commandants d'unités de ne plus infliger à titre disciplinaire la peine d'affectation à une compagnie disciplinaire ni la dégradation: *Publications de la Cour*. Affaire Engel et autres, *série A* n° 22, p. 35.

[2] Tous les Etats contractants distinguent entre poursuites disciplinaires et poursuites pénales.

[3] « Dans une société attachée à la prééminence du droit, ressortissent à la « matière pénale » les privations de liberté susceptibles d'être infligées à titre répressif, hormis celles qui par leur nature, leur durée ou leurs modalités d'exécution ne sauraient causer un préjudice important. Ainsi le veulent la gravité de l'enjeu, les traditions des Etats contractants et la valeur que la Convention attribue au respect de la liberté physique de la personne. »

la Cour a estimé qu'il ne ressortait pas du dossier que l'on se trouvât en l'occurence dans l'une des situations où il est permis d'interdire l'accès de la salle d'audience à la presse et au public. Sur ce point précis, elle a donc admis qu'il y avait eu violation du paragraphe 1 de l'article 6 [1].

En outre, comme nous l'avons déjà dit, l'affaire Engel et autres présente un intérêt particulier pour notre étude dans la mesure où elle pose le problème de l'applicabilité de la convention aux membres des forces armées. En fait, il s'agit de savoir si les particularités de la condition militaire permettent de restreindre pour les militaires les droits et libertés garantis par la Convention au-delà des restrictions que cette dernière autorise expressément en période de paix. De la réponse à cette question on pourra tirer des conclusions sur l'applicabilité de la Convention aux prisonniers de guerre.

La Commission européenne a constaté que, lors de l'élaboration de la Convention, « les problèmes particuliers relatifs aux militaires n'ont pas tous été envisagés... Ainsi, aucune clause ne parle des droits et libertés des militaires en matière disciplinaire: procédure, peines et mesures apparentées » [2].

Les requérants avaient soutenu devant la Commission que les libertés et droits de l'homme dont tout citoyen jouit en vertu de la Convention valent aussi pour les individus servant dans les forces armées [3] et que le droit pénal et disciplinaire militaire relève du domaine de la Convention. Le gouvernement défendeur, à en croire les requérants, « avait la même opinion qu'eux » [4].

La Commission a accepté ce point de vue et la Cour a confirmé que la Convention européenne s'applique en principe aux membres des forces armées et non pas seulement aux civils, bien qu'en interprétant et en appliquant la Convention, il faille rester attentif aux particularités de la condition militaire [5].

---

[1] *Publications de la Cour*, série A n° 22, p. 37. Conformément à l'article 14 de la Convention européenne, le Comité des Ministres a invité le gouvernement néerlandais à l'informer des mesures prises à la suite de l'arrêt. Les informations en question figurent en annexe à la Résolution (77) 10. Annuaire vol. 20, p. 651.

[2] Rapport de la Commission, *Annuaire* Vol. 20, Affaire Engel et autres, p. 57.

[3] *Ibid.*, p. 57.

[4] *Ibid.*, p. 57 et s.

[5] Le juge Bindschelder-Robert, dans son opinion séparée, tout en exprimant son désaccord avec les deux points du dispositif de l'arrêt qui contiennent la constatation que les arrêts provisoires de rigueur de M. Engel ont violé l'article 5, paragraphe 1, de la Convention, souligne le caractère particulier du service militaire. Considérant que la Convention reconnaissait le caractère spécifique du service militaire et admettait les dérogations et restrictions qui en découlaient, elle a en effet soutenu que « le système de discipline propre à l'armée constitue une de ces dérogations », *Publications de la Cour, Série A*, p. 59 et s. De même, le juge Verdross, dans son opinion séparée, souligne le caractère spécifique du service militaire: « Le condamné (dans une prison) est complètement séparé de son milieu et de sa fonction normaux car il se trouve éloigné de sa demeure. Au contraire, le soldat détenu à titre disciplinaire reste dans sa caserne et peut, à tout moment, recevoir l'ordre d'assumer une fonction militaire ». Arrêt, *ibid.*, p. 48.

Quant à nous, il nous semble que le problème se situe à deux niveaux: au niveau normatif et au niveau pragmatique. La Convention s'applique *de jure* aux membres des forces armées et à des situations relevant du service militaire, sauf en ce qui concerne les cas expressément prévus, mais *dans la pratique*, l'organisation des forces armées et du service militaire en général a un caractère particulier. Ainsi, plusieurs règles applicables aux civils sont difficilement applicables aux militaires compte tenu justement de ces particularités. Ces exceptions expressément prévues dans les articles 4, paragraphe 3, lit. b, et 11, paragraphe 2, de la Convention, relatives « au service de caractère militaire » et aux « membres des forces armées », montrent bien que les auteurs de la Convention ont bel et bien pris en considération les militaires. Seulement, ils ont limité les restrictions à ces deux seules dispositions, ce qui démontre bien que les problèmes particuliers relatifs aux militaires n'ont pas été envisagés sérieusement lors de l'élaboration de la Convention. Or, quels sont ces problèmes particuliers relatifs aux militaires dans le cadre de la Convention européenne et dans celui des droits de l'homme en général ? Tout d'abord, il faut distinguer *ratione personae* entre les droits des militaires vis-à-vis de leur propre gouvernement et les droits des militaires capturés se trouvant sous une autorité ennemie.

Dans le premier cas, les droits des militaires découlent de la Convention à l'égard de leurs gouvernements, au même titre que pour les autres citoyens, et ceci sans distinction entre temps de paix et temps de conflit armé. Bien entendu, il faut tenir compte ici de la discipline militaire, qui exige des sanctions rapides et efficaces, et faire quelques exceptions. C'est pour cette raison que la Cour a estimé que l'article 6 de la Convention européenne ne s'appliquait pas au droit disciplinaire que l'armée adopte pour accélérer la procédure des sanctions. En revanche, si les accusations contre le militaire relèvent de la matière pénale — et ceci est démontré par la sévérité de la sanction éventuelle —, l'article 6 s'applique.

En ce qui concerne le deuxième cas, bien que la Convention européenne dût s'appliquer aussi aux militaires capturés au pouvoir de l'ennemi du moment que la Puissance détentrice qui exerce le pouvoir effectif est partie à la Convention, il faut admettre que, lorsqu'il y a incompatibilité entre les droits de l'homme et le droit humanitaire, c'est le second qui l'emporte, et ceci en vertu de la règle qui veut que « *lex specialis derogat generali* ». La distinction fondamentale entre ces deux situations est que les militaires, en période de conflit armé, agissent internationalement en tant qu'organes de leur gouvernement et que, de ce fait, la responsabilité internationale de leurs actes est attribuée à leur Etat d'origine.

Mais alors, quelle serait la solution idéale ? A notre avis, à la lumière d'une pratique en matière de service militaire et des forces armées qui ne cessera de croître dans l'avenir, il faudrait élaborer un nouveau protocole à la Convention européenne qui réglerait le problème une fois pour toutes. Le protocole devrait tenir compte à la fois de la particularité du service militaire et de la nécessité fondamentale de protéger tous les individus, y compris les militaires, contre l'arbitraire du pouvoir en période de paix.

B. *Les garanties judiciaires dans le droit humanitaire*

On l'a vu, les clauses de dérogation des instruments de portée générale relatifs aux droits de l'homme ne réservent pas parmi les droits applicables « en période d'exception » les dispositions concernant les garanties judiciaires. Ces dispositions ne trouvent donc pas application dans ces situations si l'Etat visé a invoqué la clause de dérogation entrant en considération, par exemple l'article 15 de la Convention européenne. Il est donc d'autant plus urgent de se demander si le droit humanitaire n'est pas apte à remplir cette lacune. Or, on constate que tel est bien le cas, et nous allons voir dans quelle mesure. On relèvera cependant que, si la clause de dérogation n'est pas invoquée, l'article 6 continue à s'appliquer même aux prisonniers de guerre et aux civils internés.

Comme nous l'avons déjà exposé plus haut à propos d'autres dispositions relevant aussi du « minimum standard », il faut suivre la distinction classique entre conflits armés internationaux et conflits armés non internationaux.

a) *Les garanties judiciaires dans les conflits armés internationaux*

Les dispositions pertinentes figurent dans la IIIe et dans la IVe Convention de Genève, de même que dans le Protocole I.

1) *Les prisonniers de guerre*

On distinguera entre procédure de caractère disciplinaire et procédure de caractère pénal. Le choix entre ces deux voies fait l'objet de l'article 83 de la IIIe Convention. La réglementation figure dans les dispositions du Chapitre III, intitulé « Sanctions pénales et disciplinaires » [1].

Ces dispositions se fondent sur la non-discrimination de principe entre prisonniers de guerre et membres des forces armées appartenant à la Puissance détentrice quant à la procédure de répression des infractions et au choix des procédures [2]. Elles énoncent le principe général du jugement équitable en prescrivant que « en aucun cas, un prisonnier de guerre ne sera traduit devant quelque tribunal que ce soit qui n'offrirait pas les garanties essentielles d'indépendance et d'impartialité généralement reconnues... » [3].

---

[1] Articles 82-108.

[2] Article 82, paragraphe 1.

[3] Article 84, paragraphe 2.

Enfin, la règle *non bis in idem* y figure expressément [1], disposition qui — on s'en souviendra — manque dans la Convention européenne.

Dans la procédure à caractère disciplinaire, après une enquête immédiate sur les faits constituant une faute contre la discipline, « les peines disciplinaires ne pourront être prononcées que par un officier muni de pouvoirs disciplinaires en sa qualité de commandant de camp, ou par un officier responsable qui le remplace ou à qui il a délégué ses pouvoirs disciplinaires ». En outre, l'inculpé « sera informé avec précision des faits qui lui sont reprochés » et « il sera autorisé à faire entendre des témoins et à recourir, si nécessaire, aux offices d'un interprète qualifié ». La peine disciplinaire doit être portée dans un registre des peines disciplinaires qui sera « tenu à la disposition des représentants de la Puissance protectrice » [2].

En ce qui concerne les poursuites judiciaires, il est stipulé qu'aucun prisonnier de guerre ne pourra être poursuivi ou condamné pour un acte « qui n'est pas expressément réprimé par la législation de la Puissance détentrice ou pour le droit international qui sont en vigueur le jour où cet acte a été commis » et qu'il « ne pourra être condamné sans avoir eu la possibilité de se défendre et sans avoir été assisté par un défenseur qualifié » [3]. En outre, « un jugement ne pourra être valablement rendu contre un prisonnier de guerre que s'il a été prononcé par les mêmes tribunaux et suivant la même procédure qu'à l'égard des personnes appartenant aux forces armées de la Puissance détentrice... » [4]. La Puissance protectrice devra de surcroît avoir reçu notification du « tribunal qui jugera l'affaire », ainsi que « celle de la date et du lieu prévus pour l'ouverture des débats » [5].

Enfin, la Convention définit les droits de la défense dans une série de dispositions [6] et stipule également le droit pour les représentants de la Puissance protectrice d'assister aux débats, « sauf si ceux-ci devaient, exceptionnellement, avoir lieu à huis-clos dans l'intérêt de la sûreté de l'Etat... » [7]. Le jugement doit être notifié à la Puissance protectrice [8]; le condamné a le droit de recourir soit en appel, en cassation ou en révision [9].

---

[1] « Un prisonnier de guerre ne pourra être puni qu'une seule fois en raison du même fait ou du même chef d'accusation » (Art. 86).

[2] Article 96.

[3] Article 99, alinéas 1 et 3.

[4] Article 102.

[5] Article 104.

[6] Etre assisté au procès par un camarade de guerre, choix d'un avocat qualifié, témoins, communication de l'acte d'accusation dans une langue comprise de l'accusé... (Article 105).

[7] Article 105 *in fine*.

[8] Article 107.

[9] Article 106

2) *La population civile*

En ce qui concerne les garanties judiciaires accordées aux personnes civiles au sens de la IVe Convention, on distingue entre procédure administrative et procédure pénale.

Une procédure administrative est prévue au Titre III, Section II [1], intitulée « Etrangers sur le territoire d'une partie au conflit » et vise les personnes internées ou mises en résidence forcée sur ordre de la Puissance détentrice. Une telle mesure ne peut être ordonnée que si la sécurité l'exige absolument [2].

Toute personne dont la liberté est restreinte a le droit de demander que la mesure prise contre elle soit reconsidérée par « un tribunal ou un collège administratif compétent » créé à cet effet par la Puissance détentrice. Si la mesure est maintenue, l'organe compétent procède périodiquement, et au moins deux fois l'an, à un examen du cas [3]. Les mesures restrictives prennent fin en tout cas « aussitôt que possible » après la fin des hostilités [4].

Quant à la procédure pénale, elle figure dans la Section III du même Titre, intitulée « Territoires occupés ». La disposition applicable stipule que « la législation pénale du territoire occupé demeurera en vigueur, sauf dans la mesure où elle pourra être abrogée ou suspendue par la Puissance occupante si cette législation constitue une menace pour la sécurité de cette Puissance ou un obstacle à l'application de la présente Convention » [5]. La Puissance occupante a en outre la faculté de soumettre la population à des dispositions qui sont indispensables pour lui permettre de remplir les obligations découlant pour elle de la Convention [6]. Toutefois, ces dispositions n'entreront en vigueur qu'après avoir été publiées et portées à la connaissance de la population dans la langue de celle-ci. Elles ne peuvent pas avoir un effet rétroactif [7].

Les inculpés peuvent en cas d'infraction aux dispositions pénales qui viennent d'être mentionnées, être déférés devant les tribunaux militaires de la Puissance détentrice, à condition que ceux-ci soient « non politiques et régulièrement constitués » et qu'ils « siègent dans le pays occupé ». Les tribunaux de recours siègeront eux aussi de préférence dans le territoire occupé [8]. Ces tribunaux appliquent les dispositions légales antérieures à l'infraction et « conformes aux principes généraux du droit, notamment en ce qui concerne le principe de la proportionnalité des peines. Ils devront

---

[1] Art. 35-46.

[2] Article 42, qui autorise aussi l'internement volontaire (al. 2).

[3] Article 43, alinéa 1er.

[4] Article 46, alinéa 1er.

[5] Article 64, alinéa 1er.

[6] Article 64, alinéa 2.

[7] Article 65.

[8] Article 66.

prendre en considération le fait que le prévenu n'est pas un ressortissant de la Puissance occupante » [1].

La procédure pénale doit obéir à la règle générale qui veut qu'aucune condamnation ne puisse être prononcée « qui n'ait pas été précédée d'un procès régulier ». Toute personne poursuivie sera informée par écrit, dans une langue qu'elle comprenne, du détail des chefs d'accusation retenus contre elle. La Puissance protectrice sera également informée des poursuites intentées « lorsque les chefs d'accusation pourront entraîner une condamnation à mort ou une peine d'emprisonnement pour deux ans ou plus ». La notification à la Puissance protectrice devra comprendre plusieurs éléments de détail, et notamment des indications sur le tribunal chargé de juger l'affaire [2].

Enfin, l'article 72 établit une liste des droits de la défense analogue à celle prévue pour les prisonniers de guerre [3]. Même si la législation appliquée ne prévoit pas d'appel, le condamné aura quand même le droit de « recourir contre le jugement et la condamnation auprès de l'autorité compétente de la Puissance occupante » [4].

Le Protocole I élargit les garanties judiciaires prévues dans la IIIe et dans le IVe Convention de Genève. En ce qui concerne la population civile dans un territoire occupé, il élargit également le champ d'application personnel dans la mesure où les garanties judiciaires s'appliquent à toutes les personnes et non seulement aux étrangers. Aux termes de l'article 75, paragraphe 4, de ce Protocole, « Aucune condamnation ne sera prononcée ni aucune peine exécutée à l'encontre d'une personne reconnue coupable d'une infraction pénale commise en relation avec le conflit armé si ce n'est en vertu d'un jugement préalable rendu par un tribunal impartial et régulièrement constitué, qui se conforme aux principes généralement reconnus d'une procédure judiciaire régulière » comprenant les garanties suivantes:

a) la procédure disposera que tout prévenu doit être informé sans délai des détails de l'infraction qui lui est imputée et assurera au prévenu avant et pendant son procès tous les droits et moyens nécessaires à sa défense;

b) nul ne peut être puni pour une infraction si ce n'est sur la base d'une responsabilité pénale individuelle;

c) nul ne sera accusé ou condamné pour des raisons ou omissions qui ne constituaient pas un acte délictueux d'après le droit national ou international qui lui était applicable au moment où elles ont été commises.

---

[1] Article 67.

[2] Article 71.

[3] Voir *supra*, p. 160 et 161.

[4] Article 73.

De même, il ne sera infligé aucune peine plus forte que celle qui était applicable au moment où l'infraction a été commise. Si, postérieurement à cette infraction, la loi prévoit l'application d'une peine plus légère, le délinquant doit en bénéficier;

d) toute personne accusée d'une infraction est présumée innocente jusqu'à ce que sa culpabilité ait été légalement établie;

e) toute personne accusée d'une infraction a le droit d'être jugée en sa présence;

f) nul ne peut être forcé de témoigner contre lui-même ou de s'avouer coupable;

g) toute personne accusée d'une infraction a le droit d'interroger ou de faire interroger les témoins à charge et d'obtenir la comparution et l'interrogatoire des témoins à décharge dans les mêmes conditions que les témoins à charge;

h) aucune personne ne peut être poursuivie ou punie par la même Partie pour une infraction ayant déjà fait l'objet d'un jugement définitif d'acquittement ou de condamnation rendu conformément au même droit et à la même procédure judiciaire;

i) toute personne accusée d'une infraction a droit à ce que le jugement soit rendu publiquement;

j) toute personne condamnée sera informée, au moment de sa condamnation, de ses droits de recours judiciaires et autres ainsi que des délais dans lesquels ils doivent être exercés.

On voit donc que la nouvelle codification du droit humanitaire est inspirée des procédures régulières et non des procédures d'exception.

On notera que cette disposition se rapproche considérablement des dispositions analogues des conventions des droits de l'homme et que les garanties judiciaires mentionnées dérivent des textes en vigueur relatifs aux droits de l'homme. En outre, une disposition spéciale est prévue au paragraphe 7 de l'article 75 du Protocole I concernant le jugement des criminels de guerre, qui seront jugés conformément aux règles du droit international. De plus, le même paragraphe dispose que toute personne qui ne bénéficie pas d'un traitement plus favorable en vertu des Conventions et du Protocole se verra accorder le traitement de l'article 75, même si les crimes dont elle est accusée constituent des infractions graves au sens du droit humanitaire.

b) *Les garanties judiciaires dans les conflits armés non internationaux*

Aux termes de l'article 3 commun ainsi qu'en vertu du Protocole II, toutes les personnes protégées ont droit à un minimum de garanties judiciaires et à un jugement équitable, du moins pour les délits commis en relation avec le conflit armé. L'article 3 en énoncant la clause pénale prohibe expressément, en tout temps et en tout lieu, « les condamnations prononcées et les exécutions effectuées sans un jugement préalable rendu par un tribunal régulièrement constitué et assorti des garanties judiciaires reconnues comme indispensables par les peuples civilisés » (paragraphe 1, alinéa d) *in fine*). Cette disposition vise un minimum de protection qui doit être respecté en tout temps. Cependant, elle ne détaille pas les garanties judiciaires dont il s'agit, et pour cela fait appel aux principes généraux du droit reconnus par les nations civilisées.

Le Protocole II en revanche, qui dans son article 6 s'inspire des clauses du Pacte II des droits de l'homme, établit une série de garanties qui s'appliquent à la poursuite et à la répression des infractions pénales commises en relation avec le conflit armé. Le texte de l'article 6 complète d'une façon spectaculaire le dispositif analogue de l'article 3 commun. Il faut cependant prendre en considération le fait que le Protocole II s'applique à des conflits d'un niveau différent de ceux qui sont visés par l'article 3, et que ce dernier demeure une disposition minimale de protection. Néanmoins, les dispositions du Protocole II ne manqueront pas d'influencer l'interprétation de l'article 3, même dans des situations où seul cet article est applicable.

Il est vrai que, dans la mesure où ces garanties du Protocole II sont énumérées dans les conventions des droits de l'homme — et à supposer que celles-ci soient applicables — cette mention paraît faire double emploi. Si alors on tient compte que les clauses de dérogations ne réservent pas les garanties judiciaires pour les situations d'exception, le double emploi peut se produire seulement si la clause de dérogation n'est pas invoquée. Si elle est invoquée, ce qui sera en général le cas, ce double emploi ne peut pas se produire, les garanties judiciaires étant automatiquement suspendues, et seules les dispositions du droit humanitaire s'appliquent.

Conclusion de la troisieme partie

Dans cette troisième partie, nous avons examiné les normes du droit international relatif à la protection de la personne humaine en période de conflit armé. Nous avons étudié d'une part le droit humanitaire, partie du droit international qui prévoit des normes spécifiques pour le conflit armé et, d'autre part les droits de l'homme, dont nous avons constaté qu'une partie, notamment les « droits civils et politiques », se rapproche du contenu du droit humanitaire, offrant de même une protection à la personne dans ce même type de situation.

La plus grande partie du droit humanitaire contient des normes spécifiques dirigées vers la protection de la personne, ce qui rapproche ce droit des droits de l'homme. Il est sans doute vrai qu'il offre une protection plus complète à l'individu dans un conflit armé en accordant une attention particulière aux caractéristiques du conflit armé et au fait que, dans ces situations, les conditions de vie de la nation sont modifiées. Toutefois, les droits de l'homme, qui ont une portée générale, notamment les droits « civils et politiques », sont aussi adaptables aux conflits armés et de ce fait les instruments pertinents prévoient une série de dispositions réservées auxquelles aucune dérogation n'est autorisée.

Nous avons vu dans cette partie, en outre, que des « droits civils et politiques » découlent les droits réservés dits fondamentaux, ainsi que ceux qui constituent le « minimum standard » de la protection de la personne humaine. Les droits fondamentaux sont les droits intangibles qui restent intacts en tout temps, et de surcroît leur application juridique est expressément prévue dans des clauses de dérogation des instruments des droits de l'homme en temps de guerre ou de danger public menaçant la vie de la nation. De cette constatation nous sommes amenés à conclure qu'une partie au moins des droits de l'homme est compatible avec le droit humanitaire.

Toutefois, le contenu des clauses de dérogation n'est pas identique dans tous les instruments des droits de l'homme, ce qui amène souvent au paradoxe d'avoir un droit de l'homme fondamental *de jure* sur le plan universel sans qu'il le soit sur le plan régional (l'inverse est plus compréhensible). Nous avons voulu aller au-delà des droits fondamentaux et essayer de dégager une catégorie de droits qui offre en tout temps un minimum irréductible de protection de la personne constituant ainsi « le minimum standard » des droits de la personne. Nous avons donc constaté que cette catégorie de droits ressort non seulement du contenu des clauses de dérogation *(droit à la vie, interdiction de la torture et des peines inhumaines et dégradantes)*, mais aussi de l'évolution survenue dans la pratique et la jurisprudence internationale en matière de protection de la personne humaine *(garanties judiciaires)*.

La théorie du « minimum standard » consacré dans notre chapitre VII, veut démontrer l'identité, même relative, des droits de l'homme et du droit humanitaire, les deux complexes prévoyant certaines règles absolument identiques. Le caractère irréductible et inhérent de ces règles découle du souci constant de la communauté internationale de garantir un minimum de protection à la personne, dont la mise en œuvre ne pourrait pas varier selon la nature des situations (paix, conflit armé), dans les limites, toutefois, reconnues par le droit international.

Or, le degré de compatibilité atteint par les deux systèmes est même spectaculaire, car la nouvelle codification du droit humanitaire a été considérablement influencée par les droits de l'homme. Cette influence se manifeste dans la sphère de la compétence matérielle et dans la sphère de la compétence personnelle.

On a toujours soutenu que le droit humanitaire applicable dans les conflits armés internationaux était essentiellement un droit entre ennemis et qu'il visait à la protection des personnes ennemies ou des droits de l'Etat ennemi, alors que les droits de l'homme protègent toutes les personnes y compris et surtout les nationaux. Or, cela n'est plus entièrement vrai aujourd'hui dès lors que le Protocole I, comme nous l'avons vu, offre une protection contre les bombardements à la population civile en mains ennemies. A cela il faut ajouter que dans les conflits armés non-internationaux l'identité des personnes protégées est la même entre le droit humanitaire et les droits de l'homme.

Cependant, la vraie dimension de ce Protocole et sa véritable nouveauté résident dans le fait que son article 75, intitulé « Garanties fondamentales », étend la protection du droit humanitaire à toutes les personnes qui ne bénéficient pas d'un traitement plus favorable en vertu des Conventions et du Protocole, y compris les nationaux. Ce faisant, la nouvelle codification de ce droit adopte des traits spécifiques aux droits de l'homme. En revanche, rien n'empêche non plus les droits de l'homme d'étendre leur protection aux personnes ennemies du moment que la nationalité de la personne ne joue aucun rôle dans les conventions des droits de l'homme. L'article premier de la Convention européenne demande en effet comme seule condition de son application *ratione personae* que la personne relève de la juridiction de l'Etat concerné. Or, comme nous le verrons plus loin à propos de l'affaire de Chypre, le terme juridiction couvre aussi des situations d'occupation militaire.

En conséquence, le nouveau droit humanitaire des conflits armés internationaux a abandonné la vieille notion de « relation ennemie » et adopté celle des droits de l'homme qui tend à couvrir la protection de toutes les personnes sans aucune discrimination. Les mêmes considérations sont aussi valables pour les conflits armés non-internationaux, où l'application de l'article 3 commun et du Protocole II est indépendante de toute reconnaissance de belligérance, qui offrait une subjectivité à la partie insurgée, rétablissant ainsi dans une certaine mesure la notion classique de la « relation ennemie ». La reconnaissance en outre des guerres de libération nationale en tant que conflits armés à caractère international, a *donné le coup de grâce à la notion d'identité nationale entre belligérants, qui est en voie de disparition dans le droit humanitaire.*

Mais l'influence exercée par les droits de l'homme sur l'évolution du droit humanitaire va au-delà de la sphère personnelle et elle est aussi remarquable dans la sphère de la *compétence matérielle* aussi bien dans les conflits armés internationaux que dans les conflits internes. Nous avons constaté en effet que les articles 75, 76 et 77 du Protocole I et 4,5, et 6 du Protocole II forment en réalité un genre de duplication des droits de l'homme transférés dans le domaine du droit humanitaire: *droit à la vie*, *interdiction de la torture*, *interdiction des traitements physiques cruels et dégradants*, *protection de la dignité de la personne*, *interdiction de l'esclavage*, *respect des convictions et pratiques religieuses* (Pacte II, Convention américaine), *droits de l'enfant*

(Convention américaine), et enfin toute une série de *garanties judiciaires* détaillées qui reprennent tous les principes de base d'une justice équitable prévus dans les conventions des droits de l'homme. Tout cela tient compte bien entendu de la spécificité du conflit armé, d'où quelques interdictions spéciales, comme par exemple l'interdiction des peines collectives, des mutilations ou du pillage.

Or, les thèses de M. Meyrowitz, qui parle d'« antinomie irréductible entre le droit de la guerre et la théorie des droits de l'homme », ou bien d'« incompatibilité foncière » entre les deux systèmes [1], ne correspondent pas à la réalité des choses, sauf si on reste dans le droit classique de la guerre sans tenir compte de l'évolution survenue dans ce domaine. Car le rapprochement dans le contenu matériel s'est réalisé dans les deux sens. Comme le Secrétaire général des Nations Unies l'a fait observer dans son premier rapport, il importe à tous les stades de la discussion de cette question « de reconnaître que les principes généraux des droits fondamentaux de l'homme tels qu'ils sont énoncés dans la Déclaration universelle, dans les deux Pactes, dans d'autres instruments internationaux et dans la législation nationale, s'appliquent pleinement à tous les conflits armés [2].

Cependant, la convergence, même relative, entre droit humanitaire et droits de l'homme constatée jusqu'à présent au niveau du fondement (Partie I) et du contenu normatif (Partie III) ne signifie pas nécessairement que les deux ordres de règles soient subsidiaires ou interchangeables, car nous avons vu que leurs conditions d'application sont autonomes (Partie II). D'où peuvent résulter des situations de contradictions éventuelles et des conflits des lois. Il peut y avoir p. ex. une application simultanée, voire concurrentielle (conflit positif) du droit humanitaire et des droits de l'homme dans une situation donnée, de façon à ce que la règle applicable verra une interprétation différente selon l'une ou l'autre solution; ou bien une situation où ni l'un ni l'autre de ces droits s'applique (conflit négatif) en se trouvant en face d'un vide de toute protection juridique.

Ceci étant dit il y a une convergence évidente entre les dispositions matérielles du droit humanitaire et des droits de l'homme, les deux catégories de règles faisant de la personne l'objet direct de la protection. Les droits de l'homme protégeant l'individu dans toutes les situations y compris contre son Etat, et le droit humanitaire originairement les individus et populations ennemies se rapprochant ainsi à la philosophie des droits de l'homme avec l'adoption, en 1949, de l'art. 3 relatif aux conflits armés non-internationaux, et, en s'identifiant à ce dernier, ou presque, avec l'adoption du Protocole I en 1977 qui offre désormais une protection générale à la personne au même titre que les droits de l'homme. *Enfin* le contenu de cette protection, s'est

---

[1] « Le droit de la guerre et les droits de l'homme », R.F.D.P.S.P.F.E., 1970, p. 1095.

[2] Rapport A/7720, *op. cit.*, p. 89-90.

de même rapproché, de plus en plus, de façon à avoir depuis l'adoption des deux Protocoles additionnels *aux Conventions de Genève de 1949*, des règles de protection identiques dans le droit humanitaire et dans les droits de l'homme, notamment en ce qui concerne la protection de la personne en période d'exception et de conflit armé.

*

* *

QUATRIÈME PARTIE

LA MISE EN ŒUVRE

INTRODUCTION

La mise en œuvre de la protection de la personne en période de conflit armé est le problème de base de la relation entre le droit humanitaire et les droits de l'homme. L'application des droits de l'homme en période de conflit armé a commencé à préoccuper la société internationale en raison du fonctionnement insatisfaisant du système de contrôle institué par les Conventions de Genève de 1949 [1] et de l'absence quasi-totale de contrôle dans les conflits armés non internationaux. Alors que la mise en œuvre des droits de l'homme est confiée à des organes permanents qui assument une juridiction obligatoire, la mise en œuvre du droit humanitaire est en partie basée sur l'institution de Puissances protectrices dont la désignation présuppose le consentement des belligérants, et en partie sur le C.I.C.R. Il s'est avéré que ce système de contrôle spécial en ce qui concerne la Puissances protectrices n'a pas fonctionné comme prévu.

Les raisons principales du fonctionnement peu satisfaisant du système des Conventions de Genève sont les suivantes:

a) la majeure partie des conflits armés survenus depuis la seconde guerre mondiale ont été des conflits armés non internationaux, ou considérés comme tels, auxquels le système des Conventions de Genève ne s'applique pas [2].

b) dans certains cas, des Etats n'ont pas procédé à la désignation d'une Puissance protectrice par crainte que cela ne soit interprété comme la reconnaissance d'un belligérant en tant qu'entité étatique [3]:

c) en raison de l'interdiction du recours à la force posé par la Charte des Nations Unies, il existe une tendance générale des Etats à ne pas reconnaître l'existence d'un conflit armé. Ce qui mène parfois à des situations dans lesquelles les relations diplomatiques ne sont pas rompues entre les

---

[1] Voir p. 35 et s.

[2] L'article 3 commun aux quatre Conventions, qui traite exclusivement de ce type de conflit, ne prévoit aucun mécanisme de mise en œuvre, sinon l'intervention à bien plaire du C.I.C.R.

[3] La contestation peut porter seulement sur la qualité d'Etat souverain, comme dans le cas du conflit israélo-égyptien, et non sur celle de sujet du droit international ayant une existence séparée et exerçant un pouvoir territorial propre. Cela n'empêche pas qu'il y ait état de guerre au sens formel.

L'article 4 du Protocole I met un terme à cette hésitation en stipulant que « l'application des Conventions de Genève et du Protocole n'a pas d'effet sur le statut juridique des Parties au conflit », ce qui pourrait rendre la désignation de Puissances protectrices possible dans un tel cas.

belligérants, et par conséquent ces derniers ne désignent pas de Puissances protectrices [1].

C'est ainsi que, dans le cadre d'une « paix » truffée de conflits armés, le droit humanitaire était devenu insuffisant, d'où le souhait de la société internationale de renforcer les mécanismes de protection de la personne humaine en période de conflit armé par d'autres mécanismes de protection, en l'occurrence ceux des droits de l'homme.

Après un examen des dispositions du droit humanitaire relatives à la mise en œuvre, nous examinerons les dispositions analogues des droits de l'homme, et notamment celles de la Convention européenne, ainsi que les mesures prises par les Nations Unies pour renforcer le droit humanitaire.

---

[1] L'article 4, alinéa 2, de la IVe Convention de Genève dispose que les ressortissants d'un Etat co-belligérant ne seront pas considérés comme des personnes protégées aussi longtemps que l'Etat dont ils sont ressortissants aura une représentation diplomatique normale auprès de l'Etat au pouvoir duquel ils se trouvent.

CHAPITRE VIII

LA MISE EN ŒUVRE DU DROIT HUMANITAIRE

Plusieurs instruments juridiques internationaux applicables en période de conflit armé ont établi des mécanismes de contrôle. Pour nous, il importe d'examiner le système des Conventions de Genève de 1949 et ses développements, intervenus avec la mise en vigueur des Protocoles additionnels à ces Conventions [1].

SECTION 1. LE SYSTÈME DES PUISSANCES PROTECTRICES

Le système des Puissances protectrices est en fait antérieur à l'élaboration des Conventions de Genève et même à l'apparition du droit humanitaire. Il s'agit en effet d'une pratique coutumière apparue vers le XVIe siècle, à une époque où les relations diplomatiques multilatérales et permanentes s'institutionnalisaient, et où nombre d'Etats se virent forcés, pour des raisons financières ou politiques, de recourir aux services d'autres Puissances [2].

C'est ainsi que s'établirent le principe et la pratique d'une représentation diplomatique « par procuration » pour la protection des intérêts étrangers. Cependant, l'institution de la Puissance protectrice dans le cadre qui nous intéresse ici, soit les conflits armés, a une nature particulière. Il faut en effet se souvenir que les relations diplomatiques procèdent fondamentalement d'un intérêt bien compris entre les Etats qui établissent entre eux de telles relations et qui sont intéressés avant tout à assurer la protection des intérêts économiques et politiques de leurs ressortissants.

Il est cependant deux types de situations dans lesquelles ces relations sont soit interrompues, soit rendues inopérantes. Le premier cas se produit lorsque deux Etats rompent leurs relations diplomatiques pour une raison ou pour une autre en temps de paix. Le second cas se produit lorsque deux

---

[1] La Convention de La Haye de 1954 pour la protection des biens culturels en cas de conflit armé, ainsi que son Règlement d'exécution et son Protocole, instituent un système de contrôle inspiré des Conventions de Genève et contiennent des dispositions concernant le rôle des Puissances protectrices ou de leurs substituts, la procédure de conciliation et le concours de l'U.N.E.S.C.O.

[2] PICTET, « La Convention de Genève relative à la protection des personnes civiles en temps de guerre » — *Commentaire* Vol. IV, *op. cit.*, 1956, p. 89.

ou plusieurs Etats entrent en guerre. Dans les deux cas, la rupture des relations diplomatiques entraîne la suppression de la protection assurée jusque-là aux intérêts et aux nationaux de chaque Etat sur le territoire de la partie adverse.

C'est alors que chacun des Etats concernés, soucieux malgré tout d'assurer un minimum de protection à ses intérêts et à ses nationaux et pour ne pas les abandonner à l'arbitraire de l'adversaire, fera appel à un pays tiers qui entretient des relations diplomatiques normales avec les deux parties à la fois. Si ce tiers est agréé par la partie adverse, il deviendra, en titre, la Puissance protectrice de l'Etat qui le lui a demandé auprès de l'Etat qui l'a agréé comme tel. A l'inverse, ce dernier pourra faire la même chose soit avec le même Etat tiers, soit avec un autre Etat tiers chargé d'assurer ses intérêts.

Ce mécanisme s'est révélé d'une grande utilité dans les situations de conflit armé, où les intérêts des Etats en conflit sont en jeu et la protection des ressortissants étrangers devient rapidement urgente.

Fondé sur la pratique de la première guerre mondiale, le système des Puissances protectrices trouve sa première formulation conventionnelle dans la Convention de Genève de 1929 pour la protection des prisonniers de guerre [1]. Cette disposition permettra à la Suisse pendant la seconde guerre mondiale d'assumer les fonctions de Puissance protectrice au profit de 35 Etats. La Suède en fit de même au profit de 28 Etats, tandis que les Etats-Unis, jusqu'à leur entrée dans le conflit, les assurèrent au profit d'une douzaine d'Etats [2].

A la Conférence diplomatique de 1949, le C.I.C.R., se basant sur l'expérience du premier et du second conflit mondial, au cours desquels les Puissances protectrices n'avaient disposé d'aucune base juridique conventionnelle pour agir en faveur des civils ennemis et intervenir dans les territoires occupés, demanda un développement du système [3].

C'est ainsi que les Conventions de Genève, issues de cette Conférence, ont prévu chacune la possibilité d'un contrôle exercé par les Puissances protectrices [4], avec en plus un mécanisme de remplacement en cas d'absence de celles-ci [5]. Les Puissances protectrices ne sont plus, comme dans le cadre du droit international coutumier, le simple mandataire d'un belligérant: elles prennent des décisions et des initiatives; elles sont chargées d'une mis-

[1] Article 86: « Les Hautes Parties contractantes reconnaissent que l'application régulière de la présente Convention trouvera une garantie dans la possibilité de collaboration des Puissances protectrices chargées de sauvegarder les intérêts des belligérants. »

[2] Bugnion, « Le droit humanitaire applicable aux conflits armés internationaux — Le problème du contrôle. » In *Annales d'études internationales*, Vol. 8, 1977, I.U.H.E.I., Genève, p. 31.

[3] Pictet « Le droit humanitaire et... », *op. cit.*, p. 92.

[4] Articles 8/8/8/9 communs.

[5] Articles 10/10/10/11 communs.

sion générale qui leur donne le droit et le devoir d'intervenir en dehors même des articles des Conventions qui les mentionnent expressément [1]; elles peuvent notamment déployer toute initiative tendant à vérifier l'application de n'importe quelle disposition des Conventions, ou à améliorer cette application [2].

Si l'on examine l'évolution concrète que ce système a connue au fil des ans, on constate une sorte de dédoublement des fonctions des Puissances protectrices, qui viennent à englober les activités ayant trait aux intérêts humanitaires proprement dits et les intérêts diplomatiques classiques. Or, il ne faut pas confondre ces deux catégories de fonctions. La deuxième, traditionnelle, est réglementée maintenant dans les Conventions de Vienne sur les relations diplomatiques et consulaires du 18 avril 1961 et du 24 avril 1963 et, pour cette raison, est appelée « mandat de Vienne », alors que la première, prévue dans les Conventions humanitaires, est appelée « mandat de Genève ». On n'a toutefois jamais encore assisté à l'intervention simultanée de deux Puissances protectrices pour exercer les deux mandats au bénéfice du même Etat après la guerre. Le cas qui s'en rapprocherait le plus a été le conflit indo-pakistanais, où l'Inde a prétendu que le mandat confié à la Suisse se limitait aux tâches diplomatiques traditionnelles. Il n'en reste pas moins que la Convention de Vienne semble partir de l'idée que la Puissance protectrice au sens du droit international général est aussi celle des Conventions de Genève.

Les Conventions de Genève prévoient en outre la possibilité de remplacer la Puissance protectrice par un substitut lorsque toutes les possibilités de désignation ont été épuisées [3]. Le substitut peut être soit un Etat neutre, soit un organisme présentant toutes garanties d'impartialité et d'efficacité ou, à défaut, un organisme humanitaire tel que le C.I.C.R. Une réserve apportée à la disposition pertinente de la Convention empêche le système du substitut de fonctionner [4].

---

[1] Articles 8/8/8/9, 11/11/11/12, 48/49/128/145, 10/10/10/11; 16-23/Ire; 19/IIe; 23-62-63-66-68-69-77-120-122-126-56-78-79-81-96, al. 5-58-60, al. 4 - 65, al. 2 - 71, al. 1 - 72, al. 3 - 73, al. 3 - 75 - 100-101-104-105-107-12 / IIIe; et 14, al. 3 - 23-30-35-39-42-43-45- 49, al. 4 - 52-55- 59, al. 4 - 60-61-71-72-74-75-83-105-113-129-137-143-96-101-102-104- 123, al. 5-98, al. 2-98, al. 3 - 109-111-126 / IVe. Voir Siordet, « Les Conventions de Genève de 1949: le problème du contrôle », *R.I.C.R.*, 1953.

[2] C.I.C.R., Fascicule II, *op. cit.*, p. 12.

[3] Dans la pratique, cela peut arriver si la Puissance d'origine s'abstient volontairement ou refuse systématiquement de désigner une Puissance protectrice, ou encore si les organes représentatifs de la Puissance d'origine disparaissent.

[4] Article 10/10/10/11. « La désignation du substitut d'une Puissance protectrice fait l'objet d'une réserve de la part des Etats qui ne reconnaissent pas la validité de la demande, adressée par la Puissance détentrice à un Etat neutre ou à un organisme humanitaire, d'assumer à l'égard des personnes protégées la fonction de Puissance protectrice, à moins Pilloud, « Les réserves aux Conventions de Genève de 1949 », I et II. extraits de la *R.I.C.R.*, 1957 et 1965; voir aussi les rapports du Secrétaire général de l'ONU, A/7720 et A/8052, *op. cit.*, paragraphes 116 et 257.

Malgré les faiblesses du système, le conflit du Bangla Desh de 1971 a démontré qu'il était quand même susceptible de rendre des services. « La rapidité avec laquelle la Puissance protectrice a été désignée et a pu se mettre au travail révèle la qualité primordiale du système: il s'appuie sur une infrastructure diplomatique existante. Les représentants de la Puissance protectrice sont sur place, ils connaissent le pays, ils ont leurs contacts avec l'administration, ils bénéficient d'un statut qui facilite leur tâche. Aucun autre organisme ne peut offrir ces avantages au même degré » [1].

Mais le système, depuis 1949, a rarement fonctionné et l'une des préoccupations de la Conférence diplomatique sur la réaffirmation et le développement des Conventions de Genève a été de faciliter la procédure de désignation de la Puissance protectrice et de diminuer les réticences des Etats à cet égard, en même temps que d'améliorer les solutions de rechange.

Le Protocole I prévoit désormais que, si une Puissance protectrice n'a pas été désignée ou acceptée dès le début d'une situation de conflit armé, le C.I.C.R., « sans préjudice du droit de toute autre organisation humanitaire impartiale de faire de même, offrira ses bons offices aux Parties au conflit en vue de désigner sans délai une Puissance protectrice agréée par les Parties au conflit. A cet effet, il pourra notamment demander à chaque Partie de lui remettre une liste d'au moins cinq Etats que cette Partie estime acceptables pour agir en son nom en qualité de Puissance protectrice vis-à-vis d'une Partie adverse et demander à chacune des Parties adverse de remettre une liste d'au moins cinq Etats qu'elle accepterait comme Puissance protectrice de l'autre Partie; il les comparera et sollicitera l'accord de tout Etat dont le nom figurera sur chacune des deux listes » [2].

« Si, en dépit de ce qui précède, il y a défaut de Puissance protectrice, les Parties au conflit devront accepter sans délai l'offre que pourrait faire le C.I.C.R. ou toute autre organisation présentant toutes garanties d'impartialité et d'efficacité, après dues consultations avec lesdites Parties et compte tenu des résultats de ces consultations, d'agir en qualité de substitut. L'exercice de ces fonctions est subordonné au consentement des Parties au conflit », qui « mettront tout en œuvre pour faciliter la tâche du substitut » [3].

Ainsi les insuffisances des dispositions des Conventions de Genève que nous avons mentionnées plus haut ont été dans une certaine mesure réduites par le Protocole I, sans cependant marquer de véritable progrès, en raison surtout du paragraphe 4 de l'article en question, qui réaffirme toujours le caractère facultatif du système des Conventions.

Par ailleurs, le Protocole I prévoit que la désignation et l'acceptation de Puissances protectrices « n'auront pas d'effet sur le statut juridique des

[1] Dominice, « La mise en œuvre du droit humanitaire », in *Manuel U.N.E.S.C.O. des droits de l'homme*, Strasbourg, 1976, p. 388.

[2] Article 5, par. 3.

[3] Article 5, par. 4.

Parties au conflit ni sur celui d'un territoire quelconque... » [1]. Cette disposition peut diminuer le crainte que la désignation d'une Puissance protectrice ne devienne implicitement une reconnaissance de belligérance. De plus, la désignation de Puissances protectrices ne tient plus compte de l'état des relations diplomatiques entre belligérants puisque, selon le Protocole, le maintien des relations diplomatiques entre belligérants ne fait pas obstacle à cette désignation [2]. Cette approche pourrait faciliter la mise en œuvre du système de protection dans une guerre de libération nationale.

Le Protocole II, quant à lui, ne prévoit pas de Puissances protectrices et, dans cette perspective, n'améliore pas l'article 3 commun aux Conventions de Genève. La conduite des conflits armés non internationaux reste en conséquence une affaire interne des Etats et seul le C.I.C.R. peut y jouer un rôle.

Section 2. Le role du Comité International de la Croix-Rouge

Le rôle principal du C.I.C.R. est évidemment d'assurer l'application des dispositions des Conventions elles-mêmes, tout particulièrement de celles qui traitent de la protection et des soins à apporter aux ressortissants de la Partie adverse. Cela signifie en pratique que le C.I.C.R. accordera une attention particulière à la mise en application des Conventions III et IV relatives à la protection des prisonniers de guerre et des civils respectivement. Le rôle du C.I.C.R. n'est pas identique à celui des Puissances protectrices, mais il le complète [3]. « Le C.I.C.R. n'est pas appelé à exercer un véritable contrôle au sens juridique du terme, mais il veille, au nom des principes de l'humanité, au traitement humain des personnes protégées, ce qui équivaut pratiquement à vérifier si les dispositions conventionnelles sont bien appliquées, et constitue un certain contrôle de fait » [4]. Selon les Statuts de la Croix-Rouge internationale, le C.I.C.R. est une institution neutre dont l'activité humanitaire s'exerce spécialement en cas de guerre, de guerre civile ou de troubles intérieurs, qui s'efforce en tout temps d'assurer protection et assistance aux victimes militaires et civiles desdits conflits et de leurs suites directes. En outre, il prend toute initiative humanitaire qui entre dans son rôle d'institution et d'intermédiaire spécifiquement neutres et indépendants et étudie toute question dont l'examen par une telle institution s'impose. Enfin, il maintient les principes fondamentaux de la Croix-Rouge.

---

[1] Article 5, par. 5.

[2] Article 5, par. 6. La mention « Puissance protectrice » désigne ici également le substitut.

[3] Pour une liste des fonctions imparties aux Puissances protectrices, voir Siordet, *op. cit.*, pp. 75-80.

[4] C.I.C.R. « Règles relatives au comportement des combattants » (C.E./4) Fascicule IV, *op. cit.*, p. 15.

Or, comme son champ d'action est vaste, la doctrine propre du C.I.C.R. a toujours une place prépondérante.

En effet, le droit international humanitaire ne couvre pas ou qu'incomplètement, les vastes zones d'activité du C.I.C.R. et celui-ci s'efforce alors de se fonder sur une doctrine qui assure la continuité de son œuvre. Cette doctrine est parfois interne, parfois publique; elle est établie par le C.I.C.R. lui-même afin de couvrir les domaines les plus divers de son action. Comme on le verra, cette doctrine précise, d'une part, l'attitude à suivre par le C.I.C.R. dans des situations couvertes par le droit humanitaire, mais où des règles d'action complémentaires restent nécessaires et, d'autre part, elle lui fournit des lignes directrices dans des domaines que ce droit ne touche pas (p. ex. prisonniers politiques, etc.). Tâchons, alors, de déterminer cette activité.

A. *Dans les conflits armés internationaux*

En vertu des Conventions de Genève, le C.I.C.R. peut prendre toute initiative qu'il jugerait utile dans le domaine humanitaire, et ce en vertu du droit d'initiative générale que lui reconnaissent ces mêmes conventions. En conséquence, aucune disposition des Conventions et du Protocole I n'est exclusive d'une activité humanitaire de la part du C.I.C.R. (ou d'un organisme analogue) [1]. Mais les Conventions ne précisent pas les modalités de son intervention dans les conflits armés internationaux; la Puissance détentrice a l'obligation d'accepter l'offre du C.I.C.R. de visiter les camps des prisonniers de guerre ou des civils internés et de respecter le droit de ses délégués de s'entretenir librement et sans témoins avec ces catégories de personnes. Dans cette mesure, les fonctions du C.I.C.R. de liaison et ses visites des lieux de détention des prisonniers de guerre et des internés civils, sont les mêmes que ceux de la Puissance protectrice et il exerce parallèlement à cette dernière un contrôle véritable.

En outre, le C.I.C.R. peut entreprendre des actions de secours collectifs « lorsque la population civile d'un territoire occupé... est insuffisamment approvisionnée... » [2] et éventuellement d'autres actions de même nature en faveur des prisonniers de guerre [3], afin de leur distribuer « des secours, du matériel de toute provenance destiné à des fins religieuses, éducatives, récréatives ou pour les aider à organiser leur loisirs à l'intérieur des camps... ».

---

[1] Voir plus loin le texte de la disposition pertinente à propos du droit d'initiative du C.I.C.R.

[2] Article 59, IVe Convention.

[3] Article 125, IIIe Convention: Une « Agence centrale de renseignements sera créée en pays neutre dès l'ouverture d'un conflit... Le Comité international de la Croix-Rouge proposera aux Puissances intéressées, s'il le juge nécessaire, l'organisation d'une telle agence... ».

« La situation particulière du C.I.C.R. dans ce domaine sera en tout temps reconnue et respectée » [1].

Les Conventions de Genève consacrent une série d'articles aux fonctions des Agences centrales de renseignements, et dont les mandats sont assumés en pratique par l'Agence centrale de recherches du C.I.C.R. [2]. Cette dernière est en outre nommément désignée au Protocole I [3] avec un rôle accru dans la centralisation des renseignements relatifs aux morts et aux captifs [4]. Enfin le C.I.C.R. a d'autres diverses activités comme p. ex. de veiller à la libération et rapatriement ou aux échanges entre prisonniers de guerre [5].

Le droit d'initiative humanitaire est la clé de l'action du C.I.C.R. Admis comme une coutume, il a été consacré dans le droit conventionnel. Ce droit d'initiative est prévu dans les Statuts de la Croix-Rouge internationale [6] et dans les Conventions de Genève de 1949 [7]. Enfin ce droit a vu un nouveau développement conventionnel, consacré dans le Protocole additionnel I:

« Les Parties au conflit accorderont au Comité international de la Croix-Rouge toutes les facilités en leur pouvoir pour lui permettre d'assumer

---

[1] Art. 125, par. 3 de la IIIe Convention.

[2] Art. 123 - IIIe Convention; 124 - IVe Convention.

[3] Art. 33, par. 3.

[4] Les têches conventionnelles de l'Agence Centrale de Recherches (A.C.R.) sont les suivantes:
— obtenir, centraliser et communiquer tous renseignements sur les victimes civiles et militaires de la guerre, vivantes ou décédées (prisonniers de guerre, internés civils, personnes portées disparues, etc.) au pouvoir de la Partie adverse;
— répondre aux demandes de nouvelles et ouvrir les enquêtes nécessaires;
— assurer la transmission de la correspondance entre les captifs et leurs familles, ainsi que le contact, par courrier ou messages Croix-Rouge, entre civils non internés mais séparés de leurs proches;
— délivrer des attestations de captivité, de maladie, de décès;
— transmettre des documents légaux, tels que procurations et testaments.

Conformément au développement des activités du C.I.C.R., l'A.C.R. a étendu ses tâches conventionnelles au domaine des « détenus politiques ». Elle s'occupe également du regroupement des familles dispersées. Elle assume, enfin, la gestion des titres de voyage émis par le C.I.C.R., document destiné aux personnes déplacées, apatrides ou réfugiées qui, faute de pièces d'identité adéquates, se trouvent dans l'impossibilité de rentrer dans leur pays d'origine ou de domicile habituel, ou de se rendre dans un pays de leur choix prêt à les accueillir.

En 1960 le C.I.C.R. a modifié l'ancienne appellation « Agence centrale des prisonniers de guerre » en « Agence centrale des recherches », répondant ainsi à l'esprit des Conventions de 1949 qui visent aussi bien les victimes civiles que les prisonniers de guerre.

[5] Titre IV de la IIIe Convention.

[6] « Il (le C.I.C.R.) prend toute initiative humanitaire qui rentre dans son rôle d'institution et d'intermédiaire spécifiquement neutres et indépendants et étudie toute question dont l'examen par une telle institution s'impose ». Article IV, par. 6, des Statuts de la Croix-Rouge internationale, Manuel de 1a Croix-Rouge internationale, *op. cit.*, p. 277.

[7] « Les dispositions de la présente Convention ne font pas obstacle aux activités humanitaires que le Comité international de la Croix-Rouge, ainsi que tout autre organisme humanitaire impartial, entreprendra pour la protection des blessés, malades et naufragés, ainsi que des membres du personnel sanitaire et religieux, et pour les secours à leur apporter, moyennant l'agrément des Parties au conflit intéressées ». Article 9/9/9/10 commun. Le texte ci-dessus est celui de la Ire Convention: les textes figurant dans les autres Conventions sont adaptés à l'objet de chacune!

les tâches humanitaires qui lui sont attribuées par les Conventions et le présent Protocole afin d'assurer protection et assistance aux victimes des conflits; le Comité international de la Croix-Rouge pourra également exercer toutes autres activités humanitaires en faveur de ces victimes, avec le consentement des Parties au conflit » [1].

Le droit d'initiative humanitaire a rendu et continue à rendre des grands services à l'humanité, surtout là où les mécanismes du droit humanitaire — et c'est souvent le cas — ne s'appliquent pas. Il est très difficile de déterminer le contenu de ce droit et même dangereux à le définir. Il vise toute action du C.I.C.R. qui peut apporter une aide aux victimes des conflits armés (et des troubles intérieurs) là où des raisons politiques et autres ne permettent pas la mise en œuvre des mécanismes de protection prévus dans les Conventions de Genève et du Protocole I. Néanmoins, l'exercice de ce droit est toujours conditionné par le consentement des Etats intéressés qui peuvent souverainement accepter ou refuser l'offre du C.I.C.R.

Comme nous l'avons dit plus haut, l'activité du C.I.C.R. est parallèle et complémentaire à l'activité de la Puissance protectrice. Peu après la conclusion des Conventions de Genève, le C.I.C.R. fit savoir qu'il était en principe d'accord de devenir substitut des Puissances protectrices en cas de carence de celles-ci [2]. Il formula cependant certaines réserves de détail quant à son rôle. Ces réserves portaient notamment sur le fait « qu'en devenant substitut, le C.I.C.R. resterait ce qu'il est, c'est-à-dire une institution ayant ses principes propres... et n'en deviendrait pas pour autant une « Puissance », c'est-à-dire un Etat, avec les caractéristiques diplomatiques qui s'y rattachent » [3]. En fait le C.I.C.R. n'a jamais été substitut. La difficulté réside dans la caractéristique du C.I.C.R. qui n'est mandataire de personne, si ce n'est de l'humanité.

Le Protocole additionnel I développe le rôle du C.I.C.R. aux paragraphes 3 et 4 de son article 5, que nous avons mentionné ci-dessus. Nous avons vu que le C.I.C.R. avait désormais l'obligation conventionnelle d'intervenir dans le fonctionnement du mécanisme de protection des Conventions de Genève et du Protocole, et ceci non pas en vertu de son droit d'initiative humanitaire, mais en tant qu'organe mandaté par le Protocole. Si cette désignation échoue, les belligérants devraient accepter le C.I.C.R. ou tout autre organisme humanitaire et impartial en qualité de substitut de

---

[1] Article 81, par. 1 du Protocole I.

[2] Ce rôle lui incombe comme « dernier recours » en vertu de l'alinéa 3 de l'article 10, à moins que les Etats ne lui confient ce titre en vertu de l'alinéa premier du même article.

[3] C.I.C.R., Fascicule IV, *op. cit.*, p. 15. Ces réserves ont donné l'impression inexacte que le C.I.C.R. se refusait à être le substitut des Puissances protectrices. Dans ce même fascicule, le C.I.C.R. éclaircit sa position: «Il convient donc de dissiper tout malentendu: en cas de besoin, et il tient à le confirmer ici, le C.I.C.R. fera tout son possible pour être le substitut d'une Puissance protectrice défaillante, avec l'accord des deux Parties intéressées. »

la Puissance protectrice (obligation qui existait déjà en vertu de la Convention). S'il y a désignation d'un substitut, il y a tout lieu de croire qu'en pratique, c'est le C.I.C.R. qui sera désigné comme tel.

En pratique, il faut bien constater que le fait pour le C.I.C.R. de devenir le substitut d'une Puissance protectrice ne changerait pas grand-chose à ses activités concrètes. Il y a en effet un large chevauchement entre les tâches humanitaires de la Puissance protectrice et celles dont le C.I.C.R. s'acquitte, tant sur la base des dispositions particulières des Conventions que sur celle de son droit d'initiative. Tout au plus peut-on considérer que le fait pour lui d'être qualifié de substitut lui donnerait une assise plus formelle pour déployer ses activités propres. En outre le C.I.C.R. peut parfaitement remplacer la Puissance protectrice sans être pour autant « substitut » de celle-ci, comme p. ex. dans le conflit du Moyen-Orient, où le C.I.C.R. a assumé sur une base pragmatique un grand nombre des tâches accordées par les Conventions de Genève aux Puissances protectrices [1]. Dans le conflit armé qui opposa l'Inde au Pakistan, le C.I.C.R. remplaça de même la Puissance protectrice (La Suisse) empêchée par l'Inde de remplir ses fonctions en vertu du droit de Genève.

B. *Dans les conflits armés non-internationaux*

Dans les conflits armés non-internationaux, l'action du C.I.C.R. prend une importance particulière du fait que d'après l'art. 3 commun « seul un organisme humanitaire et impartial tel que le Comité international de la Croix-Rouge pourra offrir ses services aux Parties au conflit ».

Lors de la Conférence d'experts gouvernementaux de 1972, il avait été proposé d'instituer un « système de surveillance pour les conflits armés non-internationaux », mais le C.I.C.R. lui-même considérant cette proposition comme trop audacieuse, y avait renoncé dans son projet.

La Conférence diplomatique fut saisie par le C.I.C.R. d'un projet d'article formulé comme suit: « Les Parties au conflit pourront faire appel à un organisme présentant toutes garanties d'impartialité et d'efficacité, tel que le C.I.C.R., pour concourir à l'observation des dispositions du présent Protocole. Un tel organisme pourra également offrir ses services aux Parties au conflit » [2].

Finalement, après des discussions très animées, parfois même violentes, aucun accord ne fut atteint. Un projet de compromis du Canada fut égale-

[1] R.I.C.R., n°s 620 et 621, 1970, pp. 481-513 et 349-574.

[2] Projet d'article 36. Cette proposition réaffirmait et complétait l'alinéa 2 de l'article 3 commun aux quatre Conventions en ce sens qu'il prévoyait la possibilité pour les Parties au confiit de faire appel à un organisme humanitaire impartial. Voir Calogeropoulos-Stratis, « Troisième session de la Conférence diplomatique... », *op. cit.*, p. 29.

ment repoussé [1]. En définitive, le Protocole II ne mentionne pas du tout le C.I.C.R. Il reste cependant acquis que la disposition pertinente de l'article 3 demeure valable, comme du reste l'article 3 dans son ensemble, dans toutes les situations couvertes par le Protocole II [2]. Ce qui est caractéristique, c'est que les pays qui sont le moins exposés aux dangers d'une guerre civile étaient en faveur de l'inclusion d'une disposition prévoyant l'intervention du C.I.C.R., tandis que les pays qui connaissent des mouvements insurrectionnels y étaient opposés. On constate la même hésitation qu'en ce qui concerne l'acceptation des règles matérielles du droit humanitaire valable dans les conflits armés non-internationaux. Ces pays craignent pour leur souveraineté. Cependant cette crainte nous paraît sans fondement, car l'application du Protocole II n'aura lieu que du moment que la souveraineté aurait cessé de jouer dans les faits. Par ailleurs la pratique a montré qu'une déclaration unilatérale émanant d'une des parties à un conflit non-international a souvent permis au C.I.C.R. de susciter une déclaration concordante de la part de l'autre partie pour mettre en vigueur tout ou partie des Conventions de Genève, ce qui montre bien que l'application du droit humanitaire dans les conflits armés non-internationaux est non seulement désirable mais aussi possible.

Section 3. Procédures d'enquête

Les Conventions de Genève de 1949 contiennent une disposition commune relative à l'enquête qui doit être ouverte à la demande d'une Partie au conflit pour toute violation alléguée des Conventions [3]. L'enquête est donc obligatoire du moment que l'un des belligérants la demande. Toutefois aucune règle n'existe qui fixe la procédure dont les modalités doivent être arrêtées par les Parties au conflit et, à défaut d'entente, par un arbitre de leur choix.

Cette disposition n'a jamais fonctionné dans la pratique, car elle perdait une grande partie de sa substance du fait qu'il appartenait aux Parties d'arrêter la procédure. Notons que le C.I.C.R. n'a aucune fonction à remplir en cette matière.

---

[1] C.D.D.H./I/G.T./103.

[2] L'article 18 du Protocole II dit seulement que « les sociétés de secours situées dans le territoire de la Haute Partie contractante, telles que la Croix-Rouge (Coissant-Rouge, Lion-et-Soleil-Rouge) pourront offrir leurs services en vue de s'acquitter de leurs tâches traditionnelles à l'égard des victimes du conflit armé ». Mais cette disposition concerne les sociétés nationales.

[3] Article 52/53/132 et 149 communs: « A la demande d'une des Parties au conflit, une enquête devra être ouverte, selon le mode à fixer entre les parties intéressées, au sujet de toute violation alléguée de la Convention. Si un accord sur la procédure d'enquête n'est pas réalisé, les Parties s'entendront pour choisir un arbitre, qui décidera de la procédure à suivre... » (al. 1er et 2). Une disposition analogue figurait déjà dans la Convention de 1929 pour l'amélioration du sort des blessés et des malades (ent. 30) mais pas en revanche dans la Convention de la même année relative au traitement des prisonniers de guerre.

Pour combler cette lacune, deux amendements furent présentés à la Conférence diplomatique, visant l'institution d'un mécanisme du contrôle permanent par la création d'une *Commission d'enquête permanente*, dont les membres seraient désignés soit par le C.I.C.R. [1], soit par le dépositaire des Conventions, parmi les noms figurant sur une liste régionale alphabétique proposée par les Hautes Parties contractantes [2].

Le C.I.C.R. déclara qu'il accepterait les tâches d'administrateur de cette Commission, à condition « que la nature de cette fonction reste distincte des autres tâches du C.I.C.R. », notamment les tâches traditionnelles de protection et d'assistance conférées par les Conventions et le Protocole [3]. Pour finir, cette idée fut abandonnée et le C.I.C.R. ne figure pas dans l'article pertinent.

Au cours de la discussion qui eut lieu dans la Commission I, trois positions se dégagèrent face à ce problème:

a) la première était en faveur de la création d'une Commission d'enquête internationale permanente [4];

b) la seconde envisageait plutôt une institution *ad hoc*, à constituer lors de chaque conflit armé [5];

c) la troisième était opposée à la création d'un organe international ayant des pouvoirs d'enquête, car il s'agirait d'une « atteinte à la souveraineté des Etats » et « d'une ingérence dans leurs affaires internes » [6].

Enfin, après de longs débats, la Conférence adopta l'article 90 du Protocole I, intitulé « *Commission internationale d'établissement des faits* ». Aux termes de cet article, il est créé un organe permanent, « la Commission », composée de quinze membres, qui pourra fonctionner après que vingt Hautes Parties contractantes au moins seront convenues d'accepter sa compétence par une déclaration de reconnaissance qui peut être faite au moment de la ratification du Protocole, ou ultérieurement à tout autre moment. Les Hautes Parties contractantes qui auraient fait cette déclaration d'acceptation éliront les membres de la Commission « au scrutin secret sur une liste de personnes pour l'établissement de laquelle chacune de ces Hautes Parties contractantes pourra proposer un non ».

Cet organe sera compétent pour:

1) enquêter sur tout fait prétendu être une infraction grave au sens des Conventions de Genève et du Protocole;

---

[1] C.D.D.H./I/241 (Danemark, Nouvelle-Zélande, Suède et Norvège).

[2] C.D.D.H./I/267 (Pakistan).

[3] Déclaration du représentant du C.I.C.R. (C.D.D.H./I/S.R. 56, p. 10).

[4] Pays du groupe occidental. Le Canada a émis quelques réserves.

[5] Japon. C.D.D.H./I/316.

[6] Pays socialistes.

ou, 2) faciliter, en prêtant ses bons offices, le retour à l'observation des dispositions des Conventions et du Protocole.

Cette commission a donc un caractère double: celui d'un organe d'enquête, et aussi celui d'un organe chargé de faciliter l'exécution des Conventions et du Protocole I.

Dès réception d'une demande d'enquête sur des violations graves, le Président de la Commission constitue une « Chambre » de sept membres, dont cinq sont choisis parmi les membres de la Commission, qui ne sont ressortissants d'aucune des Parties au conflit, sur la base d'une représentation équitable des régions géographiques, auxquels s'ajoutent deux membres *ad hoc*, choisis par les parties et, qui ne doivent pas non plus être ressortissants de celles-ci. Les Parties au conflit sont invitées à assister la Chambre et à produire des preuves. L'enquête peut aussi s'effectuer sur place.

La Commission présentera aux Parties intéressées un rapport sur les résultats de l'enquête de la Chambre, avec les recommandations qu'elle jugerait appropriées. La Commission ne communiquera pas publiquement ses conclusions, à moins que toutes les Parties intéressées ne le lui aient demandé. Notons que l'objet de l'enquête n'est pas défini de la même façon dans les Conventions de Genève et à l'article 90 du Protocole I: dans le premier cas, l'enquête peut avoir lieu pour « toute violation alléguée de la Convention », tandis que, dans le second, seulement pour les infractions graves aux Conventions et au Protocole. La procédure d'enquête de l'article 90 n'a donc pas écarté celle qui est prévue dans les Conventions. Les deux procédures subsistent, côte à côte.

Il est enfin inutile d'ajouter qu'aucune procédure d'enquête n'est prévue dans le Protocole II relatif aux conflits armés non internationaux.

A ce qui précède, on peut encore ajouter l'article 1 commun aux quatre Conventions de Genève [1] qui peut être interprété comme donnant un droit — et une obligation — de contrôle aux Hautes Parties contractantes quant à l'application et le respect desdites Conventions. En effet, les Etats parties ne s'engagent pas seulement à respecter, mais encore à faire respecter les Conventions. Cette formule semble permettre aux Etats non parties au conflit de surveiller l'exécution des Conventions, ce qui démontre le caractère particulier que revêtent les Conventions du droit humanitaire parmi les traités internationaux.

Section 4. La responsabilité pénale de l'individu

Il ne siérait pas de clore le chapitre sur la mise en œuvre du droit humanitaire sans parler, même de façon schématique, de la répression des violations de ce droit.

---

[1] Voir *supra*, p. 104.

La première sanction du droit des conflits armés consiste en ce que l'on appelle les représailles, exercées par les belligérants dans leurs relations réciproques, qui constituent des mesures de contrainte dérogeant aux règles ordinaires de ce droit et sont exercées à la suite de la commission d'actes illicites par un belligérant au préjudice de l'adversaire, dans le but d'imposer au premier le respect du droit [1].

Cependant, le recours aux représailles n'est pas souhaitable du point de vue humanitaire car les premières victimes en sont en général les personnes mêmes que le droit humanitaire entend protéger. Mais comme elles ne constituent pas une mesure illégale en soi et en outre elles remplissent une fonction, leur interdiction pure et simple serait sans doute une solution idéaliste, mais en même temps irréaliste. Il faut donc interdire les représailles à l'encontre de certaines catégories de personnes et de biens. C'est ce qui a été fait dans les Protocoles additionnels, qui interdisent les représailles à l'encontre des blessés, des malades, de la population civile, des biens de caractère civil et des biens culturels.

La responsabilité pénale est une caractéristique traditionnelle du droit de la guerre. Ce droit a de tout temps connu la responsabilité pénale de l'individu pour crimes de guerre. Les Conventions du droit humanitaire ont repris cette formule en lui donnant une base plus solide [2]. « Le châtiment effectif des individus coupables de crimes de guerre (et de crimes contre l'humanité) constitue un élément important de la protection contre de tels crimes, aussi bien pour le présent que pour l'avenir de la protection des droits de l'homme et des libertés fondamentales, du renforcement de la confiance et de la promotion de la coopération entre les peuples ainsi que de la paix et de la sécurité internationales » [3].

L'énumération des crimes de guerre figure au deuxième paragraphe du Principe VI des Statuts du Tribunal de Nuremberg: « Les violations des lois et coutumes de la guerre, qui comprennent, sans y être limitées, les assassinats, les mauvais traitements ou la déportation pour les travaux forcés ou pour tout autre but des populations civiles dans les territoires occupés, l'assassinat ou les mauvais traitements de prisonniers de guerre ou de personnes en mer, l'exécution d'otages, le pillage de biens publics ou privés, la

---

[1] Cf. « Régime des représailles en temps de paix », XXXIXe session de l'Institut de Droit international, *Annuaire de l'I.D.I.*, 1934, p. 708, cité dans « Documentation C.I.C.R. », Fascicule II, *op. cit.*, p. 48.

[2] « La responsabilité civile de l'individu peut en théorie être engagée aussi dans la mesure où l'auteur d'un crime de guerre peut être condamné à réparation des dommages causés par ses actes. Mais en pratique, vu le montant particulièrement élevé de ces dommages, c'est avant tout contre l'Etat que se retourne la responsabilité civile ». Cf. Bosly, « Responsabilités des Etats parties à un conflit et des individus quant à l'application des règles de droit humanitaire », *Revue de droit pénal militaire*, Vol. XII-2, 1973, p. 207.

[3] Rapport du Secrétaire général des Nations Unies, doc. A/8345. Troisième Commission. Recommandations à l'Assemblée générale (1971).

destruction perverse de villes ou villages ou la dévastation que ne justifient pas les exigences militaires » [1].

Elle figure également dans les Conventions de Genève de 1949, mais seule la violation de certaines dispositions constitue un crime de guerre. Les Conventions font en effet une distinction entre « infractions graves », qui sont des crimes de guerre à proprement parler, et « infractions simples ». Pour les premières, elles font l'objet de dispositions identiques [2] en vertu desquelles les Parties s'engagent à prendre toute mesure législative nécessaire pour fixer les sanctions pénales adéquates à appliquer aux personnes ayant commis, ou donné l'ordre de commettre, l'une ou l'autre des infractions graves définies respectivement aux articles 50/51/130/147 des Conventions [3].

Les Conventions de Genève ne mentionnent que les personnes coupables d'avoir commis ou ordonné de commettre des infractions graves. Elles ne disent rien des autorités ou des supérieurs qui ont toléré la perpétration de ces crimes [4]. En revanche, le Protocole I, dans son article 86, paragraphe 1, stipule que les Hautes Parties contractantes et les Parties au conflit doivent prendre les mesures nécessaires pour faire cesser toutes les infractions aux Conventions et au Protocole qui résultent d'une omission contraire à un devoir d'agir.

D'après les dispositions des Conventions de Genève de 1949, ce sont les Etats qui devraient prévoir dans leur législation pénale la répression des infractions graves aux Conventions. Mais tous les Etats ne l'ont pas encore fait. En outre, les législations varient d'un pays à l'autre et les peines prévues sont disparates. Il est donc évident que la répression des crimes de guerre est inégalement assurée.

Le C.I.C.R., conscient de ce problème, réunit dès 1965 un groupe d'experts pour examiner l'éventuel établissement d'une loi-type pour la répression des infractions aux Conventions de Genève, afin d'établir une certaine uniformité [5]. Ainsi débutèrent les efforts du C.I.C.R. pour réadapter les dispositions des Conventions de Genève relatives à la répression des infrac-

---

[1] Le même Principe VI énumère les crimes contre la paix et les crimes contre l'humanité. Cf. Glaser, *Droit international pénal conventionnel*, Bruxelles, Bruylant, 1970, pp. 16-22. La Commission du droit international des Nations Unies, mandatée par l'Assemblée générale, a formulé les principes du droit international pénal consacré dans le statut du Tribunal de Nuremberg et dans les jugements de ce Tribunal, en se fondant sur un rapport présenté par le professeur grec, Jean Spiropoulos, *La Commission du droit international et son œuvre*, Nations Unies, N. York (numéro de publication 67), pp. 23-25 et 69-70.

[2] Articles 49/50/122/146.

[3] L'homicide intentionnel, la torture et toutes formes de traitement inhumain.

[4] Cf. Röling, « Aspects of the criminal responsibility for violations of the laws of war », *in Respect for human rights in armed conflicts and other existing and emerging Law*, publié sous la direction du Professeur Cassese, Florence, 1977.

[5] Solf et Cummings, « A survey of penal sanctions under Protocol I additional to the Geneva Conventions of August 1949 », *Case Western Reserve Journal of International Law*, Vol. 9, nº 2, 1977, p. 219.

tions aux Conventions dans le cadre de la réaffirmation et du développement du droit humanitaire applicable dans les conflits armés.

A la Conférence diplomatique, la question la plus importante à ce sujet fut de savoir s'il fallait faire figurer ou non dans le Protocole I une Section relative aux infractions et, dans l'affirmative, si l'on devait s'en tenir aux infractions graves prévues par les Conventions de 1949 ou en inclure de nouvelles [1].

La plupart des experts consultés par le C.I.C.R. avaient estimé qu'un article sur les infractions devait figurer dans le Protocole. En 1974 et en 1975, le C.I.C.R. avait également requis l'avis de quelques experts dans le cadre de l'Institut de droit international humanitaire de San Remo. Pendant la deuxième session, une nouvelle idée avait été émise d'autre part, selon laquelle « il y aurait lieu de faire une distinction dans la façon de traiter les infractions commises sur le champ de bataille et celles commises dans d'autres zones » [2].

Au cours des débats, quatre tendances se dégagèrent:

a) La première visait à inclure parmi les infractions graves celles qui sont commises contre les personnes se trouvant aux mains de l'ennemi, tandis que toute autre infraction ne devait pas être considérée comme un acte délictueux.

Cette tendance, soutenue par les Etats-Unis et la Grande-Bretagne, avait pour seul but de s'en tenir au système prévu par les Conventions, tout en y apportant quelques modifications.

b) La deuxième thèse fut soutenue par la République démocratique allemande. Selon son représentant [3], il fallait respecter ces lignes de conduite:

i) suivre le système de Genève quant à la distinction entre infraction *simple* et infraction *grave* [4], sans toutefois

ii) ne pas se contenter de répéter seulement ce qui est déjà contenu comme infractions graves dans les Conventions, mais au contraire

iii) aller au-delà de la protection des personnes se trouvant au pouvoir de l'ennemi (Titre II du Protocole) et prévoir des infractions graves aux dispositions du Titre III sur les méthodes et moyens de combat et du Titre IV concernant la population civile. Une autre façon de procéder pouvait être, selon le délégué est-allemand, d'admettre une discrimination entre les diverses parties du Protocole.

---

[1] Cf. Roucounas, Les infractions graves au droit humanitaire, *R.H.D.I.*, 1978, pp. 57-153.

[2] C.D.D.H./I/S.R. 34, p. 3.

[3] Prof. Graefrath. C.D.D.H./I/S.R. 43, pp. 7-8.

[4] Cette distinction paraît en effet nécessaire, car de l'infraction grave découle une série d'obligations, comme par exemple la promulgation d'une législation prévoyant l'obligation pour les Etats de rechercher les auteurs de ces infractions et de les traduire, quelle que soit leur nationalité, devant leurs propres tribunaux ou de les remettre à une autre Partie intéressée. Ce genre de législation est inappropriée pour une infraction simple.

c) La troisième tendance, dont la Suisse était l'initiatrice, demandait la suppression de toute la partie du Protocole sur les infractions (articles 74 à 79) [1]. Cette thèse reposait sur l'argument selon lequel les Etats sont de toutes façons amenés à adapter leurs législations internes sans que le Protocole les y contraigne puisque ce dernier stipule à maintes reprises l'obligation qu'ont les Parties d'assurer son application. La représentante de la Suisse voyait dans cette solution la seule possibilité de compromis étant donné que, si l'on devait décider d'inclure dans le Protocole une liste des infractions, on ne pourrait en aucun cas limiter cette liste aux personnes et biens visés par les Conventions, car l'inclusion dans le Protocole de règles sur la conduite de la guerre remettait toute cette partie en question. D'autre part, les quatre Conventions contenant, elles, une énumération exhaustive des infractions graves, par application du principe *nullum crimen sine lege*, il faudrait déterminer quelles sont exactement les infractions à considérer comme graves dans le cadre du Protocole I. C'est la raison pour laquelle la Suisse demandait que l'on précise à chaque fois au bas de chaque article interdisant un acte quelconque si sa violation constituerait une infraction grave.

d) La quatrième et dernière tendance, soutenue par le groupe socialiste, était la plus radicale. Elle demandait en effet de compléter la liste des infractions graves en ne se limitant pas seulement aux Conventions de Genève et aux Titres II, III et IV du Protocole I, mais en s'inspirant de surcroît des dispositions de la Convention sur l'imprescribilité des crimes de guerre et des crimes contre l'humanité et de celles de la Convention sur l'élimination et la répression de l'*apartheid.* De même, selon cette thèse, il fallait tenir compte des principes appliqués par le Tribunal de Nuremberg en ce qui concerne les criminels de guerre, et notamment les principes applicables en cas d'exécutions massives de populations, considérées comme des crimes contre l'humanité. De plus, tentant un rapprochement entre le *jus ad bellum* et le *jus in bello*, les mêmes orateurs déclarèrent qu'étant donné que « le droit international condamne la guerre d'agression, il faut faire une distinction entre l'agresseur et la victime, et le Protocole ne doit pas limiter le droit de la victime à se défendre sur son propre territoire par tous les moyens et méthodes de combat possibles » [2]. Cette thèse ne devait pas encore s'arrêter là. Le représentant de la R.S.S. d'Ukraine déclara qu'il était également indispensable que le Protocole indique clairement que « les personnes condamnées pour crime de guerre ou pour crime contre l'humanité, quelles

---

[1] C.D.D.H./I/S.R. 43, pp. 10-11.

[2] Cette thèse fut très vivement critiquée par plusieurs délégations. Nous-même, en qualité de délégué de la Grèce, avons déclaré à ce sujet: « Aucune discrimination ne doit être faite entre les ressortissants d'un pays agresseur ou d'un pays victime d'une agression, car d'un côté comme de l'autre les individus ne sont que des victimes. Du point de vue juridique, l'agression relève du *jus ad bellum* et non du *jus in bello*, dont relève le droit humanitaire ». (Calogeropoulos-Stratis (Grèce), C.D.D.H./I/S.R. 45, p. 16).

que soient les modalités d'exécution de ce crime, ne sauraient être déchargées de la responsabilité pénale et ne pourront bénéficier du statut de prisonnier de guerre » [1].

En ce qui concerne la question de savoir à qui confier la poursuite des personnes ayant commis des infractions graves, selon un groupe de délégués il était plus prudent de laisser aux Parties le soin de prendre des mesures appropriées afin de réprimer ces infractions; à l'inverse, les Philippines proposèrent un « Projet de code applicable aux crimes commis en violation des Conventions de Genève et des projets de Protocoles additionnels ». Cette suggestion est toutefois demeurée sans suite [2].

Finalement, le Protocole I comme les Conventions de Genève confie aux Etats le soin de poursuivre selon leur législation interne les personnes ayant commis des infractions graves. D'autres idées furent parfois avancées qui animaient les débats entre délégués, comme par exemple la promulgation d'une loi pénale universelle relative aux crimes de guerre, ou bien l'adoption d'une loi-type à l'usage du droit pénal national et s'inspirant des principes du droit pénal international, ou encore la création d'une cour internationale pénale, mais sans que celles-ci aboutissent à rien de concret.

En revanche, le Protocole I a considérablement augmenté la liste des infractions graves prévues dans les Conventions de Genève en introduisant une nouvelle série d'infractions graves aux Conventions et au Protocole, qui dépasse de loin les infractions classiques visant la personne humaine. Désormais, les attaques indiscriminées, le transfert par la Puissance occupante d'une partie de sa propre population civile dans les territoires qu'elle occupe, le retard injustifié dans le rapatriement des prisonniers de guerre, les pratiques d'*apartheid* ou les attaques contre les monuments historiques sont classés parmi les infractions graves [3].

---

[1] CDDH/I/SR 44, p. 12. L'Ukraine comme tous les pays socialistes ont d'ailleurs fait des réserves à l'article 85 de la IIIe Convention concernant les infractions commises par les prisonniers de guerre avant leur capture.

[2] Amendement CDDH/56/Add.1.

[3] Protocole I, article 85: « 1. Les dispositions des Conventions relatives à la répression des infractions et des infractions graves, complétées par la présente Section, s'appliquent à la répression des infractions et des infractions graves au présent Protocole.

2. Les actes qualifiés d'infractions graves dans les Conventions constituent des infractions graves au présent Protocole s'ils sont commis contre des personnes au pouvoir d'une Partie adverse protégées par les articles 44, 45 et 73 du présent Protocole, ou contre des blessés, des malades ou des naufragés de la Partie adverse protégés par le présent Protocole, ou contre le personnel sanitaire ou religieux, des unités sanitaires ou des moyens de transport sanitaires qui sont sous le contrôle de la Partie adverse et protégés par le présent Protocole.

3. Outre les infractions graves définies à l'article 11, les actes suivants, lorsqu'ils sont commis intentionnellement, en violation des dispositions pertinentes du présent Protocole, et qu'ils entraînent la mort ou causent des atteintes graves à l'intégrité physique ou à la santé, sont considérés comme des infractions graves au présent Protocole:
a) soumettre la population civile ou des personnes civiles à une attaque;

En outre, le Protocole introduit dans le droit humanitaire de nouvelles dispositions qui complètent et développent considérablement le domaine de la répression des infractions aux Conventions de Genève. Il prévoit l'obligation de réprimer les infractions qui résultent d'une omission contraire à un devoir d'agir [1], le devoir des commandants d'empêcher que ne soient commises des infractions et, au besoin, de les réprimer et de les dénoncer aux autorités compétentes [2].

Enfin, les Hautes Parties contractantes s'accorderont une entraide judiciaire aussi large que possible dans toute procédure relative aux infractions graves [3]. En outre, les Etats parties ont l'obligation de coopérer en matière d'extradition; quant à la loi applicable, c'est celle de la partie requise, sauf si un traité de caractère bilatéral ou multilatéral prescrit le contraire.

---

b) lancer une attaque sans discrimination atteignant la population civile ou des biens de caractère civil, en sachant que cette attaque causera des pertes en vies humaines, des blessures aux personnes civiles ou des dommages aux biens de caractère civil, qui sont excessifs au sens de l'article 57, paragraphe 2 a iii;

c) lancer une attaque contre des ouvrages ou installations contenant des forces dangereuses, en sachant que cette attaque causera des pertes en vies humaines, des blessures aux personnes civiles ou des dommages aux biens de caractère civil, qui sont excessifs au sens de l'article 57, paragraphe 2 a iii;

d) soumettre à une attaque des localités non défendues et des zones démilitarisées;

e) soumettre une personne à une attaque en la sachant hors de combat;

f) utiliser perfidement, en violation de l'article 37, le signe distinctif de la croix-rouge, du croissant-rouge ou du lion-et-soleil rouge ou d'autres signes protecteurs reconnus par les Conventions ou par le présent Protocole.

4. Outre les infractions graves définies aux paragraphes précédents et dans les Conventions, les actes suivants sont considérés comme des infractions graves au Protocole lorsqu'ils sont commis intentionnellement et en violation des Conventions ou du présent Protocole:

a) le transfert par la Puissance occupante d'une partie de sa population civile dans le territoire qu'elle occupe, ou la déportation ou le transfert à l'intérieur ou hors du territoire occupé de la totalité ou d'une partie de la population de ce territoire, en violation de l'article 49 de la IVe Convention;

b) tout retard injustifié dans le rapatriement des prisonniers de guerre ou des civils;

c) les pratiques de l'*apartheid* et les autres pratiques inhumaines et dégradantes, fondées sur la discrimination raciale, qui donnent lieu à des outrages à la dignité personnelle;

d) le fait de diriger des attaques contre les monuments historiques, les œuvres d'art ou les lieux de culte clairement reconnus qui constituent le patrimoine culturel ou spirituel des peuples et auxquels une protection spéciale a été accordée en vertu d'un arrangement particulier, par exemple dans le cadre d'une organisation internationale compétente, provoquant ainsi leur destruction sur une grande échelle, alors qu'il n'existe aucune preuve de violation par la Partie adverse de l'article 53, alinéa b, et que les monuments historiques, œuvres d'art et lieux de culte en question ne sont pas situés à proximité immédiate d'objectifs militaires;

e) le fait de priver une personne protégée par les Conventions ou visée au paragraphe 2 du présent article de son droit d'être jugée régulièrement et impartialement.

5. Sous réserve de l'application des Conventions et du présent Protocole, les infracfractions graves à ces instruments sont considérées comme des crimes de guerre. »

[1] Article 86.

[2] Article 87, paragraphe 1.

[3] Article 88.

SECTION 5. LE RENFORCEMENT DE LA MISE EN ŒUVRE DU DROIT HUMANITAIRE PAR LES NATIONS UNIES

Les faiblesses déjà signalées du droit humanitaire n'ont pas laissé indifférentes les Nations Unies qui, à partir de la Conférence internationale de Téhéran, commençèrent à manifester leur intérêt pour les situations de conflit armé et pour le respect du droit humanitaire. L'ONU s'était basée à cet égard, nous l'avons dit, sur sa compétence en matière des droits de l'homme [1]. Il faut rappeler ici, comme écrit le professeur Abi-Saab, que « lors de la Conférence diplomatique de 1949 (qui aboutit à l'adoption des quatre Conventions de Genève), plusieurs organes des Nations Unies tels que le Conseil de Sécurité, la Cour internationale de Justice ou un organe subsidiaire à créer, ainsi que les institutions spécialisées telle l'Organisation internationale des Réfugiés, ont été mentionnés comme des substituts possibles de la Puissance protectrice » [2].

Mais les Nations Unies, pour des raisons que nous avons déjà évoquées en relation avec l'interdiction par la Charte du recours à la force armée, n'ont pas voulu au début s'occuper du droit de la guerre. Toutefois, l'évolution sociale internationale n'a pas été en mesure pour autant d'empêcher les conflits armés localisés, internationaux ou intérieurs, et de ce fait le droit humanitaire s'avérait donc indispensable. Or, devant cette disposition, un organe *ad hoc* a été mis sur pied par l'ONU, chargé d'enquêter sur les violations des droits de l'homme et de la IVe Convention de Genève dans les territoires arabes occupés par Israël.

Conformément à la Charte, les Nations Unies sont habilitées à créer les organes internationaux nécessaires pour développer et encourager le respect des droits de l'homme et des libertés fondamentales, surtout dans les situations où ces droits sont souvent bafoués. Or, ces situations sont, au sens large, les situations d'exception, dont la première est le conflit armé. Le Secrétaire général le confirme dans son deuxième rapport [3]. Mais jusqu'à cette époque là (1968), l'intervention des organisations internationales dans les situations d'exception se limitait à la protection et au respect des droits de l'homme et des libertés fondamentales. Le conflit du Moyen-Orient est, en conséquence, la première expérience d'une organisation intervenant pour veiller à l'application du droit humanitaire, en l'occurrence de la IVe Convention de Genève relative à la protection de la population civile dans les

---

[1] Cf. Résolutions, p. 37.

[2] Voir *supra :* Section 1, Chapitre II.

[3] ABI-SAAB, « Les mécanismes de mise en œuvre du droit humanitaire » *R.G.D.I.P.*, 1978, N° 1 p. 11-12.

[4] Voir *supra*, p. 38-40.

[5] Cf. Résolution, *supra*, p. 37.

[6] Document A/8052, *op. cit.*, p. 246.

territoires occupés [1]. Cette intervention était indépendante de celle du C.I.C.R. qui déploie son activité en vertu du mandat que lui confient les Conventions.

Il faut cependant noter que le système du droit humanitaire tient compte de la nature spécifique des conflits armés et de leurs caractéristiques particulières et a pour cette raison une certaine efficacité. La désignation d'un organe *ad hoc* dans le cas d'espèce, se heurte — l'expérience l'a démontré — à des obstacles d'ordre à la fois juridique et politique, ce qui fait que son activité est contesté, bien qu'il puisse servir la cause de l'humanité avec dévouement. C'est ce qui se produit au Moyen-Orient où, devant le refus d'Israël de reconnaître l'applicabilité *de jure* de la IVe Convention dans les territoires occupés de la rive gauche et de Gaza, les Nations Unies ont essayé d'exercer une influence pour combler ce vide humanitaire [2].

Comme nous l'avons indiqué au deuxième chapitre de notre étude, le premier document traitant des droits de l'homme en période de conflit armé est la résolution 237 (1967) du 14 juin 1967 du Conseil de Sécurité, qui demandait à Israël de respecter les principes humanitaires régissant le traitement des prisonniers de guerre et la protection des civils tels qu'ils sont énoncés dans les Conventions de Genève de 1949.

Le 2 octobre 1967, le Secrétaire général de l'ONU présenta au Conseil de Sécurité le rapport de son représentant spécial, M. Nils-Goran Gussing, sur les pratiques israéliennes dans les territoires occupés, conformément à la résolution précitée.

La visite en territoires occupés du représentant permanent du Secrétaire général fut la dernière effectuée sur place. En effet, la mise en œuvre de cette résolution ne put être poursuivie du fait d'une objection soulevée par Israël, qui demandait que toute enquête menée au titre de la résolution 237 porte non seulement sur les territoires occupés, mais également sur le traitement des minorités juives dans les pays arabes. Cette condition posée par Israël empêcha le Secrétaire général de poursuivre son mandat et, le 31 juillet 1968, il fit part au Conseil de Sécurité de l'impossibilité dans laquelle il se trouvait de poursuivre sa mission.

---

[1] Déjà en 1965, la Commission interaméricaine des droits de l'homme était intervenue et avait fait œuvre utile dans la guerre civile en République dominicaine (Cf. VASAK, *La Commission interaméricaine des droits de l'homme*, Paris, L.G.D.J., 1968, (Chap. VIII, pp. 155-168.). La Commission européenne des droits de l'homme a aussi enquêté pour sa part dans des situations de troubles intérieurs et de conflits armés internationaux et internes, comme par exemple en Grèce (1968), en Irlande (1972) et à Chypre (1974). Enfin, lors de la guerre civile du Nigéria, une équipe d'observateurs s'était rendue à Lagos le 29 août 1968 suite à des accusations de génocide. (Il s'agit d'une procédure *ad hoc* unique à laquelle participaient l'ONU, l'O.U.A., le Royaume-Uni, le Canada, la Pologne et la Suède. Cf. *Kessing's contemporary archives*, 1969, 23156, et WILHELM, *R.C.A.D.I.H.*, *op. cit.*, pp. 402-405.)

[2] Vide, il est vrai, relatif, puisque ainsi que nous le notons plus haut le C.I.C.R. déploie une activité aussi dans ce contexte.

Le 27 février 1968, la Commission des droits de l'homme de l'ONU adopta une résolution demandant le retour immédiat dans leurs foyers de toutes les personnes qui avaient fui après l'occupation. Quelques mois plus tard, la Conférence internationale des droits de l'homme, réunie à Téhéran, priait l'Assemblée générale dans une résolution de désigner un Comité spécial pour enquêter sur « les violations des droits de l'homme dans les territoires occupés ».

L'Assemblée générale, par sa résolution 2443 du 19 décembre 1968, institua le « *Comité spécial d'enquêter sur les pratiques israéliennes affectant les droits de l'homme de la population des territoires occupés* ». Ce Comité était composé des représentants du Sri Lanka (Ceylan à l'époque), de la Somalie et de la Yougoslavie.

La création de cet organe *ad hoc* fut contestée par Israël qui mit en doute son impartialité. Israël soutint qu'il n'entretenait pas de relations diplomatiques avec les pays d'origine des membres du Comité, que le Sri Lanka votait toujours contre Israël dans les résolutions de l'Assemblée générale et que, en outre, la résolution avait été adoptée par une minorité des Etats membres [1].

Devant ce refus, le Comité clarifia sa position en insistant sur trois points:

a) le Comité spécial avait un devoir humanitaire et, de ce fait, il ne devait pas laisser des considérations juridiques et politiques le détourner de l'accomplissement de son mandat;

b) indépendamment du libellé de la résolution 2443, le mandat du Comité spécial exigeait qu'il procède à une enquête sur les plaintes et qu'il établisse la réalité de la situation dans les territoires occupés;

c) son mandat lui faisait une obligation de déterminer si Israël, en tant que Puissance occupante, se livrait à des pratiques constituant une violation des droits de l'homme de la population des territoires occupés [2].

La première décision du Comité fut de demander la coopération d'Israël à une enquête sur les territoires occupés, et celle de l'Egypte, de la Jordanie, du Liban et de la Syrie à des enquêtes éventuelles sur leur territoire, notamment parce que dans ces pays vivaient des personnes originaires des territoires occupés, qui avaient fui ou avaient été expulsées [3].

---

[1] 60 voix contre 22 avec 37 abstentions.

[2] M. H. Shirley Amerasinghe (président du Comité): « Les travaux du Comité spécial chargé d'enquêter sur les pratiques israéliennes affectant les droits de l'homme de la population des territoires occupés », O.N.U., *Chronique mensuelle*, mai 1973, Volume X, N° 5, p. 72.

[3] *Ibid.*, p. 73.

Le Comité se rendit dans ces quatre pays, mais Israël refusa toujours l'accès des territoires occupés aux membres du Comité [1].

Le résultat de cette enquête fit l'objet d'un rapport que l'Assemblée générale examina au cours de sa vingt-cinquième session [2]. Dans ce rapport, le Comité recommandait qu'un « arrangement spécial » soit conclu afin de permettre qu'une enquête soit menée à l'intérieur d'Israël:

« *a)* Que les Etats dont le territoire est occupé par Israël désignent immédiatement soit un ou plusieurs Etats neutres, soit une organisation internationale offrant toutes garanties d'impartialité et d'efficacité, en vue de sauvegarder les droits de l'homme de la population des territoires occupés [3];

b) Que des arrangements adéquats soient pris afin que les intérêts de la nombreuse population des territoires occupés qui ne s'est pas vu donner la possibilité d'exercer son droit à l'auto-détermination soient convenablement représentés; et

c) Qu'un Etat neutre ou une organisation internationale, au sens de l'alinéa a ci-dessus, soit désigné par Israël et associé à cet arrangement. »

« En vertu de cet arrangement, l'Etat ou les Etats ou l'organisation internationale ainsi désignés pourraient être autorisés à entreprendre les activités ci-après:

i) Assurer le respect scrupuleux des dispositions relatives aux droits de l'homme énoncées dans les *troisième et quatrième Conventions de Genève* et, en particulier, faire des enquêtes et déterminer les faits lorsqu'il est allégué que les dispositions relatives aux droits de l'homme de ces conventions ou d'autres instruments internationaux applicables sont violées;

ii) Veiller à ce que la population des territoires occupés soit traitée conformément au droit applicable;

iii) Faire rapport aux Etats intéressés et à l'Assemblée générale des Nations Unies sur leurs activités. »

Le Comité spécial présenta en tout quatre rapports à l'Assemblée générale [4]. Dans son dernier rapport, devant son impuissance à mener une enquête à l'intérieur des territoires occupés, le Comité exprima sa conviction

---

[1] O.N.U., *Chronique mensuelle*, juin 1970, p. 41; octobre 1970, p. 28.

[2] O.N.U., *Chronique mensuelle*, mai 1971.

[3] Dans le cas des Palestiniens ressortissants d'aucun des pays intéressés (habitant dans la bande de Gaza), il incombait à l'Assemblée générale d'assurer la représentation de leurs intérêts.

[4] Un rapport à la XXVe session, deux rapports à la XXVIe et un rapport à la XXVIIe. Documents officiels de l'A.G., (1970), point 101, Doc. A/8099, et document de l'E.C.O.S.O.C., supplément N° 4, E/4949. Dans ce document figure la résolution 9 de la Commission des droits de l'homme dans laquelle celle-ci fait siennes les conclusions des rapports du Comité spécial. Paragraphes 33-173.

« que les autres Etats membres de l'ONU devaient adopter une attitude plus concrète » à l'égard de cette question. Il conclut en affirmant qu'il y avait bien des violations des droits de l'homme contre la population vivant dans les territoires occupés, mais il ne put conclure, faute de renseignements, qu'il y avait une politique systématique de mauvais traitements et de tortures.

Les résultats de ce Comité sont très maigres, et sont du reste contestés par plusieurs Etats faute d'une enquête menée sur place. Ce dernier argument est peut-être en principe valable dans la mesure où l'on effectue une enquête sur des cas particuliers. Il faut en effet avoir dans de tel cas le témoignage de la victime ou d'autres personnes qui vivent avec elle. Mais quand il s'agit de situations où les violations sont généralisées, faisant l'objet d'une politique (par exemple colonisation, expulsions), il n'est pas nécessaire de se rendre sur place pour parvenir à des conclusions. D'ailleurs, l'absence de constatation, dans le rapport du Comité, de violations purement individuelles comme la torture, est tout à l'honneur de ce Comité, prouvant le sérieux de son travail.

Mais la contestation de l'œuvre du Comité est due, nous l'avons dit, à des raisons à la fois politiques et juridiques. Nous n'allons pas en analyser ici les raisons politiques, nous contentant d'une analyse juridique et laissant au lecteur de cette étude le soin de découvrir les frontières qui existent entre la politique et le droit.

Lorsque le conflit éclata, le 5 juin 1967, et dès l'ouverture des hostilités, le C.I.C.R. adressa à tous les Etats impliqués dans le conflit une notification leur demandant d'assurer l'application des Conventions de Genève [1]. Le C.I.C.R. put apporter son aide humanitaire aux victimes de ce conflit et parvint à atteindre son objectif de veiller tout d'abord à l'application des Conventions de Genève si l'on en croit son rapport, qui dit que « les Conventions ont été en général respectées » [2]. A la fin des hostilités actives, le C.I.C.R. continua d'apporter son aide humanitaire non seulement aux blessés, aux prisonniers de guerre et aux détenus civils, mais également aux populations civiles dans les territoires occupés de Cisjordanie, de Gaza, du Sinaï et du Golan. La Puissance occupante donna aux délégations du C.I.C.R. installées dans ces régions les facilités pratiques nécessaires, mais en dehors de ces activités pragmatiques, n'admit pas l'applicabilité de la IVe Convention aux territoires de l'ancienne Palestine, considérant qu'il s'agissait de territoires « administrés » et non pas de territoires « occupés » militairement. Le C.I.C.R. ne manqua cependant pas de souligner l'inconvénient majeur d'une telle situation « pour la sauvegarde des intérêts des personnes protégées » par la IVe Convention de Genève [3].

---

[1] Israël, République arabe unie, Liban, Syrie et Jordanie.

[2] Cf. « Le Comité international et le conflit du Proche-Orient » (exposé général de l'action), *R.I.C.R.*, juillet 1967, p. 308.

[3] Cf. « Application des Conventions de Genève dans les territoires occupés par Israël, et notamment de la IVe Convention », *R.I.C.R.*, juin 1968, p. 265.

Il ne fait pas de doute que les Conventions de Genève de 1949 étaient juridiquement applicables quand le conflit armé israélo-arabe éclata en 1967. M. J. Freymond, à l'époque vice-président du C.I.C.R., se rendit personnellement en Israël au printemps 1967 dans ce but, demandant en outre la mise en œuvre des mécanismes de protection de ces Conventions et la reconnaissance, à cet effet, du C.I.C.R. en tant que substitut de la Puissance protectrice [1]. En fait, le C.I.C.R. essaya de surmonter les difficultés en se faisant reconnaître la qualité de substitut, la désignation d'une Puissance protectrice étant impossible, du moment que les autres Parties au conflit ne reconnaissaient pas Israël en tant qu'entité étatique.

Israël, de son côté, n'a pas reconnu, par la suite, l'occupation *de jure* des territoires occupés ayant fait partie de la Palestine, ce qu'il devrait, sans doute, faire, même si la IVe Convention ne définit pas l'occupation. Cette politique jette une ombre dans les esprits, donnant naissance au soupçon qu'Israël a en fait des visées territoriales. Ainsi, l'applicabilité du droit humanitaire dans cette partie étant contestée par Israël, et la mise en œuvre devenant impossible même par le biais de substitut [2], le C.I.C.R. continua à fonctionner dans son cadre habituel, et assurer une présence en Israël et dans les territoires occupés.

Mais l'action du C.I.C.R., aussi efficace qu'elle soit, suffit-elle dans une situation de ce genre qui, indépendamment de son aspect purement humanitaire, couve des dangers pour la paix et la sécurité internationales ?

Les Nations Unies, en tant que fondement de la société internationale contemporaine, ont, à juste titre, voulu enquêter dans les territoires occupés par Israël. Cette organisation, comme du reste, les organisations régionales telles que le Conseil de l'Europe et l'Organisation des Etats Américains, ne sont pas juridiquement étrangers à des situations de conflit armé et peuvent intervenir, quoique en se basant seulement sur leurs compétences en matière de droits de l'homme et de libertés fondamentales. Ce qu'elles ne peuvent

---

Malgré les démarches du C.I.C.R., « les autorités israéliennes ont maintenu leur position consistant à garder ouverte la question de l'applicabilité de la IVe Convention de Genève de 1949, laissant au C.I.C.R. la possibilité d'exercer ses activités sur une base pragmatique. Dans ces conditions, le C.I.C.R. s'est efforcé d'obtenir, de cas en cas, la mise en œuvre aussi complète que possible des dispositions de cette Convention. Ainsi, dans plusieurs domaines, les facilités accordées par les autorités israéliennes ont permis aux délégués, comme par le passé, d'intervenir en faveur des victimes du conflit. Dans d'autres cas cependant, en raison de la position de principe arrêtée par Israël, le C.I.C.R. n'a pas obtenu satisfaction. Celui-ci ne peut que déplorer pareille situation, qui ne met pas les victimes au bénéfice de toute la protection et de tous les droits que leur assure la IVe Convention. » C.I.C.R., *Rapport d'activité 1973*, pp. 6 et ss. Pour l'activité du C.I.C.R. au cours des premières années, cf. *R.I.C.R.:* 1967, pp. 303, 413, 572; 1968, p. 263; 1969, p. 213; 1970, p. 307; 1971, p. 565; 1972, p. 368; 1973, pp. 92 et 605. Depuis cette date, presque tous les numéros de la R.I.C.R. contiennent des informations sur l'activité du C.I.C.R. dans les territoires occupés par Israël.

[1] FREYMOND, *Guerres, révolutions, Croix-Rouge*, *op. cit.*, p. 96.

[2] Le C.I.C.R. a fait la même proposition à l'Egypte qui est restée sans réponse.

en revanche pas faire, c'est intervenir pour faire appliquer les Conventions de Genève et les Protocoles additionnels puisque ces instruments, relevant du droit humanitaire, sont *de jure* en dehors du système de ces organisations. Dans cette ordre d'idée, leur intervention a suivi, à notre sens, un chemin à la fois erroné et dangereux.

Erroné parce que, au lieu de s'aventurer dans un domaine qui n'est pas le leur (le droit humanitaire), les Nations Unies devraient baser toutes leurs actions sur le respect des droits de l'homme et des libertés fondamentales énoncés dans la Charte et dans la Déclaration universelle des droits de l'homme. Après tout, comme nous avons pu le constater dans notre troisième partie, les règles matérielles de protection les plus fondamentales des droits de l'homme et du droit humanitaire sont très proches. De plus, le C.I.C.R. a donné des preuves de son efficacité du fait de son statut indépendant et de son activité impartiale tandis que les Nations Unies, composées de gouvernements (et qui dit gouvernement dit politique), ne peuvent pas toujours offrir de garanties analogues.

Dangereux parce qu'elles ont offert la possibilité à quelques personnes, juristes et hommes politiques, de propager des arguments purement politiques tout en utilisant une façade juridique apparemment valable. En outre, chaque nouvelle mission des Nations Unies qui échoue ne fait qu'accroître l'hostilité du public à son égard ainsi que « l'ignorance internationale » en ce qui concerne les réalisations positives de cet organisme.

* * *

CHAPITRE IX

LA MISE EN ŒUVRE DES DROITS DE L'HOMME

Comme nous l'avons dit dans l'introduction de notre ouvrage, notre attention se portera surtout sur la Convention européenne, qui lie actuellement 21 Etats européens, membres du Conseil de l'Europe [1].

L'originalité de la Convention consiste dans le fait que, partant de l'idée qu'une justice sans organe n'est qu'un mot vide de sens, ses auteurs ont institué un véritable mécanisme judiciaire de garantie internationale des droits de l'homme et des libertés fondamentales. A cet effet, une Commission et une Cour européennes ont été créées qui, complétées par le Comité des Ministres du Conseil de l'Europe, sont chargées de veiller au contrôle du respect par les Hautes Parties contractantes des dispositions protégées par la Convention (article 19).

Un mécanisme analogue existe aussi dans la Convention américaine des droits de l'homme, dont les organes sont une Commission et une Cour. Cette Convention ne connaît toutefois pas d'organe équivalant au Comité des Ministres. Le Pacte international relatif aux droits civils et politiques se contente de l'institution d'un seul organe, le « Comité des droits de l'homme », assez limité en fait dans son action comme nous le verrons.

Enfin, la « Convention internationale sur l'élimination de toute forme de discrimination raciale » [2] prévoit également un mécanisme de protection qui se rapproche de celui de la Convention européenne et qui est assuré par un organe permanent de la Convention: le « Comité pour l'élimination de la discrimination raciale ». Nous n'allons pas traiter de cette Convention car elle est trop spécifique.

* * *

---

[1] *a)* Les Etats ayant ratifié la Convention au 1er Janvier 1980 sont: l'Allemagne fédérale, l'Autriche, la Belgique, Chypre, l'Espagne, le Danemark, la France, la Grèce, l'Irlande, l'Islande, l'Italie, le Luxembourg, le Liechtenstein, Malte, la Norvège, les Pays-Bas, le Portugal, le Royaume-Uni, la Suède, la Suisse et la Turquie.

b) Dates d'entrée en vigueur: *Convention:* 3 septembre 1953. *Protocoles: Ier:* 19 mai 1954. *II:* 21 septembre 1970. *III:* 21 septembre 1970. *IV:* 2 mai 1968. *V:* 20 décembre 1972.

[2] Adoptée le 21 décembre 1965 et entrée en vigueur le 4 janvier 1969.

Section 1. La commission européenne des droits de l'homme

La Commission est en termes doctrinaux un organe d'enquête et de conciliation. Néanmoins, dans la pratique, « elle change de visage en changeant de fonctions » [1]. Ainsi, « ... chambre des requêtes au point de départ lorsqu'elle se prononce sur la recevabilité, elle descend d'un cran dans la hiérarchie judiciaire pour devenir un modeste juge d'instruction quand elle établit les faits de la cause. Magistrat conciliateur lorsqu'elle recherche le règlement amiable, elle doit aussi posséder les qualités d'un diplomate puisque les intérêts d'un Etat sont en jeu. Puis, appelée à donner son « avis » sur la question de savoir si la Convention a été violée, la Commission devient un auxiliaire de la justice sous les traits d'un expert professionnel en droits de l'homme. Enfin, pour que sans doute le tour des professions judiciaires soit complet, le rôle d'un ministère public lui sera dévolu devant la Cour » [2].

La Commission est composée d'un nombre de membres égal à celui des parties à la Convention, élus par le Comité des Ministres du Conseil de l'Europe sur une liste de noms dressée par le bureau de l'Assemblée consultative sur la base des listes nationales présentées par les groupes nationaux des députés. Les membres de la Commission sont élus pour 6 ans [3]. Ils sont rééligibles et restent en fonction jusqu'à leur remplacement effectif, donc même après l'expiration de leur période. Cette disposition permet ainsi au membre chypriote de siéger au sein de la Commission alors que son mandat est échu. Cela est dû au fait que Chypre n'est pas représentée à l'Assemblée consultative et que par conséquent aucune nouvelle liste de candidats n'a pu être soumise au Comité des Ministres. Les membres de la Commission siègent à titre individuel et en toute indépendance.

A. *La compétence de la Commission*

a) *Ratione personae*

La Commission peut être saisie par toute Partie contractante [4], ainsi que par toute personne physique, organisation non gouvernementale ou

---

[1] Vasak, « Institutions régionales de promotion et de protection des droits de l'homme », in *Manuel U.N.E.S.C.O. des droits de l'homme*, *op. cit.*, p. 12.

[2] *Ibid.*, p. 12-13.

[3] Sauf pour les membres élus lors de la première élection (18 mai 1954).

[4] Article 24 de la Convention. Dans l'affaire de Chypre, le gouvernement turc a contesté au gouvernement de la République de Chypre le droit d'introduire une requête, et cela en raison de la division *de facto* de l'Etat de Chypre en deux communautés, grecque et turque, le gouvernement chypriote ne représentant à ses yeux que la communauté grecque. Il s'est fondé sur la Déclaration de Genève du 30 juillet 1974, après l'invasion de l'île par les forces armées turques, dans laquelle les trois Puissances garantes (Grèce, Royaume-Uni et Turquie) reconnaissent l'existence de fait de « deux administrations autonomes », ainsi que sur la proclamation, le 13 février 1975, d'un « Etat fédéré turc » qui, par ailleurs, n'a été reconnu en tant que tel que par la Turquie. La

groupe de particuliers qui se trouvent sous la juridiction de l'Etat contre lequel se dirige la requête [1].

La nationalité du particulier prétendûment lésé ne joue aucun rôle. Un Etat peut ainsi introduire une affaire qui ne concerne pas ses propres nationaux. C'est d'ailleurs le cas dans la majorité des requêtes étatiques [2]. De même, dans une affaire individuelle, la nationalité de la personne qui introduit une requête est indifférente; il suffit qu'elle relève de la juridiction de l'Etat contre lequel se dirige la requête [3].

La Convention instaure donc un système de « garantie collective » qui n'a rien de commun avec l'exercice de la « protection diplomatique », laquelle cependant fut aux origines de la protection des droits de l'homme [4].

Commission rejeta l'argumentation turque et conclut que les requêtes avaient été valablement introduites au nom de la République de Chypre par le gouvernement légitime. A l'appui de cette décision, elle avança les arguments suivants:

a) Chypre était partie contractante au moment de l'introduction de l'affaire, et la déclaration précitée ne met nullement en cause l'existence de Chypre en tant qu'Etat et partie à la Convention européenne;

b) les actes du gouvernement de Chypre depuis 1963 (date à laquelle les deux administrations se sont séparées alors que la Constitution prévoit une administration commune) sont acceptés comme tels dans le cadre des relations diplomatiques et contractuelles et dans le fonctionnement des organisations internationales. A ce sujet, la Commission a relevé à titre d'exemple les recours du gouvernement de Chypre devant le Conseil de Sécurité, ainsi que la ratification par Chypre des Protocoles Nos II, III et V sans qu'aucune objection ait été soulevée par un autre Etat membre, y compris la Turquie;

c) l'objet de l'article 24 sur les requêtes étatiques est la garantie des droits de l'homme et il ne doit donc pas être compromis par un éventuel vice constitutionnel. Chypre contre Turquie: *Rapport de la Commission*, Vol. II (Annexes) p. 18-19.

[1] Article 25. Deux types de recours sont donc possibles, à savoir le recours *étatique* et le recours *individuel*. Il y a recours étatique quand une Haute Partie contractante engage la procédure prévue par la Convention contre une autre Haute Partie contractante, alléguant de violations de la Convention par cette dernière.

Il y a recours individuel quand un individu engage une action contre la Haute Partie contractante de la juridiction de laquelle il relève, se prétendant victime de violations d'une disposition de la Convention de la part de cette Partie.

[2] Affaire Grèce c/ Royaume-Uni, Affaire grecque, Affaire irlandaise.

[3] Cf. Affaire Amkeraue c/ Royaume-Uni (requête 5961/72) et affaire Alam et Singh c/ Royaume-Uni (requête 2991/66). Dans aucune de ces affaires, les requérants n'étaient pas britanniques. La première requête a été introduite par Mme Amerkaue, ressortissante allemande, à propos de son mari, le lieutenant-colonel Amerkaue, membre des forces aériennes marocaines et exécuté au Maroc le 13 janvier 1973 après avoir été condamné à mort pour avoir été impliqué dans un complot contre le roi Hassan II. La requérante soutenait que le renvoi de son mari au Maroc par les autorités britanniques de Gibraltar, où il avait demandé l'asile politique, l'avait exposé à des traitements inhumains et avait brisé l'unité de sa famille. (Voir *Bilan*, *op. cit.*, p. 32). La deuxième requête avait été introduite par deux pakistanais, M. Mohamed Alam et son fils M. Mohamed Khan. Il était allégué que le refus, par les autorités britanniques, d'autoriser l'entrée de M. Khan en vertu de la loi de 1962 sur les immigrants originaires du Commonwealth violait le droit à la vie familiale et le droit à un procès équitable. (Bilan, *ibid.*, p. 26). Dans les deux affaires, la Commission est parvenue à faire accepter un règlement amiable.

[4] Cf. à ce sujet CAVARE, « La protection diplomatique envisagée dans ses aspects récents », *Cours à l'Institut de Hautes Etudes internationales de Paris*, 1958/59, et JOSEPH, *Diplomatic protection and nationality. The Commonwealth of Nations*, Genève, Gateshead, Northumberland Press, 1968, Thèse I.U.H.E.I.

Chaque Etat partie à la Convention doit veiller au respect des droits de l'homme et de ce fait il n'a pas seulement le droit, mais il a également l'obligation d'introduire une affaire quand ces droits sont bafoués. Ce système de « garantie collective » est aussi renforcé par les pouvoirs de la Commission et de la Cour, qui peuvent refuser de donner suite au désistement des parties. De même, un règlement amiable ne peut intervenir que s'il s'inspire du respect des droits de l'homme tels que les reconnaît la Convention.

Par ailleurs, le recours individuel devant la Commission présuppose de la part de l'Etat intéressé une déclaration par laquelle il reconnaît la compétence de la Commission [1]. Au 1er janvier 1980, huit Etats n'avaient pas encore fait cette déclaration: Chypre, l'Espagne, la France, la Grèce, le Liechtenstein, Malte, le Portugal et la Turquie. A l'encontre de ces Etats, le seul recours possible est le recours étatique.

Enfin, la notion de « victime » joue un rôle dans la recevabilité des requêtes individuelles. L'article 25 dispose que les personnes physiques ou morales qui saisissent la Commission doivent pouvoir se prétendre victimes d'une violation. Les premières décisions de la Commission donnaient à cette notion de « victime » une interprétation large. Cependant, dans des décisions ultérieures, la Commission a déclaré irrecevables les requêtes dont les auteurs n'étaient pas eux-mêmes victimes des violations alléguées. Un requérant individuel ne peut donc désormais engager une action contre un Etat que s'il peut se prétendre lui-même victime d'une violation déterminée, la notion d'*actio popularis* n'existant pas dans la Convention européenne [2]. Cela signifie également qu'un individu ne peut pas introduire une affaire du simple fait que l'Etat contre lequel est dirigée la requête a élaboré une loi qui violerait la Convention, au contraire d'une requête étatique, où tel n'est pas le cas. Il faut que cette loi soit appliquée et que le requérant soit victime précisément de son application.

b) *Ratione loci*

La Commission peut être saisie pour des faits survenus sur le territoire national d'une Haute Partie contractante et sur les territoires non métropolitains auxquels la Convention s'applique après déclaration expresse de l'Etat intéressé, conformément à l'article 63 de la Convention. L'article 63

---

[1] Article 25.

[2] Dans l'affaire X c/ Italie (Requête N° 6481/74), la Commission, dans sa décision du 12 décembre 1974, a considéré que « la Convention ne prévoit pas d'*actio popularis*, mais exige que le requérant se prétende victime d'une violation de la Convention. Le requérant, demeurant à Reggio di Calabria, a voulu agir au nom des habitants de cette ville en se plaignant de façon générale du « terrorisme rouge » qui sévissait en Italie et contre lequel se serait érigé le « peuple de Reggio » entre 1970 et 1973 ». (« Recueil », Fasc. 1, juillet 1978...).

a été invoqué par trois Etats: le Danemark [1], les Pays-Bas [2] et le Royaume-Uni [3].

En outre, comme la Commission l'a admis dans l'affaire Chypre c/ Turquie, la Convention s'applique dans toute situation où une Haute Partie contractante exerce un contrôle effectif sur un territoire étranger, du moment que les personnes se trouvant sur ce territoire relèvent effectivement de l'autorité et de la responsabilité de la dite Partie.

Dans cette affaire, le gouvernement défendeur (Turquie) soutenait que la Commission n'était pas compétente *ratione loci* pour examiner les requêtes relatives à des violations de la Convention que la Turquie aurait commises à Chypre, et ceci en raison du fait que la Turquie n'avait pas étendu sa juridiction à Chypre et ne pouvait donc être tenue pour responsable, au regard de l'article 63 de la Convention, d'actes commis dans ce pays.

La Commission a estimé que l'article premier ne visait pas seulement le territoire national des Hautes Parties contractantes et que ces dernières sont tenues d'assurer droits et libertés à toute personne relevant effectivement de leur autorité et de leur responsabilité, que cette autorité s'exerce sur leur territoire ou à l'étranger [4].

En ce qui concerne l'article 63, la Commission a estimé dans son rapport qu'il ne peut pas être interprété comme limitant la portée du terme « juridiction », qui figure à l'article 1er, cet article visant non seulement l'extension territoriale de la Convention, mais aussi son adaptation au degré d'autonomie atteint par tel ou tel territoire non métropolitain et aux différences socio-culturelles qu'il présente. Or, les territoires visés par l'article 63 relevaient en tout cas de la juridiction de l'Etat au sens de l'article premier. Et la Commission conclut sur cette question:

« Il résulte de cette interprétation de l'article 1 que la compétence de la Commission pour examiner les requêtes dans la mesure où elles concernent des violations alléguées de la Convention à Chypre ne saurait être écartée sous prétexte que la Turquie, Partie défenderesse en l'espèce, n'a ni annexé une partie de l'île, ni, selon le gouvernement défendeur, établi dans ladite partie un gouvernement militaire ou civil. Il reste à examiner si la responsabilité de la Turquie au regard de la Convention est engagée par ailleurs du fait que des personnes ou des biens se trouvant à Chypre sont passés, à la suite de son action militaire, sous son autorité et sa responsabilité effectives à l'époque considérée. A cet égard, le gouvernement défendeur ne conteste pas l'entrée à Chypre de forces armées turques opérant sous sa seule autorité et selon les règles régissant la structure et le comman-

---

[1] Pour le Groenland avant qu'il ne devienne partie intégrante du territoire national.

[2] Pour le Surinam et les Antilles néerlandaises.

[3] Pour 42 territoires, dont la majeure partie a accédé depuis à l'indépendance.

[4] La Commission a rappelé à ce sujet sa décision sur la recevabilité de la requête No 1611/62 - X c/ RFA, *Annuaire*, vol. 8, pp. 158-169.

dement de ces forces armées, y compris la mise en place de tribunaux militaires. Il s'ensuit que ces forces armées sont des représentants de la Turquie qui font que « relèvent de la juridiction » de la Turquie l'ensemble des autres biens ou personnes se trouvant à Chypre, au sens de l'article 1 de la Convention pour autant qu'ils exercent leur autorité sur ces personnes ou ces biens. En conséquence, dans la mesure où ces forces armées, par leurs actes ou omissions, portent atteinte aux droits et libertés reconnus à ces personnes par la Convention, la responsabilité de la Turquie est engagée [1] ».

c) *Ratione temporis*

La compétence de la Commission s'étend à tous les faits postérieurs à la date d'entrée en vigueur de la Convention.

Néanmoins, la Commission a estimé que les faits antérieurs à cette date peuvent également relever de sa compétence dans la mesure où ils entraînent une violation continue de la Convention qui se prolonge après son entrée en vigueur [2].

De même, la Commission a admis que sa compétence *ratione temporis* avait un caractère objectif et qu'elle valait à l'égard de tous les Etats liés à la date de l'introduction de la requête. Dans l'affaire Autriche c/ Italie [3], le gouvernement italien avait plaidé l'incompétence de la Commission en prétendant que l'Italie, quand elle avait ratifié la Convention (le 26 octobre 1955), s'était engagée uniquement à l'égard des Etats déjà parties à cette Convention, ce que l'Autriche n'était pas à l'époque [4], et que l'Autriche ne pouvait donc pas invoquer des faits antérieurs à sa propre ratification. La Commission a rejeté cette argumentation et s'est exprimée comme suit: « En concluant la Convention, les Etats contractants n'ont pas voulu se concéder des droits et des obligations réciproques utiles à la poursuite de leurs objectifs et des idéaux du Conseil de l'Europe ».

d) *Ratione materiae*

La Commission peut être saisie de tout manquement aux dispositions de la Convention (articles 24 et 25), donc aux dispositions figurant au Titre I (articles 2-13), ainsi qu'aux dispositions figurant dans les Protocoles II et V. Théoriquement, la Commission pourrait être saisie de la violation d'autres dispositions de la Convention, telles que celles qui concernent le fonctionnement du mécanisme de protection. Cependant, ce cas ne s'est jamais présenté dans la pratique.

---

[1] Chypre contre Turquie, *Rapport de la Commission*, Vol. II (Annexes) p. 21 (La décision sur la recevabilité figure dans ce Vol. II comme annexe N° I pp. 1-25).

[2] Affaire De Becker, *Annuaire*, II, p. 215.

[3] Requête N° 788/60.

[4] L'Autriche a ratifié la Convention le 3 septembre 1958.

La violation de l'article premier fut invoquée dans l'affaire irlandaise et dans l'affaire de Chypre. La Commission, dans les deux affaires, a considéré que cet article ne pouvait donner lieu à une violation séparée de la Convention [1].

Dans l'affaire de Chypre, la Commission par 12 voix contre 1 et 3 abstentions estime « dans son examen de la présente affaire au fond, qu'il ne se pose pas d'autre question sur le plan de l'article 1, vu que cette disposition, qui ne garantit pas d'autres droits que ceux énoncés au Titre I, ne saurait faire l'objet d'une violation distincte. Elle fait référence à cet égard à son Rapport sur la requête nº 5310/71 (Irlande c/Royaume-Uni) » [2].

Le membre italien de la Commission, le professeur Sperduti, a toutefois considéré dans son opinion séparée qu'il pouvait y avoir violation de l'article premier quand on se trouve devant une affaire où il y a violation massive des dispositions de la Convention:

« Je ne puis souscrire à l'avis de la Commission suivant lequel l'article 1 de la Convention ne peut pas faire l'objet d'une violation distincte. Je reprends ici l'opinion individuelle que j'ai exprimée au sujet d'une question analogue dans la requête nº 5310/71 [3]. Comme je l'ai dit dans cet avis, je considère que l'article 1 ne peut être violé que lorsqu'il y a un ensemble cohérent de violations de certains droits de l'homme (en particulier du droit à la vie ou du droit de ne pas être soumis à des traitements inhumains et dégradants) qui, au regard d'autres instruments internationaux, sont considérées comme des violations graves ou des « violations flagrantes et massives » des droits de l'homme, contre lesquelles il n'existe aucun recours effectif possible. En l'espèce, le Gouvernement défendeur n'a pas montré qu'il avait pris des mesures adéquates pour empêcher les violations alléguées et il faut supposer que les violations constatées par la Commission font partie du système dans la situation considérée [4] ».

A notre avis, l'article premier de la Convention est une disposition de caractère général dont l'objet est de diminuer le domaine personnel, matériel et géographique de la Convention et n'a pas le caractère d'un droit subjectif dont la violation peut être considérée comme une violation indépendante. Dans les cas où il y a violation massive des droits inscrits dans la Convention, et notamment des droits inhérents et essentiels à la personne humaine, il faut considérer que l'Etat auteur de la violation se place en dehors du système démocratique européen. La simple constatation de ces violations ne suffit plus; il y a lieu de se demander alors s'il faut mettre en œuvre la procédure d'expulsion prévue à l'article 20 du Statut du Conseil de l'Europe.

---

[1] Affaire irlandaise, *Rapport de la Commission*, pp. 499-500.

[2] Chypre contre Turquie, *Rapport de la Commission*, Vol. I, page 155.

[3] Irlande contre Royaume-Uni, *Rapport de la Commission*, *op. cit.*, pp. 499-500.

[4] Chypre contre Turquie, *supra*, pp. 180-181.

La procédure devant la Commission comporte deux phases:

a) la phase de l'examen sur la recevabilité de la requête;

b) la phase de l'examen au fond de la requête déclarée recevable. La procédure est la même pour les requêtes étatiques (article 24) et les requêtes individuelles (article 25). Cependant, quelques nuances existent entre les deux recours durant la procédure, que nous verrons plus loin.

B. *Examen de la recevabilité de l'enquête*

a) *Conditions de recevabilité*

La Commission peut être saisie soit par un Etat partie à la Convention, soit par une personne, physique ou morale, relevant de la juridiction d'un Etat partie à la Convention; la requête écrite et signée, doit être adressée au Secrétaire général du Conseil de l'Europe, qui la transmet au président de la Commission.

La requête doit être présentée par le requérant dans un délai de six mois à partir de la date de la décision interne définitive et la Commission ne peut être saisie que si toutes les voies de recours internes ont été épuisées [1]. Ces deux conditions s'appliquent à la fois aux requêtes étatiques et aux requêtes individuelles.

La règle de l'épuisement préalable des voies de recours internes est fondée sur le principe selon lequel l'Etat défendeur doit pouvoir d'abord redresser lui-même le grief allégué dans le cadre de son ordre juridique interne [2]. Il a été soutenu dans les premiers temps que cette règle ne jouait pas dans les cas de requêtes étatiques; c'est ce qu'avait prétendu le gouvernement autrichien dans sa requête contre l'Italie [3]. Dans sa décision sur l'admissibilité, la Commission devait rejeter l'argumentation autrichienne, confirmant ainsi l'applicabilité de l'article 26 aux requêtes étatiques [4].

L'épuisement des voies de recours internes présuppose que les voies de recours qu'offre le système juridique de l'Etat responsable sont efficaces. Pour cette raison, la Commission a rejeté l'argument avancé par le gouvernement turc dans l'affaire de Chypre, qui affirmait que les Chypriotes qui se prétendaient victimes de violations n'avaient pas épuisé les voies de recours que leur offrait le droit turc. Elle a estimé que, dans les conditions matérielles où se trouvaient les Chypriotes après l'invasion, et en particulier les Chypriotes grecs, dont un grand nombre était des réfugiés, les voies de

---

[1] Article 26.

[2] Affaire Nielsen, Rapport de la Commission, *Annuaire* Vol. 2, p. 413.

[3] Pour l'argumentation autrichienne, voir EUSTATHIADES, « Le recours individuel à la Commission européenne des droits de l'homme », *Problèmes fondamentaux du droit international*, Mélanges Spyropoulos, Bonn, 1957, pp. 111 et ss.

[4] Voir « Epuisement préalable des voies de recours internes », *Note de la direction des droits de l'homme du Conseil de l'Europe*, Strasbourg, 1964, Doc. H(64)1.

recours offertes par les tribunaux militaires turcs établis à Chypre ou par les tribunaux turcs établis en Turquie « ne pourraient être considérées comme des voies de recours internes efficaces au sens de l'article 26 de la Convention... » [1].

En ce qui concerne les conditions de recevabilité propres à la requête individuelle, elles sont énoncées à l'article 27. Tout d'abord la requête ne peut être anonyme. Elle n'est pas considérée comme anonyme si le dossier contient des éléments permettant d'identifier le requérant [2]. Elle ne doit pas porter sur le même objet qu'une requête précédemment examinée ou déjà soumise à une autre instance internationale d'enquête ou de règlement, à moins qu'elle ne contienne des faits nouveaux. Enfin, la requête ne doit pas être incompatible avec les dispositions de la Convention, ni manifestement mal fondée ou abusive. Une requête est en particulier incompatible avec les dispositions de la Convention si elle ne rentre pas dans le cadre de la compétence de la Commission; elle est manifestement mal fondée entre autres si les griefs ne correspondent pas au contenu de la Convention [3]; et elle est abusive si elle est insultante ou purement diffamatoire pour le gouvernement défendeur.

Cette première phase de la procédure concernant l'examen de la recevabilité de la requête aboutit à une décision définitive et sans appel de la Commission par laquelle la requête est déclarée soit irrecevable, soit recevable. Dans le premier cas, l'affaire est close. Dans le deuxième cas, la Commission procède à l'examen au fond de la requête déclarée recevable.

b) *Examen au fond*

Dans cette deuxième phase, la Commission perd son caractère d'organe quasi-judiciaire pour devenir un organe d'enquête (établissement des faits) et de conciliation (tentative de règlement amiable). Aux termes de l'article 28 de la Convention, la Commission, pour établir les faits, procède à un examen contradictoire de la requête et, s'il y a lieu, à une enquête.

Les pouvoirs de la Commission sont ici très larges. Ainsi, dans l'affaire grecque, la Commission ne s'est pas contentée d'entendre des témoins (une vingtaine) à Strasbourg, mais une délégation s'est en outre rendue en Grèce (1969) pour instruire l'affaire. Des missions d'enquête sur place ont depuis été entreprises dans d'autres affaires interétatiques, notamment dans l'affaire

[1] Chypre contre Turquie, *Rapport de la Commission*, Vol. II (Annexes) p. 22.

[2] VASAK, « Institutions régionales... », *op. cit.*, p. 27.

[3] Cette exigence paraît contradictoire avec les fonctions de la Commission qui, au premier stade de la recevabilité, ne traite pas du fonds du problème. La Commission a considéré que cette condition s'expliquait par le souci des auteurs de la Convention « d'opposer un barrage efficace aux plaintes indignes de retenir son attention ». Mais elle a expliqué qu'elle n'est pas pour autant autorisée à rejeter, « dès le stade de l'appréciation de la recevabilité, une requête dont le mal-fondé ne tombe pas sous le sens ». Comme l'affirme M. Vasak: « le requérant doit apporter la preuve que sa requête relève une apparence de violation d'un droit protégé par la Convention » (Voir *ibid*, p. 29.).

irlandaise, dans laquelle les auditions des témoins eurent même lieu en Norvège pour des raisons de sécurité. De même, dans la dernière affaire de Chypre, une délégation de la Commission s'est rendue dans l'île [1].

L'instruction comporte deux phases:

— la phase écrite, pendant laquelle les parties intéressées procèdent à l'échange des mémoires contenant leur argumentation ainsi que leurs propositions;

— la phase orale, pendant laquelle il y audiences contradictoires et où la Commission peut faire appel à des témoins ou des experts, ou à n'importe quelle personne dont elle juge qu'elle peut l'éclairer. Dans ce domaine, la Commission est absolument libre de son choix.

Dès que la Commission estime qu'elle possède suffisamment d'informations pour se faire une idée suffisante de l'affaire, elle se met à la disposition des intéressés en vue de parvenir à un règlement amiable qui s'inspire du respect des droits de l'homme tels que les reconnaît la Convention.

Le terme de « règlement amiable » a été préféré à celui de conciliation pour des motifs d'opportunité. Selon Vasak, les auteurs de la Convention européenne ont volontairement écarté le terme de conciliation, d'une part parce qu'elle semblait propre au droit international valable entre des Etats, alors que le droit international des droits de l'homme fait intervenir les individus, et d'autre part, parce que la conciliation suggérait trop nettement l'idée d'un compromis, d'une transaction, sinon même d'un marchandage, notion à laquelle les droits de l'homme paraissaient devoir être intrinsèquement rebelles. « A la limite, on pourrait même douter de l'existence de différends au sens classique du terme en droit international des droits de l'homme, les affaires, qu'elles soient étatiques ou individuelles, ayant toutes un certain caractère d'ordre public et dépassant par conséquent le cadre limité de la procédure opposant deux Etats, ou un individu et un Etat au sujet du respect des droits de l'homme » [2]. Ce caractère d'ordre public n'empêche pas le règlement amiable de constituer un arrangement un compromis, entre les Parties, mais il s'exprime quand même dans le fait que la Commission contrôle le contenu du règlement et doit l'homologuer [3].

Si elle parvient à obtenir un règlement amiable, la Commission dresse un bref rapport dans lequel elle enregistre les faits et la solution adoptée et elle le transmet aux Etats intéressés, au Comité des Ministres et au Secré-

---

[1] *Bilan,* Conseil de l'Europe, Strasbourg, 1977, p. 13 (Doc. DH(77)3).

[2] Institut international des droits de l'homme, Strasbourg. *Résumé des cours*, 1975, *op. cit.*, p. FKV/26.

[3] Initialement, les fonctions de conciliateur étaient attribuées, selon l'article 29 de la Convention, à une « sous-commission » créée par la Commission. Cet organe auxiliaire fut supprimé par le Protocole N° 3 entré en vigueur le 21 septembre 1970.

taire général du Conseil de l'Europe, qui est chargé de la publication du rapport [1].

Si la Commission ne parvient pas à un règlement amiable, elle rédige un rapport dans lequel elle constate les faits et elle formule un avis sur le point de savoir si les faits constatés révèlent, de la part de l'Etat intéressé, une violation des obligations qui lui incombent aux termes de la Convention. Le rapport est transmis au Comité des Ministres et aux Etats intéressés, qui n'ont pas la faculté de le publier [2]. La transmission du rapport qui peut être accompagné des propositions formulées par la Commission [3], constitue le point de départ d'une nouvelle procédure qui doit aboutir à la décision obligatoire et définitive sur le fond de l'un des deux organes de décision de la Convention européenne, à savoir le Comité des Ministres et la Cour européenne des droits de l'homme.

Si le rapport de la Commission n'est pas déféré à la Cour dans un délai de trois mois à dater de la date de la transmission du rapport au Comité des Ministres, ce dernier est définitivement chargé de l'affaire [4]. Notons que la Cour ne peut être saisie d'une affaire que lorsque les Etats intéressés ont fait une déclaration aux termes de laquelle ils acceptent sa juridiction obligatoire.

SECTION 2. CONSTATATION OBLIGATOIRE

A. *Le Comité des Ministres*

Le Comité des Ministres intervient donc dans le mécanisme de la Convention européenne quand la Cour n'est pas saisie. En devenant organe de décision de la Convention, le Comité des Ministres garde la même composition qu'il possède en tant qu'organe du Conseil de l'Europe. Il comprend un représentant de chaque Etat membre du Conseil de l'Europe, c'est-à-dire actuellement 21 membres et cela même si certains de ses membres ne sont pas parties à la Convention.

---

[1] Art. 30 de la Convention.

[2] Art. 31, par. 1 et 2. La publication du rapport est décidée par le Comité des Ministres. Néanmoins, des extraits du rapport sur l'affaire grecque furent publiés sans autorisation dans la presse et, devant les protestations du régime militaire d'Athènes, le Secrétaire général du Conseil de l'Europe ainsi que le Président en fonction de la Commission ont exprimé des regrets à ce sujet, en déniant toute responsabilité. Enfin, récemment, comme nous l'avons relevé, des extraits du rapport de la Commission sur l'affaire de Chypre ont été publiés dans le journal britannique « Sunday Times », puis le rapport complet a été publié avant la décision pertinente du Comité des Ministres.

[3] Art. 31, paragraphe 3.

[4] Art. 32.

La compétence du Comité des Ministres dans le cadre de la Convention européenne est prévue à l'article 32: « ... le Comité des Ministres prend, par un vote à la majorité des deux tiers des représentants ayant le droit de siéger au Comité, une décision sur la question de savoir s'il y a eu ou non une violation de la Convention ». La majorité des deux tiers exigée concerne toute décision du Comité, qu'il s'agisse d'une « condamnation » ou d'un « acquittement ».

Cette règle peut conduire à une impasse, car il peut arriver que, faute d'obtenir la majorité exigée, le Comité des Ministres soit incapable de prendre une décision sur le fond. C'est ce qui s'est produit par exemple dans l'affaire Huber c/ Autriche, où le Comité des Ministres, « ayant procédé au vote conformément aux dispositions de l'article 32, paragraphe 1, de la convention, sans que la majorité des deux tiers des représentants ayant le droit de siéger ait été atteinte, décide, en conséquence, qu'il n'y a pas lieu de donner d'autres suites à la présente affaire » [1].

Néanmoins, il décida de publier « pour information » le rapport dans lequel la Commission constatait une violation de l'article 6, paragraphe 1, de la Convention. Ainsi, « l'avis » de la Commission devint dans cette affaire une sorte de « décision interposée » dès lors que le Comité des Ministres n'était pas en mesure de se prononcer.

Quant à la communication du rapport au requérant individuel, lorsqu'il y a procédure devant le Comité, celui-ci a pris une décision négative. La Convention ne contenant aucune disposition concernant la procédure devant le Comité des Ministres, celui-ci a décidé qu'il n'y avait pas lieu de permettre la communication du rapport de la Commission au requérant [2].

La décision du Comité des Ministres revêt la forme d'une résolution, conformément à l'article 20 du Statut du Conseil de l'Europe. Les motifs qui ont amené le Comité à prendre sa décision ne peuvent être fondés que sur le texte de la Convention. Son caractère d'organe politique ne peut le soustraire à l'observation des dispositions conventionnelles qui régissent cette partie de son activité [3].

La question peut toutefois se poser de savoir si le Comité des Ministres peut ou non ouvrir à nouveau l'enquête de la Commission ou la compléter. C'est ce qui s'est produit dans l'affaire de Chypre où le Comité des Ministres, à sa réunion du 21 octobre 1977, a demandé au gouvernement turc,

---

[1] Résolution DH (75)2., adoptée par le Comité des Ministres le 15 avril 1975, lors de la 244e réunion des Délégués des Ministres. Cf. *Recueil des résolutions du Comité des Ministres adoptées en application de l'article 32 de la Convention européenne des sauvegardes des droits de l'homme et des libertés fondamentales (1959-1979)*. Conseil de l'Europe, Strasbourg 1979.

[2] « Règles adoptées par le Comité des Ministres relatives à l'application de l'article 32 ». Cf. *Recueil de textes*, Strasbourg, 1978, pp. 501-504.

[3] Cf. Avis consultatif de la C.I.J. du 28 mai 1948 relatif aux conditions d'admission d'un Etat membre des Nations Unies.

qui n'avait pas pris part à la procédure devant la Commission, de présenter un mémoire. On peut contester la conformité de cette procédure avec la Convention, bien qu'elle soit prévue dans les règles de procédure adoptées par le Comité des Ministres [1]. En tout cas, ce que le Comité demanda (inviter les deux communautés chypriotes à reprendre les négociations intercommunautaires) n'avait manifestement rien à faire avec la mission de cet organe. Il s'agissait là d'une décision de nature purement politique, certainement étrangère à la compétence attribuée au Comité des Ministres dans le cadre du mécanisme de la Convention européenne [2]. Enfin, lors de sa réunion du 20 janvier 1979, le Comité des Ministres décida de classer le dossier « Chypre c/ Turquie » sans prononcer aucune condamnation contre la Turquie, bien que, dans le communiqué publié à l'issue de la réunion, il constatait que les événements de Chypre « constituent des violations de la Convention européenne des droits de l'homme ». Il décida en outre de « déclassifier » l'affaire à partir du 31 août 1979, autrement dit de publier le rapport de la Commission resté jusqu'ici officiellement secret [3].

Dans le cas où le Comité des Ministres constate une violation, il fixe un délai; en remettant la publication à une date ultérieure. Si l'Etat intéressé, dans le délai imparti, n'a pas pris de mesures satisfaisantes, le Comité donne à sa décision initiale « les suites qu'elle comporte » et publie le rapport [4]. A part la sanction que constitue la publication du rapport, la nature de ces « suites » n'est pas précisée.

Cependant, comme l'affaire grecque l'a démontré, dans des situations de violations massives et graves de la Convention, le Conseil des Ministres peut aussi décider l'exclusion d'un membre du Conseil de l'Europe, conformément à l'article 20 du Statut de ce dernier. La décision d'expulsion ne peut être prise qu'à la majorité des deux tiers. Si, dans l'affaire grecque, la sanction de l'expulsion n'a pas été prononcée, cela est dû au seul fait que, lors de la réunion du 12 décembre 1970 à Paris, quelques heures avant la décision, la Grèce des colonels s'est retirée du Conseil de l'Europe et a dénoncé la Convention européenne des droits de l'homme. Cependant, le Comité des Ministres a souscrit à l'avis exprimé par la Commission dans

---

[1] « Le Président du Comité recueille, au sujet de la procédure à suivre, l'opinion des représentants de l'Etat ou des Etats parties au litige. Le Comité indique, le cas échéant, suivant quel ordre et dans quels délais toutes déclarations écrites ou tous autres documents devront être déposés ». (Règle N° 8). Cf. Recueil de textes, *op. cit.*, p. 502.

[2] « Le Comité des Ministres, au lieu de se prononcer sur le rapport de la Commission qui constatait des violations graves et massives de la part de l'armée turque contre la population chypriote grecque de l'île, dépassant ses obligations conventionnelles, non seulement ne prit aucune décision sur le fond, mais, comble d'aveuglement politique, il invita les parties à reprendre les négociations intercommunautaires, comme si les violations avaient été commises par les Chypriotes turcs ou grecs ». Siotis « Un camouflet pour la Commission européenne », *Le Monde*, 21 février 1978.

[3] Journal « *Le Monde* », 23 janvier 1979.

[4] Article 32, paragraphe 2.

son rapport et a constaté que la Grèce avait violé un certain nombre de dispositions de la Convention [1]. Il décida en outre de publier le rapport de la Commission [2].

Mais comme nous l'avons dit, le Comité des Ministres n'est saisi d'une affaire que si la Cour, organe judiciaire, n'a pas été saisie, ce qui place la Cour, dans la hiérarchie de la Convention, avant le Comité des Ministres.

B. *La Cour européenne*

La Cour européenne des droits de l'homme a été créée six ans après l'entrée en vigueur de la Convention européenne, le 3 septembre 1958, après que huit Parties contractantes eurent reconnu sa juridiction obligatoire d'après l'article 56 de la Convention.

a) *Fonctionnement et compétences*

La Cour est composée d'un nombre de juges égal à celui des membres du Conseil de l'Europe [3]. Il est donc possible que la Cour comprenne des juges ressortissants d'Etats non parties à la Convention européenne. Ainsi, dans le passé, M. René Cassin fut à la fois juge et Président de la Cour alors que la France n'avait pas encore ratifié la Convention européenne.

Les juges sont élus par l'Assemblée consultative du Conseil de l'Europe à la majorité des voix exprimées sur une liste de condidats présentés par les Etats membres [4]. Ils sont rééligibles et restent en fonction jusqu'à leur remplacement [5]. Cette dernière clause a permis au juge chypriote de continuer à siéger au-delà de l'expiration de la période pour laquelle il avait été élu, et cela pour les mêmes raisons que le membre chypriote de la Commission [6].

Bien qu'aucune disposition de la Convention n'affirme l'indépendance des juges, celle-ci « constitue néanmoins la conséquence nécessaire du pouvoir juridictionnel confié à la Cour » [7], et elle est présupposée par l'article 39, alinéa 3, de la Convention, selon lequel « les candidats devront jouir de la

---

[1] Cf. « Recueil des résolutions du Comité des Ministres... », *op. cit.* Résolution DH (70)1, adoptée par le Comité des Ministres le 15 avril 1970.

[2] *Ibid.* Résolution DH (74)2, adoptée par le Comité des Ministres le 26 novembre 1974, lors de la 239e réunion des Délégués.

[3] Art. 38.

[4] Art. 39, par. 2.

[5] Art. 40, par. 1 et 6.

[6] Le membre de la Commission est chypriote-grec, le membre de la Cour chypriote-turc.

[7] « Le mécanisme et le fonctionnement de la Convention européenne des droits de l'homme », *Document d'information générale*, Conseil de l'Europe, 4(66)3, Strasbourg, 2 février 1966, p. 7. L'article 4 du règlement de la Cour dispose que: « Un juge ne peut exercer ses fonctions aussi longtemps qu'il est membre d'un gouvernement ou qu'il occupe un poste ou exerce une profession susceptible d'affecter la confiance en son indépendance ».

plus haute considération morale et réunir les conditions requises pour l'exercice de hautes fonctions judiciaires ou être des jurisconsultes possédant une compétence notoire.

Les règles qui régissent la compétence de la Commission *ratione loci*, *ratione materiae* et *ratione temporis* s'appliquent pratiquement aussi à la Cour. Seule la compétence *ratione personae* de la Cour n'est pas la même puisqu'elle n'est pas compétente *ipso jure* pour connaître d'une affaire, sa juridiction devant au préalable être reconnue comme obligatoire par les Hautes Parties contractantes, à moins que celles-ci ne donnent, dans une affaire déterminée, leur agrément à la saisine de la Cour. Jusqu'à présent, sur 21 Etats parties à la Convention, les Etats suivants n'ont pas fait cette déclaration d'acceptation: Chypre, l'Espagne, le Liechtenstein, Malte, le Portugal et la Turquie [1].

En outre, il n'y a pas *devant la Cour* de *locus standi* pour l'individu. « Seules les Hautes Parties contractantes et la Commission ont qualité pour se présenter devant la Cour d'après l'article 44 de la Convention. En effet, aux termes de l'article 48 de la Convention, la Cour peut être saisie soit par la Commission, soit par une Haute Partie contractante. Cette dernière peut être soit celle dont la victime est le ressortissant, soit celle qui a été mise en cause dans une affaire. Le droit accordé à la Commission de saisir la Cour permet dans une certaine mesure de rétablir un équilibre sérieusement perturbé par la Convention dès lors que les individus ne peuvent pas le faire. C'est « la conséquence du compromis entre les partisans et les adversaires d'une Cour dont l'accès serait ouvert à l'individu » [2].

b) *Procédure devant la Cour*

La procédure devant la Cour européenne suit sensiblement les mêmes règles que celles qu'applique la Cour internationale de Justice. Cependant, le rôle de la Commission dans cette procédure et la position du requérant individuel posent des problèmes particuliers.

i) *Rôle de la Commission*

Devant la Cour, la Commission devient un auxiliaire de celle-ci en ce sens qu'à la manière d'un ministère public, elle représente l'intérêt général dans le respect des droits de l'homme.

La Commission ne devient en aucun cas partie au procès [3]. L'article 56 de son règlement précise qu'elle assiste la Cour. Par ailleurs, la Cour elle-même, dans son premier arrêt, celui sur les exceptions préliminaires dans l'affaire Lawless, a qualifié en ces termes le rôle de la Commission:

---

[1] Conseil de l'Europe, *Etats des signatures et des ratifications des Conventions et Accords du Conseil de l'Europe*, Strasbourg 1979.

[2] Vasak, *Manuel U.N.E.S.C.O.*, *op. cit.*, p. 55.

[3] Le premier article du règlement de la Cour réserve le terme « partie » aux seules Parties contractantes.

« Considérant que la Convention a, par son article 19, institué la Commission ainsi que la Cour afin d'assurer le respect des engagements résultant pour les Hautes Parties contractantes de la Convention; que, pour la sauvegarde des droits de l'homme, elle a confié à chacun de ces deux organes des fonctions déterminées; qu'elle a doté la Commission d'attributions différant dans le temps; que dans la phase initiale de la procédure — principalement couverte par les dispositions du titre III de la Convention — la Commission reçoit essentiellement une mission indépendante d'enquête, de conciliation et éventuellement d'initiative pour saisir la Cour; qu'à la vérité, une fois la Cour saisie d'une affaire, la Commission devient principalement une aide de la Cour et est associée au fonctionnement de celle-ci, mais que même dans cette phase de la procédure, elle exerce des attributions qui dérivent directement de la Convention et ne sont pas fixées par la Cour [1]. »

La Commission assiste normalement la Cour par l'intermédiaire des trois délégués qu'elle désigne et qui veillent notamment à la bonne interprétation de son rapport.

ii) *Rôle de l'individu*

Comme nous l'avons vu, les articles 44 et 48 de la Convention excluent l'individu de la procédure devant la Cour. L'individu ne peut donc en aucun cas comparaître juridiquement devant elle.

Néanmoins, dans l'arrêt déjà mentionné sur les exceptions préliminaires dans l'affaire Lawless, la Cour a reconnu l'intérêt du requérant dans la procédure: « Considérant en l'espèce que le requérant... bien qu'il ne soit pas habilité à saisir la Cour, à comparaître juridiquement devant elle, ou encore à formuler des conclusions par un représentant choisi par lui, est cependant directement intéressé à la procédure qui se déroule devant la Cour; qu'il ne faut pas perdre de vue que le requérant est l'initiateur de l'instance engagée devant la Commission; que, dans le cas où la Cour reconnaîtrait le bien-fondé de ses griefs, il pourrait être directement affecté par toute décision que la Cour serait amenée à prendre en vertu de l'article 50 de la Convention, sur le fond de l'affaire; que l'article 38 de son Règlement autorise la Cour à entendre toute personne dont la déposition lui paraît utile à l'accomplissement de sa tâche... » [2].

En fait, le requérant individuel ne pouvant ni comparaître devant la Cour, ni formuler des conclusions par l'intermédiaire d'un représentant choisi par lui, c'est la Commission qui, en défendant l'intérêt général, défend par là-même les intérêts propres de l'individu. D'ailleurs, l'article 61 du

---

1 Affaire Lawless, Arrêt, *op. cit.*, p. 11.

2 *Ibid.*, p. 14. Voir aussi: Eissen, « Le premier arrêt de la Cour européenne des droits de l'homme », *A.F.D.I.*, 1960, pp. 491-492.

Règlement de la Commission prévoit la communication du rapport au requérant, qui a la faculté de présenter à la Commission ses observations écrites sur le rapport.

En ce qui concerne la communication à la Cour des observations du requérant, devant les objections soulevées par le gouvernement irlandais dans l'affaire Lawless, la Cour s'est exprimée de la manière suivante: « Considérant... qu'il est dans l'intérêt d'une bonne administration de la justice que la Cour puisse connaître et, le cas échéant, prendre en considération le point de vue du requérant; qu'à cette fin elle dispose: dans tous les cas et en premier lieu, du rapport de la Commission lequel fait nécessairement état, même si elle ne les fait pas siennes, des allégations de fait ou des prétentions de droit du requérant; en second lieu, des observations écrites ou orales des délégués et conseils de la Commission qui, en vertu de sa mission d'intérêt général, a le droit, même si elle ne les prend pas à son compte, de faire état devant la Cour, sous sa propre responsabilité, des considérations du requérant en tant qu'élément propre à éclairer celle-ci; qu'en troisième lieu, la Cour peut encore entendre la requérant en vertu de l'article 38 de son Règlement et elle a encore le droit, à titre de mesure d'instruction, soit d'inviter d'office la Commission, soit d'autoriser celle-ci, sur sa demande, à lui soumettre les observations du requérant concernant le rapport ou toute autre question déterminée ayant surgi au cours des débats » [1].

C) *Aboutissement de la procédure*

L'affaire portée devant la Cour peut aboutir à l'une ou l'autre des quatre solutions suivantes:

a) règlement amiable de l'affaire devant la Cour, qui doit s'inspirer du respect des droits de l'homme;

b) désistement, qui intervient avec l'accord de la Cour après consultation de la Commission;

c) radiation de l'affaire du rôle de la Cour, non prévue par la Convention, mais survenue en pratique dans l'affaire DeBecker [2];

d) prononcé d'un arrêt, ce qui est la solution normale.

Le *règlement amiable* peut intervenir aussi au stade de la procédure devant la Cour puisque la Commission poursuit ses efforts avant tout en vue de parvenir à une solution. Si elle y parvient, elle informe la Cour, qui est la seule compétente pour décider si cette affaire sera poursuivie ou non [3].

---

[1] Affaire Lawless, arrêt *op. cit.*

[2] Dans cette affaire, la Commission et le gouvernement belge proposèrent que, en raison de l'adoption de la nouvelle loi belge, l'affaire soit rayée du rôle. La Cour prit une décision dans ce sens. La Commission avait auparavant informé la Cour que cette solution avait reçu l'agrément du requérant: *Cour Européenne des droits de l'homme*, Série A, 1962-63.

[3] Art. 47, par. 1 et 3 du Règlement de la Cour.

En ce qui concerne le désistement, il ne peut intervenir qu'avec l'accord des autres parties. La Cour décide, après avoir consulté la Commission, s'il y a lieu ou non de l'homologuer et donc de rayer l'affaire du rôle [1].

Enfin, l'*arrêt* est l'aboutissement normal d'une affaire portée devant la Cour. Il doit être motivé [2]. La Cour se prononce sur le point de savoir s'il y a eu violation ou non de la Convention. L'arrêt de la Cour est définitif [3] et il n'est donc susceptible d'être attaqué par aucune voie de recours.

Néanmoins, le Règlement de la Cour prévoit:

1) « Toute Partie et la Commission peuvent demander l'interprétation d'un arrêt dans les trois ans qui suivent le prononcé »;

2) « La demande indique avec précision le ou les points du dispositif de l'arrêt dont l'interprétation est demandée ». En outre, en vertu de l'article 54 révisé du même Règlement: « En cas de découverte d'un fait de nature à exercer une influence décisive et qui, à l'époque du prononcé d'un arrêt, était inconnu tant de la Cour que du demandeur en révision, une Partie ou la Commission peut, dans le délai de six mois à partir du moment où elle a eu connaissance du fait découvert, saisir la Cour d'une demande en révision de l'arrêt dont il s'agit » [4].

L'arrêt est obligatoire pour les Etats parties au litige et la surveillance de son exécution est assurée par le Comité des Ministres [5].

Néanmoins, la Convention laisse entendre qu'une décision prise on une mesure ordonnée par une autorité judiciaire interne ou par toute autre autorité étatique qui constitue une violation de la Convention n'est pas frappée de nullité, ce qui signifie que l'arrêt de la Cour n'est pas nécessairement exécutoire dans l'ordre juridique interne. Cela dépend bien entendu de l'ordre juridique interne en question et de son système de réception du droit international. En effet, « si le droit interne de ladite partie ne permet qu'imparfaitement d'effacer les conséquences de cette décision ou de cette mesure, la décision de la Cour accorde, s'il y a lieu, à la partie lésée une satisfaction équitable [6] ».

Enfin, mentionnons la disposition de l'article 57, qui se place en dehors du mécanisme de protection, mais qui renforce l'efficacité générale de la Convention:

« Toute Haute Partie contractante fournira sur demande du Secrétaire général du Conseil de l'Europe les explications requises sur la manière dont

---

[2] Art. 51 de la Convention.
[3] Art. 52 de la Convention.
[4] Art. 53 du Règlement.
[5] Art. 54 de la Convention.
[6] Art. 50.

son droit interne assure l'application effective de toutes les dispositions de cette Convention ».

SECTION 3. MÉCANISMES DE PROTECTION PRÉVUS DANS D'AUTRES CONVENTIONS GÉNÉRALES

Voyons maintenant les différences qui existent entre le mécanisme de la Convention européenne et celui de la Convention américaine et du Pacte II. Ces différences étant assez nombreuses, nous ne retiendrons que les plus importantes, celles qui affectent les possibilités de protection en cas de guerre.

A. *La Convention américaine* [1]

En ce qui concerne les mécanismes de protection, les différences qui existent entre la Convention européenne et la Convention américaine sont les suivantes.

On relèvera tout d'abord que la Convention américaine ne prévoit que deux organes: la Commission américaine des droits de l'homme et la Cour interaméricaine des droits de l'homme. Le Comité des Ministres est remplacé par une deuxième intervention de la Commission. Si, dans un délai de trois mois, l'affaire n'est pas liquidée ou déférée par la Commission ou par l'Etat en cause à la Cour et la juridiction de celle-ci acceptée, la Commission pourra (à la majorité absolue de ses membres) émettre un avis et des conclusions sur la question soumise à son examen. La Commission formulera des « recommandations pertinentes » et fixera le cas échéant un délai dans lequel l'Etat doit prendre les mesures nécessaires pour remédier à la situation. A l'expiration du délai imparti, la Commission décidera (à la majorité absolue de ses membres) si l'Etat en question a pris ou non des mesures appropriées et si le rapport doit être publié ou non (article 51). Ici apparaît nettement la différence de compétence formelle de la Commission interaméricaine par rapport à la Commission européenne. En effet, la solution américaine investit la Commission de pouvoirs de décision dans une deuxième étape et faute de disposer d'un organe tel que le Comité des Ministres.

La requête individuelle dans la Convention américaine est de droit: elle ne présuppose aucune déclaration préalable (article 44). En revanche, la

[1] Entrée en vigueur le 25 juillet 1978. Les pays ayant ratifié la Convention sont: Colombie, Costa Rica, Equateur, El Salvador, Guatemala, République Dominicaine, Haïti, Honduras, Panama, Venezuela et Grenade. Il faut cependant noter que les grands pays comme le Brésil, le Mexique, l'Argentine et les Etats-Unis ne l'ont pas ratifiée. En ce qui concerne les Etats-Unis, l'administration Carter s'est engagée à demander au Sénat américain une prompte ratification au cours de l'année 1979, ce qui n'est pas le cas à la fin de septembre 1980.

requête étatique est facultative et est soumise à une déclaration préalable d'acceptation de la compétence de la Commission en la matière (article 45).

L'article 48, paragraphe 2, de la Convention prévoit une procédure d'urgence dans les cas graves et urgents. La Commission sera la seule présentation d'une pétition ou communication, remplissant les conditions formelles d'admissibilité, peut alors, entreprendre une enquête moyennant le consentement préalable de l'Etat sur le territoire duquel la prétendue violation a été commise.

On relèvera également une différence dans la compétence relative aux mesures conservatoires. Dans des cas d'extrême gravité requérant la plus grande célérité dans l'action et lorsqu'il s'avère nécessaire d'éviter des dommages irréparables à des personnes, la Cour pourra, à l'occasion d'un différent dont elle est saisie, ordonner les mesures provisoires qu'elle juge pertinentes. S'il s'agit d'une affaire dont elle n'a pas encore été saisie, elle pourra prendre de telles mesures sur requête de la Commission (article 63, alinéa 2). Dans le cadre européen, les mesures provisoires sont bien prévues dans le Règlement de la Cour, mais il semble qu'elles ne puissent être prises que si la Cour est saisie de l'affaire [1]. En outre, elles n'ont pas le même caractère contraignant que celles qu'ordonne la Cour américaine, puisqu'elles sont seulement « signalées à l'attention des parties ».

La Cour américaine, comme la Cour européenne, peut donner des avis consultatifs. Mais dans la solution américaine, ces avis ne se limitent pas aux questions d'interprétation de la Convention; ils s'étendent à l'interprétation d'autres instruments concernant la protection des droits de l'homme dans le cadre de l'Organisation des Etats américains et à la compatibilité d'une loi interne quelconque avec les dits instruments internationaux (art. 61).

La Cour enfin soumet à l'Assemblée générale de l'Organisation des Etats américains un rapport annuel sur ses activités, dans lequel elle formule des recommandations au cas où un Etat n'aurait pas exécuté ses arrêts (article 65).

Les différences que nous venons de relever nous amènent à la constatation que le mécanisme de la Convention américaine est bien plus complet que celui de la Convention européenne.

B. *Le Pacte international relatif aux droits civils et politiques*

Une comparaison entre les deux Conventions régionales est possible dans la mesure où ces deux Conventions, à quelques exceptions près, instau-

[1] Art. 34: « Jusqu'à la constitution de la Chambre, le Président de la Cour plénière peut, soit à la demande d'une Partie, de la Commission ou de toute personne intéressée, soit de sa propre initiative, signaler à l'attention des Parties les mesures provisoires dont l'adoption paraît souhaitable. La même faculté appartient à la Chambre une fois celle-ci constituée et, dans l'intervalle de ses sessions, à son Président ».

rent le même système de protection, qui aboutit à des décisions définitives et obligatoires.

Quand il s'agit du Pacte international relatif aux droits civils et politiques, la comparaison devient plus complexe car le mécanisme est d'un type juridique différent; il instaure un système de rapports qui, en fin de compte, n'aboutit à aucune décision définitive.

La raison de cette différence de nature entre les deux Conventions régionales d'une part et le Pacte d'autre part, s'explique par le fait que, dans le cadre universel, l'hétérogénéité sociale, politique, culturelle et juridique des Etats ne permet pas de progresser à grands pas en matière de droits de l'homme, au contraire du cadre régional, où l'homogénéité idéologique des Etats permet la mise en œuvre de mécanismes de protection plus efficaces. Le problème de la mise en œuvre des droits de l'homme sur le plan universel a toujours préoccupé l'Organisation des Nations Unies. On a pensé tout d'abord que la Commission des droits de l'homme instituée par le Conseil économique et social (E.C.O.S.O.C.) pourrait jouer le rôle d'un organe correctif, ce qui n'a été réalisé que partiellement du fait de l'attitude de certains Etats.

En ce qui concerne le Pacte II, la question du mécanisme de protection a suscité de vives controverses. Certains cherchaient à établir un organe où tous les Etats de l'ONU auraient été représentés, tandis que d'autres désiraient créer un organe analogue à la Commission européenne des droits de l'homme.

Les Anglo-Saxons repoussaient les deux propositions précitées et demandaient la création d'une Commission *ad hoc* désignée par les parties intéressées ou, faute d'accord, désignée par le président de la Cour internationale de Justice sur une liste dressée par le Secrétaire général de l'ONU [1]. Ces divergences montrent la distance qui séparait les propositions avancées par les Etats pendant les travaux préparatoires du Pacte et font mieux comprendre les raisons des minces résultats obtenus dans le domaine de son mécanisme de protection [2], où il y a absence d'organe judiciaire ou quasi-judiciaire et de toute possibilité d'une solution obligatoire, qu'elle soit juridique ou politique.

Le Pacte prévoit un seul organe principal, le *Comité des droits de l'homme*, dont la composition est fixée à dix-huit membres élus par les Etats membres (articles 28 et 30). Un organe auxiliaire est aussi prévu, appelé *Commission de conciliation ad hoc* et composée de cinq membres nommés avec l'accord des Etats parties intéressées (art. 42, par. 1, litt. b).

---

[1] E/CN/4/247.Rev.2 - O.N.U.

[2] Le résumé de ces travaux et des difficultés rencontrées est très clairement exposé dans le cours à l'Académie de La Haye du président R. CASSIN, *R.C.A.D.I.H.*, *op. cit.*, pp. 338-344.

La compétence du Comité, à l'encontre de ce qui se passe dans le cadre régional, est toujours facultative, qu'il s'agisse des « communications », (requêtes) étatiques ou requêtes individuelles; cependant alors que l'acceptation des requêtes individuelles nécessite la ratification d'un protocole spécial, la compétence du Comité en ce qui concerne les communications étatiques peut être acceptée par simple déclaration conformément à l'art. 41 par. 1. En l'absence de ces actes fondant sa compétence, le Comité ne peut s'occuper d'affaires individuelles et il en est réduit à l'examen des rapports généraux que les Etats doivent lui soumettre (art. 40).

Lorsque le Comité est saisi d'une affaire individuelle, il doit présenter, dans le délai de douze mois, un rapport, dans lequel, si une solution a pu être trouvée, le Comité se borne à un bref exposé des faits et de la solution intervenue; si une solution n'a pu être trouvée, le Comité se borne également à un bref exposé des faits; le texte des observations écrites et le procès-verbal des observations orales présentées par les parties intéressées sont joint au rapport (art. 41, par. 1, lettre h). Si les Etats sont d'accord pour faire intervenir la Commission *ad hoc*, et que l'on ne parvient pas à un règlement amiable de la question, le rapport de la Commission contiendra les conclusions de celle-ci sur tous les points de fait relatifs à la question débattue (art. 42 par. 7, lettre c), et sur les possibilités de règlement amiable.

Dans ce dernier cas, les Etats intéressés font savoir au président du Comité, dans un délai de trois mois après la réception du rapport, s'ils acceptent ou non les termes du rapport de la Commission *ad hoc* (art. 42, par. 7, lettre d). Ici s'arrête la procédure. On constate donc qu'elle ne va pas au-delà de la conciliation et qu'elle n'aboutit pas, comme dans les systèmes régionaux, à une constatation de la violation.

En ce qui concerne la communication individuelle, le Comité porte toute communication de cette nature, dont il est saisi en vertu du Protocole à l'attention de l'Etat partie audit Protocole qui a prétendûment violé l'une quelconque des dispositions du Pacte. Dans un délai de six mois, cet Etat doit soumettre au Comité des explications ou déclarations éclaircissant la question et indiquant, le cas échéant, les mesures qu'il pourrait avoir prises pour remédier à la situation (art. 4 du Protocole facultatif). Le Comité examine les communications et évite soigneusement la publicité. Cependant le Comité fait un résumé de ses activités au titre du Protocole dans son rapport annuel (art. 6 du Protocole).

Les Etats parties au Pacte s'engagent en outre à présenter au Comité des rapports sur les mesures qu'ils auront arrêtées et qui donnent effet aux droits reconnus dans le Pacte, et sur les progrès réalisés dans la jouissance de ces droits, dans un délai d'un an à partir de la date d'entrée en vigueur [1] et, par la suite, chaque fois que le Comité en fera la demande (article 40,

[1] Cette procédure de rapports a déjà commencé.

paragraphe 1, lettres *a* et *b*). C'est là toute la procédure, et on voit qu'elle est en retrait de la procédure interétatique — ce qui n'est pas le cas dans les systèmes régionaux.

Il semble que la seule sanction prévue par le Pacte soit la soumission du rapport du Comité à l'Assemblée générale des Nations Unies par l'intermédiaire du Conseil économique et social (art. 45), laquelle théoriquement peut adopter une résolution condamnant un pays pour violations des droits de l'homme prévus dans le Pacte. Encore faut-il que ces violations soient massives et graves pour pouvoir justifier une telle attitude de la part de l'Assemblée générale, et cela pour deux raisons: En premier lieu, le Pacte II ne prévoit pas ces genres de violations, visant les droits dits individuels, sauf le droit des peuples à disposer d'eux-mêmes (art. 1). En second lieu, la Charte de l'ONU prévoit que l'Assemblée générale s'occupe des questions pouvant mettre en danger la paix et la sécurité internationales. C'est à ce titre que les droits de l'homme peuvent entrer en considération (art. 11 de la Charte). Sinon l'Assemblée peut seulement provoquer des études et faire des recommendations pour développer et faciliter ainsi la jouissance des droits de l'homme (art. 13, par. 1, lettre b de la Charte), alors que l'art. 14 de la Charte qui prévoit la possibilité pour l'Assemblée générale de faire des recommendations, se rapporte au « bien général » de la Communauté internationale et donc pas à des violations individuelles.

CONCLUSIONS DE LA QUATRIÈME PARTIE

Dans cette dernière partie de notre étude, nous avons examiné le dernier et le plus important aspect de la protection de la personne humaine dans les conflits armés. Nous avons constaté que les mécanismes de la mise en œuvre du droit humanitaire et des droits de l'homme sont autonomes l'un à l'égard de l'autre, ce qui en définitive est la suite logique qui découle de l'autonomie de leurs conditions d'application.

Cette autonomie ne signifie pas que les mécanismes prévus dans les conventions des droits de l'homme ne peuvent pas fonctionner en période de conflit armé. En effet, les organes permanents des droits de l'homme peuvent être saisis de toute affaire qui concerne des violations, qu'elles soient commises en période de paix ou en période de conflit armé. Le mécanisme reste le même dans les deux cas; le droit de dérogation offert aux Etats ne touche en rien le mécanisme, ni d'ailleurs les conditions d'application et il se limite — nous l'avons vu — au droit matériel. L'affaire de Chypre est un exemple qui démontre bien comment le mécanisme d'une convention des droits de l'homme, en l'occurrence la Convention européenne, a pu fonctionner dans une situation de conflit armé et d'occupation militaire, concuremment avec celui du droit humanitaire.

La différence fondamentale entre le mécanisme de protection du droit humanitaire et celui des droits de l'homme réside dans la plus ou moins grande sécurité du fonctionnement. En droit humanitaire en effet — en dépit de quelques améliorations survenues avec la nouvelle codification de ce droit — la mise en œuvre du système dépend toujours du consentement de l'Etat intéressé, que ce soit pour la désignation de la Puissance protectrice ou pour permettre le fonctionnement de cette dernière ou du C.I.C.R., même si l'obligation de le faire est incontestable. Au contraire, dans les droits de l'homme, où les organes de protection sont permanents et n'interviennent pas sur le territoire de l'Etat concerné, le fonctionnement du mécanisme ne dépend pas de l'Etat suspect de violation et la suite de la procédure se déroule automatiquement. La Commission européenne des droits de l'homme peut être saisie de toute affaire par un Etat membre quelconque ou par des individus; par ailleurs, l'Etat défendeur qui est théoriquement tenu de participer à la procédure ne peut y mettre obstacle par son refus d'y participer. Cependant, il faut le reconnaître que nous assistons, à l'heure actuelle, à un certain déclin de la juridiction internationale. Le refus de la Turquie de participer à la procédure devant la Commission européenne sur l'affaire introduite par Chypre en est un exemple. Néanmoins, la procédure a suivi son cours normalement, bien qu'en l'absence de la Turquie, et la Commission a pu rédiger un rapport qu'elle a soumis au Comité des Ministres.

Les faiblesses du mécanisme de protection du droit humanitaire — qui affectent même dans une certaine mesure le C.I.C.R. — expliquent les préoccupations des Nations Unies et d'autres organismes internationaux gouvernementaux et privés qui ont demandé son renforcement par d'autres mécanismes de protection, notamment ceux des droits de l'homme.

A la veille de la convocation de la Conférence diplomatique sur le droit humanitaire, plusieurs idées ont été avancées visant à ce renforcement, sans qu'elles soient retenues finalement par les Etats qui participèrent à cette Conférence.

On a tout d'abord envisagé le rôle que pourrait éventuellement jouer l'ONU, en se basant sur sa compétence en matière de droits de l'homme. On proposait en effet la création d'un organe semblable au Haut Commissariat pour les réfugiés en tant que substitut universel, soit dans le cadre de l'ONU, soit en dehors de cette dernière. Cet organe aurait assumé les fonctions de Puissance protectrice dans les situations où la désignation de cette dernière par la procédure normale aurait échoué [1]. Le Secrétaire général des Nations Unies, dans son premier rapport, a fait des propositions allant dans le même sens pour l'établissement d'un mécanisme de

---

[1] Obradovic, « Quelques réflexions sur le fonctionnement du mécanisme de contrôle de l'application du droit humanitaire dans la nouvelle catégorie des conflits armés internationaux », *Colloque international de droit humanitaire*, Bruxelles, 12-14 décembre 1974.

protection et de contrôle de dernier ressort [1], ainsi que plusieurs organismes privés à vocation humanitaire, telle que la Commission internationale des juristes dont la proposition était la plus importante [2].

Sur le plan de la pratique des Etats aussi, l'Egypte et la Norvège ont soumis à la Conférence d'experts gouvernementaux un projet d'article prévoyant la création ou la désignation par les Nations Unies d'un organe qui, en cas d'absence de Puissance protectrice, assumerait les fonctions que le C.I.C.R. ne désirait pas assumer en vertu du nouveau Protocole [3]. Le C.I.C.R. n'a cependant pas retenu cette proposition dans son rapport final soumis à la Conférence diplomatique. La Norvège devait quand même faire une nouvelle proposition en ce sens pendant cette Conférence [4], mais aucune suite n'y fut donnée non plus, à cause surtout de l'intervention du Secrétaire général, qui déclina pour l'ONU la responsabilité d'assumer un tel rôle [5]. Cette attitude fut critiquée par plusieurs délégations qui l'ont qualifiée de « négative » et « en totale contradiction avec l'opinion émise par le Secrétaire général dans ses rapports » [6].

Une autre proposition, mais de nature différente, visait la création d'une « Cour permanente de juridiction criminelle internationale » pour juger des plaintes contre les gouvernements ou les individus coupables de violations des Conventions de Genève, de crimes de guerre ou de crimes contre l'humanité [7].

Une partie de la doctrine en revanche rejetait cette nouvelle tendance visant à renforcer les mécanismes des Conventions du droit humanitaire par d'autres mécanismes de protection. Certains auteurs ont même soutenu qu'en aucun cas le système de contrôle des conventions des droits de l'homme ne pourrait fonctionner dans un conflit armé. « De toute façon », écrivait M. Meyrowitz, « le système de garantie de la Convention (européenne) ne pourra être mis en marche en pareille occurrence (conflit armé). C'est que ce système n'est pas fait pour s'appliquer dans un conflit armé entre Etat parties » [8]. Cette affirmation n'a pourtant de fondement ni dans les textes et la pratique a prouvé le contraire.

---

[1] A/7720, p. 71. Pour le contenu de ces propositions, voir plus haut, pp. 38-40.

[2] Voir plus haut, pp. 46-47.

[3] *Conférence d'experts*, Rapport de la deuxième session, Vol. 2, *op. cit.*, p. 116.

[4] CDDH/I/B.

[5] CDH/I/GT/48.

[6] Abi-Saab, « Les mécanismes de mise en œuvre du droit humanitaire », *R.G.D.I.P.*, *op. cit.*, p. 123.

[7] Macbride, *The inter-relationship between the humanitarian Laws and the Law of human Rights*, *op. cit.*, p. 16. Pour le contenu de ces propositions, voir plus haut, p. 46. Une proposition analogue a été formulée par le IIIe « Congrès international pour la neutralité de la médecine » tenu à Rome du 16 au 20 avril 1968.

[8] « Le droit de la guerre et les droits de l'homme », *R.F.D.S.P.F.E.*, *op. cit.*, p. 1093.

En définitive, le droit humanitaire a développé son système de protection et de contrôle sans aucune interférence ou mention d'autres systèmes étrangers. Sa nouvelle codification a apporté quelques améliorations dans ce domaine, sans pour autant franchir la barrière de la nécessité du consentement de l'Etat. En conséquence, ces améliorations, bien qu'importantes sur le plan juridique, sont loin de résoudre dans la pratique le problème de l'efficacité du système de contrôle de ce droit. Ces améliorations, que nous avons examinées plus haut, peuvent se résumer comme suit:

— procédure plus efficace dans la désignation de la Puissance protectrice et rôle nouveau confié au C.I.C.R. dans cette procédure; le C.I.C.R. devient un organe mandaté par le Protocole. Cependant, à défaut de désigantion de Puissance protectrice, l'exercice des fonctions du substitut est en définitive subordonné au consentement des Parties au conflit;
— création d'une « Commission internationale d'établissement des faits » chargée d'enquêter sur les infractions graves dont la liste est donnée par le Protocole. Mais cet organe risque, nous l'avons vu, d'être très lourd.

En ce qui concerne les conflits armés non internationaux, l'absence dans le Protocole II de toute mention du C.I.C.R. pourrait constituer un recul par rapport à l'article 3 commun aux Conventions de 1949 [1], s'il n'avait pas été admis que le Protocole était complémentaire à l'article 3 de sorte que la disposition de l'article 3 relative au C.I.C.R. s'applique en tout état de cause. On relèvera par ailleurs que l'existence même du Protocole II, qui vise une catégorie de conflit supérieure à celle visée par l'article 3 commun, devrait en principe faciliter la mise en œuvre de ce dernier. Car, avec cette évolution, l'article 3 devient en réalité une disposition minimale à appliquer en tout temps, moins contraignante que les droits de l'homme.

Le développement du mécanisme de protection du droit humanitaire n'est donc pas tout à fait satisfaisant et il est à craindre que dans l'avenir sa mise en œuvre ne recontre à nouveau de grandes difficultés. En conséquence, le débat sur le renforcement de ces mécanismes par d'autres organes et sur la mise en œuvre des mécanismes des droits de l'homme en période de conflit armé reste ouvert.

Les mécanismes de protection du droit humanitaire et ceux des droits de l'homme poursuivent des objectifs différents qui leur sont dictés par les situations différentes auxquelles doivent répondre les Conventions pertinentes de sorte que, malgré leur complémentarité, ils ne sont pas interchangeables ni concurrentiels. Pour cette raison même, ils peuvent dans une certaine mesure se compléter, ainsi que cela a été le cas dans l'affaire

---

[1] Le professeur Abi-Saab écrit à ce propos: « L'on est ainsi amené à constater que paradoxalement, dans ce domaine, c'est l'article 3 qui complète et développe le Protocole II et non l'inverse ». *R.G.D.I.P.*, 1976, *op. cit.*, p. 128.

de Chypre, et permettre aux victimes de jouir toujours d'une protection quelconque. C'est pour cela que nous sommes d'avis que, avec la mise en vigueur du Pacte II des Nations Unies et de la Convention américaine, le problème de la mise en œuvre des droits de l'homme dans les conflits armés internationaux et internes prendra sans doute, dans les années à venir, une très grande importance.

Néanmoins, la protection dans les deux complexes de règles, comme l'analyse qui précède cette conclusion nous l'a démontré, a une nature juridique différente:

Le mécanisme du droit humanitaire est en général à la fois préventif et correctif (par exemple le contrôle des camps de prisonniers de guerre par la Puissance protectrice et le C.I.C.R.). Dans les deux cas, il vise à un effet immédiat et non à la condamnation, il n'est, par conséquent, pas « public ».

Le mécanisme des droits de l'homme, au contraire, est fondamentalement correctif et son effet préventif n'est que secondaire à longue échéance, la constatation de la violation devant, en principe, inciter l'Etat à adapter son système législatif et administratif aux exigences de la Convention pertinente des droits de l'homme [1]. En outre, le fonctionnement de l'organe judiciaire, là où il existe, est public et la publicité — publication du rapport et des débats — est en général une des caractéristiques du mécanisme.

En cas de conflit armé, le système du droit humanitaire est mieux adapté aux circonstances. En effet, le constatation *a posteriori* des violations des des droits de l'homme n'a pas le même sens dans un contexte de paix ou de conflit armé: son effet correctif risque dans le deuxième cas d'être nul, la situation n'étant déjà plus la même au moment de l'appréciation juridique; mais l'effet préventif sera lui aussi inexistant faute d'objet dès que la situation de conflit, au sens de l'affrontement armé, aura été dépassé. La constatation de la violation n'aura plus alors qu'un caractère punitif. La responsabilité pénale individuelle paraît, dans ces situations, mieux adaptée pour résoudre le problème de la sanction que la responsabilité de l'Etat dont la constatation est souvent une affaire politique. C'est sans doute ce qui explique l'attitude du Comité des Ministres dans l'affaire de Chypre où, contrairement à la lettre de la Convention, il n'a pas pris l'attitude nette sur la question de la violation. Cette façon de procéder nous paraît porter gravement atteinte à l'efficacité des droits de l'homme et à leur mise en œuvre dans les conflits armés.

La rapidité de l'intervention humanitaire est un problème de base pour la protection de la personne en période de conflit armé, et dans cette mesure les faiblesses des droits de l'homme sont évidentes. Ces faiblesses ont éga-

[1] La Suisse a, par exemple, changé son système de discipline militaire à la lumière de l'arrêt de la Cour européenne des droits de l'homme dans l'affaire Engel et les autres.

lement des répercussions négatives sur les situations de troubles intérieurs et de tensions internes auxquelles — nous l'avons vu plus haut à propos de l'applicabilité — le droit humanitaire ne s'applique pas et par conséquent seuls les mécanismes des droits de l'homme peuvent fonctionner. Dans ces situations intermédiaires entre la paix et la guerre, la lenteur du démarrage du système de protection des droits de l'homme laisse subsister un « vide humanitaire » pendant la période où justement les droits de l'homme sont le plus bafoués, la constatation survenant quand la situation est redevenue relativement calme et les violations, en tout cas les plus flagrantes, ont sensiblement diminué.

Dans ce sens, nous sommes de l'avis du professeur Jacques Freymond, qui propose qu'aux dispositions conventionnelles (Droit humanitaire et droits de l'homme) « en soient ajoutées d'autres concernant les méthodes de la police qui est une des principales forces combattantes en action à l'heure actuelle » [1]. Les précisions données par M. Freymond pourraient servir de base à l'action efficace et rapide d'un organisme tel que le C.I.C.R., conformément à une déclaration autonome qui serait adoptée à cet égard [2].

---

[1] FREYMOND, *op. cit.*, p. 132.

[2] Voici notre proposition:

1. Un organisme humanitaire et impartial tel que le C.I.C.R. pourra offrir ses services aux gouvernements en cas de troubles intérieurs et de tensions internes afin de veiller au traitement décent des personnes placées sous la juridiction du gouvernement.
2. Cette disposition ne peut en aucun cas être interprétée comme une restriction du droit de chaque gouvernement d'utiliser les mécanismes prévus dans les Conventions internationales, universelles ou régionales, relatives aux droits de l'homme et auxquelles l'Etat est partie ».

*

*   *

CONCLUSION GÉNÉRALE

Nous voici au terme de cette étude, au cours de laquelle nous avons examiné les divers aspects de la protection de la personne humaine en période de conflit armé, ce qui nous a amené à étudier et comparer d'une part le droit humanitaire et d'autre part les droits de l'homme.

Nous avons divisé notre étude en quatre parties qui recouvrent l'ensemble du problème, à savoir le fondement et l'évolution historique de la protection de la personne humaine, les conditions d'application de cette protection, le droit applicable et enfin sa mise en œuvre. A la fin de chaque partie, nous avons tiré les conclusions qui s'imposaient; nous ne reviendrons donc plus sur ces considérations, spécifiques à chacune des questions posées [1]. Nous tâcherons ici de situer le problème et de tirer quelques conclusions générales à la lumière de ce qui a été dit jusqu'à présent. Or, nous pensons que la question de savoir s'il existe une compatibilité de nature entre le droit humanitaire et les droits de l'homme, appelle encore une réponse. En effet, ainsi que nous avons pu le constater, les deux systèmes se rapprochent dans certains domaines, tout en restant fondamentalement autonomes.

Nous avons basé notre comparaison sur le droit conventionnel en vigueur. En effet, les deux systèmes font l'objet de conventions multilatérales qui, comme nous l'avons constaté, constituent leur base juridique principale en droit international. Cependant, les conventions internationales ne sont pas les seules sources du droit humanitaire et des droits de l'homme. La coutume aussi, comme du reste les principes généraux du droit, occupent une place dans ces deux complexes de règles même si leur importance relative n'est pas comparable. Le droit humanitaire créé dans les relations internationales a une nature essentiellement coutumière, tandis que les droits de l'homme, réalisés dans l'ordre juridique interne, donnent plus facilement lieu à la création des principes généraux de droit qu'à la création de la coutume. Encore faut-il se demander si cette affirmation, qui correspond à la situation classique de deux systèmes, est aujourd'hui toujours valable.

Le droit à la guerre, dont le droit humanitaire est la partie la plus importante, a incontestablement une nature coutumière et universelle [2].

---

[1] Nous avons vu qu'il existait certainement une compatibilité dans le contenu des règles et leurs applications. Ici la question est différente et se rapporte à la nature juridique de deux systèmes.

[2] On admet aussi en droit international la possibilité de règles coutumières régionales.

Le droit conventionnel en la matière transforme — du moins en partie — en règles conventionnelles des règles coutumières préexistantes. Souvent les traités ne font qu'exprimer et préciser les principes d'un droit déjà en vigueur, et dans ce sens, le droit de la guerre a codifié [1] les règles humanitaires qui régissent le traitement des personnes et les relations hostiles pendant le conflit armé [2]. Il n'est sans doute pas sans importance de signaler ici, que la dénonciation des Conventions de Genève de 1949 et des Protocoles additionnels n'a pas d'effet pour une Partie impliquée dans un conflit armé, aussi longtemps que la paix n'aura pas été conclue et, en tout cas, aussi longtemps que les opérations de libération et de rapatriement des personnes protégées selon chacune de ces conventions ne seront pas terminées. De surcroît, la dénonciation en question, qui en principe produit ses effets un an après la notification (six mois prévus pour le Protocole II), « n'aura aucun effet sur les obligations que les Parties au conflit demeureront tenues de remplir en vertu des *principes du droit des gens* tels qu'ils résultent des usages établis entre nations civilisées, *des lois de l'humanité* et des *exigences de la conscience publique* » [3].

En effet, l'évolution récente du droit des conflits armés « à la lumière de la sauvegarde des droits de l'homme peut d'ailleurs être expliquée d'une façon satisfaisante seulement si l'on reconnaît le caractère coutumier du droit, la souplesse du droit coutumier permettant des modifications dans le contenu des normes juridiques par rapport à la modification des buts qu'elles se proposent, et leur adaptation aux exigences de la vie internationale » [4].

Les droits de l'homme, se réalisant dans l'ordre juridique interne, ne se prêtent pas *prima facie*, à la création de règles coutumières. Cependant, l'existence d'organes internationaux chargés de la promotion et de la protection des droits de l'homme dans le cadre de systèmes définis permet un développement dans la pratique internationale et la création des règles généralement acceptées.

Les résolutions de l'Assemblée générale, bien qu'elles n'aient pas de force obligatoire, peuvent en outre être à l'origine de la création de règles

---

[1] *La codification* est souvent liée au *développement progressif du droit*. La première concerne la transcription des règles non-écrites et obligatoires en règles de droit écrit. La deuxième concerne l'inscription dans le droit écrit de règles nouvelles. Cette distinction est très importante pour le droit de la guerre. Les premières lient tous les Etats même ceux qui ne sont pas partie aux Conventions; les secondes lient seulement les Etats parties.

[2] GUGGENHEIM, « Traité... », Tome II, *op. cit.*, p. 307.

[3] Articles 63/I, 62/II, 142/III, 158/IV; Articles 99, par 1/Protocole I, 25, par. 1/ Protocole II. Ces articles reprennent *in fine* la disposition du Préambule de la IVe Convention de La Haye de 1907 *(clause Martens)*.

[4] MIGLIAZZA, R.C.A.D.I.H., *op. cit.*, p. 150.

coutumières, « si les Etats adaptent leur comportement à la teneur d'une telle résolution » [1].

C'est sans doute le cas de la Déclaration universelle des droits de l'homme, laquelle, placée dans le contexte historique de sa proclamation, constituait une déclaration d'intention, mais, qu'avec le temps, a acquis — du moins pour la partie la plus importante de son contenu — le caractère coutumier [2]. C'est en cela que consiste la particularité de la coutume qui, formée dans un processus continu, ne peut être constatée qu'*a posteriori.*

En revanche, les droits de l'homme sont le terrain privilégié des « principes généraux de droit reconnus par les nations civilisées », et l'appel du juge international à ces principes est très fréquent, notamment si l'on prend en considération, sur le plan régional, la jurisprudence de la Cour européenne des droits de l'homme. Les principes généraux de droit reconnus par les nations civilisées, se rapportant à des relations typiques du droit interne, sont plus difficilement transposables dans le droit de la guerre, sauf peut-être en ce qui concerne la responsabilité et la procédure pénale pour les infractions au droit humanitaire, que les Etats sont chargés de réprimer [3].

Il ne faut pas confondre « *principes généraux de droit reconnus par les nations civilisées* » et « *principes généraux du droit international* ». La première catégorie est celle qui est visée à l'article 38 du Statut de la Cour Internationale de Justice, en tant que source principale du droit international, au même titre que la coutume (et les traités) [4]. La deuxième catégorie est constituée par les principes inhérents à l'ordre juridique international, y compris les normes impératives du droit international général *(jus cogens)* [5]. Ces derniers principes, qui se réalisent dans les relations interétatiques, sont de nature coutumière, mais en plus ils revêtent un caractère absolument fondamental pour l'existence même de la communauté internationale. Le droit humanitaire et les droits de l'homme y font appel; le droit humanitaire lorsqu'il invoque les « lois de l'humanité » qui répondent « aux exigences de la conscience publique », les droits de l'homme lorsqu'ils font appel aux « droits inaliénables » de la personne comme « fondement de la paix dans le monde ».

---

[1] Dominice, *Droit international public*, Vol. I, Université de Genève, 1977/78, pp. 45-46 (Cours polycopié).

[2] Sur la nature juridique de la Déclaration universelle et les polémiques. Voir plus haut p. 120.

[3] Cf. plus haut, p. 187 et ss.

[4] Bien que le traité tire sa validité du droit coutumier (la Convention de Vienne de 1969 sur le droit des traités n'est pas en vigueur), le droit conventionnel est au même rang que la coutume et « les principes généraux de droit... ».

[5] Articles 53 et 64 de la Convention de Vienne sur les droits des traités.

Si l'on prend en considération, d'une part les règles du droit humanitaire relatives à la protection de la personne humaine à l'égard de l'autorité sous le contrôle de laquelle elle se trouve, d'autre part les droits de l'homme auxquels on ne saurait déroger, on peut, alors, valablement prétendre que certains droits de la personne constituent un « minimum standard » de protection exigé par la « conscience publique » et l'humanité, et qu'ils sont reconnus comme tels par l'ensemble des Etats de la communauté internationale. Le caractère impératif de ces droits veut qu'aucune dérogation à leur égard ne soit permise quel que soit le temps et le lieu [1]. Ces droits, qui se retrouvent identiques dans les instruments relatifs au droit humanitaire et aux droits de l'homme, ainsi que dans d'autres traités et actes internationaux [2], dans la jurisprudence internationale [3] et dans la pratique des Etats [4], ont certainement acquis la nature de droits inhérents à la communauté internationale.

* * *

Ainsi le droit humanitaire et les droits de l'homme se recouvrent dans une large mesure, surtout quand il s'agit du traitement humain des personnes. Néanmoins, si les droits de l'homme, et notamment les droits réservés, s'appliquent dans les conflits armés, le droit humanitaire offre dans ces circonstances une protection plus complète du simple fait qu'il est spécialement conçu pour ces situations, alors que les droits de l'homme ont une validité plus générale. Cette constatation vaut pour les deux types de conflit armé, international et interne.

La protection offerte par le droit humanitaire s'est encore améliorée avec l'entrée en vigueur des deux Protocoles additionnels aux Conventions de Genève, car ils rapprochent le droit humanitaire des droits de l'homme dans son aspect normatif. Ce rapprochement se manifeste à travers une série de droits et de garanties fondamentales inspirées des droits de l'homme, ainsi qu'à travers l'extension des catégories de personnes visées. En effet, comme nous l'avons constaté, la nouvelle codification du droit humanitaire

---

[1] Pour la théorie et le contenu des droits qui forment le « minimum standard », cf. plus haut, chapitre VII.

[2] Les traités instituants les Communautés européennes ou par exemple l'Acte final d'Helsinki.

[3] Qu'il s'agisse de la jurisprudence de la Cour Européenne des droits de l'homme, ou de la Cour de Justice des Communautés Européennes ou même de la Cour Internationale de Justice.

[4] Tous les Etats reconnaissent le caractère coutumier et impératif de certains droits de la personne en tout temps et en tout lieu. Si ces droits sont parfois, voire souvent violés, il n'y a cependant aucun Etat qui admette cette violation et la pratique en la matière est unanime. Quel juriste pourrait, par exemple, prétendre que la « *souveraineté* » n'est pas un principe inhérent à l'ordre juridique international, ce qui n'empêche, par ailleurs pas, la violation de ce dernier par certains Etats qui ne cessent pour autant de réaffirmer leur « attachement inconditionnel » à ce même principe.

élimine la distinction classique « *ratione personae* » du droit des conflits armés entre la victime « ennemie » et la victime « ressortissante ». Désormais, même dans les conflits armés internationaux, la protection s'étend à toute la population civile soumise au contrôle de l'Etat visé, y compris donc à ses propres ressortissants. De surcroît, cette nouvelle codification élimine la discrimination qui prévalait dans les Conventions de Genève quant aux bénéficiaires de sa protection, les « garanties fondamentales » dans le Protocole I étant destinées à protéger toutes les personnes non encore protégées par d'autres dispositions, ou dont la protection était inférieure au niveau établi par l'article en question [1].

Or, au moins dans ce domaine, le rapprochement est spectaculaire et place le problème de la protection de la personne en période de conflit armé dans une nouvelle dimension, qui devra être prise en considération à l'avenir. En revanche, les conditions d'application dans les deux systèmes restent totalement indépendantes les unes des autres. En étudiant cet aspect du problème, nous avons constaté qu'en période de conflit armé, le droit humanitaire et les droits de l'homme s'appliquent *de lege lata*. Toutefois, le premier fait une distinction selon le caractère du conflit et le second également selon la suspension réalisée. Lors de troubles intérieurs et de tensions internes, le droit humanitaire ne s'applique pas, ce qui, comme nous l'avons vu, est certainement regrettable [2]. En revanche, les droits de l'homme ne font aucune distinction basée sur la nature du conflit, mais englobent toutes les situations dans la notion de « guerre ou d'autre danger menaçant la vie de la nation », notion qui permet de suspendre une grande partie des dispositions conventionnelles ne rendant obligatoire que le maintien de certains droits essentiels. Ce droit de dérogation est pourtant facultatif et l'Etat intéressé n'est pas obligé de l'invoquer. S'il ne le fait pas, les droits de l'homme, et notamment les droits civils et politiques prévus dans ces instruments de portée générale, s'appliquent dans leur ensemble. La pratique européenne récente a fourni un cas de ce genre avec la dernière affaire de Chypre.

L'autonomie des conditions d'application et de la mise en œuvre des mécanismes des deux complexes juridiques peut dans la pratique avoir des effets positifs. Ainsi, les mécanismes du droit humanitaire et les droits de l'homme sont susceptibles de se compléter, de sorte que l'individu est alors

---

[1] Ces personnes sont en particulier: certains étrangers ressortissants d'un Etat non partie aux Conventions, des ressortissants d'Etats qui n'ont pas de représentation diplomatique auprès de l'Etat au pouvoir duquel ils se trouvent, une catégorie d'étrangers ennemis détenus mais privés de certains droits de communication et les mercenaires, dont le Protocole stipule qu'ils n'ont pas droit au statut de combattant ou de prisonnier de guerre.

[2] Cependant l'art. 3, en tant que disposition de protection minimale, pourrait s'appliquer aussi dans ces situations, surtout à l'heure actuelle où les conflits armés interne qui revêtent un certain degré d'intensité sont aussi couverts par le Protocole II.

l'objet d'une double protection. Etant donné la complexité des conditions d'application du droit humanitaire, ainsi que les difficultés que présente le démarrage de son mécanisme de protection, on peut dire que la mise en œuvre des droits de l'homme dans les conflits armés est de nature à pallier ne serait-ce que partiellement les défaillances du droit humanitaire. Si, en revanche, les conditions sont favorables à l'application de ce dernier et qu'un accord se fasse sur la désignation de Puissances protectrices, la mise en œuvre des droits de l'homme jouera un rôle complémentaire profitable à l'individu.

On admettra cependant que le but visé n'est pas toujours le même dans les deux systèmes dans la mesure où le mécanisme de protection du droit humanitaire a en général un caractère préventif, tandis que celui des droits de l'homme a un caractère répressif. Néanmoins, il faut remarquer que ce caractère préventif peut aussi exister dans le cadre des droits de l'homme, comme, par exemple, dans la procédure spéciale de la Commission interaméricaine des droits de l'homme, qui s'applique seulement à certains des droits énumérés dans la « Déclaration américaine des droits et des devoirs de l'homme »: cette procédure garde un caractère administratif à résonnance diplomatique et politique, et n'aboutit jamais à des décisions judiciaires ou quasi-judiciaires. De même, la Convention américaine, dans son article 48, prévoit une procédure d'urgence dans les cas graves et urgents. Ces deux procédures ont sans doute un caractère plus préventif que répressif [1].

Etant donné ce qui précède, *on ne voit en conséquence aucun inconvénient juridique, politique ou humanitaire à l'action simultanée des organes de mise en œuvre du droit humanitaire et des droits de l'homme, à condition que chaque organe intervienne dans le cadre de son mandat.* Ainsi, dans l'hypothèse d'un conflit armé à caractère international, on peut fort bien envisager d'une part la désignation d'une Puissance protectrice qui veillerait à l'application et au respect des Conventions de Genève et du Protocole I et l'intervention du C.I.C.R. pour veiller au traitement humain des personnes protégées par le droit humanitaire et d'autre part la mise en œuvre du système de protection d'une convention des droits de l'homme dont les organes seraient saisis des violations alléguées de cette convention. Dans ce cas, il y aurait une parfaite concordance entre les mécanismes de protection autonomes et indépendants, ce qui juridiquement est admissible et est souhaitable du point de vue humanitaire.

Cette simultanéité débouche, cependant, sur la question de la relation juridique entre le droit humanitaire et les droits de l'homme, relation qui, à la lumière de ce que nous venons de dire, semble en voie de s'établir, puisque l'évolution du droit humanitaire est influencée par les droits de

---

[1] Gros-Espiel, « Le système interaméricain comme régime régional de protection internationale des droits de l'homme », *R.C.A.D.I.H.*, *op. cit.*, pp. 28-30 et 43-45.

l'homme et que les normes spécifiques à la protection de la personne en période de conflit armé se rapprochent de plus en plus de ceux-ci. Cela est la conséquence inévitable de l'importance croissante de l'individu en droit international, qui devient le point central de l'édifice des instruments internationaux.

* * *

Sur la question de la relation entre le droit humanitaire et les droits de l'homme, deux thèses de base sont en présence: la thèse *intégrationniste* et la thèse *séparatiste*, alors qu'une troisième tendance est en voie de clarification, tendance que nous appellerons « *complémentariste* ».

A. *La thèse intégrationniste* cherche à bâtir un seul droit international des droits de l'homme, le droit humanitaire n'en étant qu'un aspect particulier réglant la situation des droits de l'homme dans les conflits armés [1], ou un seul droit « humanitaire » au sens large, dont les droits de l'homme feraient partie à l'instar du droit de la guerre (ou du droit humanitaire au sens étroit) [2].

Selon les tenants de cette thèse, la base de l'obligation du respect des principes humanitaires à l'égard des victimes de la guerre doit être d'abord recherchée dans des actes généraux comme la Déclaration universelle et les Pactes des droits de l'homme, et ensuite seulement dans des instruments spécifiques tels que les Conventions de Genève de 1949. Au contraire, M. Robertson, tout en reconnaissant cette primauté historique du droit humanitaire, soutient que ce sont les droits de l'homme qui sont à la base du droit humanitaire, ce dernier n'étant qu'une branche du droit international des droits de l'homme. Pour des auteurs comme Voncken et Benoit, le droit humanitaire est à la base des droits de l'homme [3] du fait de la primauté chronologique du droit de la guerre par rapport aux droits de l'homme. Nous remarquons donc, parmi les tenants de la « thèse intégrationniste », une divergence sur la question de savoir quel système juridique forme la base de l'autre. Cette divergence, sans importance, n'affecte pas la thèse fondamentale qui vise la fusion du droit humanitaire et des droits de l'homme.

Mais voyons ce que dit M. Robertson, qui est le plus représentatif de ce courant: « ... Humanitarian Law is one branch of the law of human rights, and ... human rights afford the basis for humanitarian law ». Et il

[1] *International Law Association*, 54e Conférence de La Haye, 1970, Rapport présenté par le Général-médecin Mesterovic au nom de la Commission de droit international médical.

[2] Pictet, *Le droit humanitaire et la protection des victimes de la guerre*, *op. cit.*, pp. 11-13.

[3] Voncken et Benoit, « L'importance des conventions humanitaires dans le respect des droits de l'homme », in *René Cassin amicorum discipulorumque liber*, Paris, Pedone, 1969, et Robertson, *Human rights in the world*, Manchester University Press, 1972.

;ontinue: « It is not difficult to see why the opposite view is held. The evolution of humanitarian law entedates that of human rights law. The former has developed over the last hundred years, while the latter has been the concern of international law for only a quarter of a century ... But when we look at the substance of the two disciplines, it is apparent that human rights law is the *genus* of which humanitarian law is a species. Human rights law relates to the basic rights of all human beings everywhere, at all times ... [1].

B. *La thèse séparatiste*, diamétralement opposée à la thèse précédente, considère que les droits de l'homme et le droit humanitaire ayant des objets différents et étant de nature différente, sont totalement incompatibles, et que toute tentative d'intégration est inutile et même dangereuse pour le droit international et son impact sur la protection de la personne humaine [2].

C'est sans doute M. Meyrowitz qui a exposé cette thèse de la façon la plus complète et qui est en même temps le plus critique vis-à-vis des tenants de la thèse adverse, qu'il estime « victimes de confusion doctrinale » [3]. « Les résolutions de Téhéran », dit-il, « n'ont pas eu pour objet l'étude des domaines d'application respectifs des Conventions de Genève et des instruments relatifs aux droits de l'homme, mais elles ont proclamé le dogme de la confusion, sans discussion préalable. Les manifestations doctrinales ne retiendraient peut-être pas l'attention, si ce n'était leur convergence avec les expressions officielles du courant confusionniste » [4]. Mais l'auteur va encore plus loin dans ses critiques: « Le confusionnisme n'est pas seulement un vice de pensée. Il est néfaste dans les conséquences pratiques auxquelles il conduit. L'hétérogénéité du droit de la guerre et des droits de l'homme condamne l'idée prônée de divers côtés et qui a trouvé un écho aux Nations Unies, d'entreprendre par le biais des droits de l'homme la révision du droit de la guerre » [5]. Le Colonel Draper, également ardent défenseur de cette thèse, écrivait à ce propos dans un texte qu'il soumit à la Conférence des droits de l'homme réunie à Cape Town le 25 janvier 1979 [6]: « The attempt to confuse the two regimes of law is insupportable in theory and inadequate in practice. The two regimes are not only distinct, but are diametrically opposed ».

---

[1] *Op. cit.*, pp. 174-175.

[2] Colonel DRAPER, « Human rights and armed conflicts », *I.Y.B.H.R.*, 1971, Vol. I, pp. 191 et ss.

[3] MEYROWITZ, « Le droit de la guerre et les droits de l'homme », *R.D.P.S.P.F.E.*, 1972, pp. 1053 et ss. Voir aussi notre chapitre II, Section 2.

[4] *Ibid.*, p. 1077.

[5] *Ibid.*, p. 1105.

[6] « Humanitarian Law and Human Rights », *Conference on Human Rights*, (25 January 1979) University of Cape Town (non publié).

C. *La thèse complémentariste*, enfin, qui est la nôtre, n'a pas encore été soutenue dans la doctrine au même titre que les deux thèses précédentes. Nous nous y rallions pourtant car les arguments sur lesquels s'appuient les deux thèses précédentes ne nous paraissent pas tenir suffisamment compte des réalités juridiques et pratiques:

a) Affirmer que le droit humanitaire est une partie des droits de l'homme, ou bien que les droits de l'homme sont une partie du droit humanitaire signifie méconnaître de simples considérations de base, c'est-à-dire méconnaître que le droit humanitaire dans son acception actuelle est étranger au système des organisations internationales universelles ou régionales qui s'occupent des droits de l'homme et que les droits de l'homme dans leur acception conventionnelle sont étrangers au système du droit humanitaire et à celui de la Croix-Rouge internationale.

b) Affirmer que le droit humanitaire est totalement incompatible avec les droits de l'homme signifie de même méconnaître d'autres simples considérations de base, c'est-à-dire méconnaître que le droit humanitaire et les droits de l'homme ont tous deux comme but primordial la protection de la personne humaine; le droit humanitaire pour les périodes de conflit armé, les droits de l'homme en tous temps, y compris pendant les conflits armés, et que le droit humanitaire et les droits de l'homme répondent aux mêmes préoccupations mais dans des situations souvent différentes. De plus, la « thèse séparatiste », ne tient absolument pas compte du rapprochement survenu entre le droit humanitaire et les droits de l'homme au niveau des dispositions matérielles et des personnes protégées. A notre avis, cette thèse est celle qui s'éloigne le plus de la réalité des choses, car elle considère les deux systèmes comme diamétralement opposés, ce qui n'est pas le cas.

La «thèse complémentariste», en revanche, ne voit ni « intégration », ni « contradiction », mais une « complémentarité » entre le droit humanitaire et les droits de l'homme. A ce propos, M. Vasak disait dans son cours à Strasbourg: « Lorsque l'on rapproche le droit international des droits de l'homme *stricto sensu* et la branche genevoise du droit humanitaire, on s'aperçoit qu'il s'agit d'une véritable continuité entre les deux droits; si une comparaison était permise, on pourrait dire que *pendant la période la plus dangereuse pour les droits de l'homme, les deux droits ressemblent à deux béquilles sur lesquelles l'individu est obligé de s'appuyer pour échapper autant que faire se peut aux conséquences inévitables du conflit* » [1]. Il en résulte que, loin d'être étrangers, *l'un et l'autre des deux*

[1] *Résumé des Cours* de la 6e session d'enseignement de l'Institut international des droits de l'homme, Strasbourg, 1975, p. F/KV/6.

droits peuvent être rapprochés par voie d'interprétation et peuvent s'influencer réciproquement [1].

Quant à nous, nous nous rallions à cette thèse car, en admettant la complémentarité des deux droits, elle est la plus favorable à la protection de la personne humaine en période de conflit armé. Si les conditions d'application du droit humanitaire s'avèrent très fragiles, ou si son mécanisme de protection ne peut pas être complètement utilisé, faute d'un accord sur la désignation de la Puissance protectrice, n'est-il pas souhaitable de pouvoir faire appel aux droits de l'homme ? Le problème n'est pas seulement juridique, mais aussi et surtout un problème d'humanité.

Bien entendu, les droits de l'homme ont aussi leurs faiblesses. Par exemple, les mécanismes de protection ne démarrent, sous conditions, qu'après l'introduction d'une requête devant leurs organes soit par les Etats membres, soit par des individus. Les organes de la convention ne peuvent pas traiter d'une affaire *ex officio*, ce qui est regrettable. Il faudrait par exemple que la Commission européenne puisse ouvrir une enquête *propio-motu* dans certaines situations où il y aurait des violations massives des droits de l'homme. Cela n'est pas possible, mais la pratique européenne, dans deux cas de ce genre (Grèce des colonels, Chypre occupée), a montré que les Etats étaient capables de se charger de cette tâche. En outre, il ne faut pas oublier que les Etats peuvent suspendre l'application des droits de l'homme en période de conflit armé, ce qui par ailleurs démontre la faiblesse du système dans ces situations, bien que certains droits, certes les plus essentiels, prévus dans les clauses de dérogation restent toujours valables et qu'aucune dérogation à leur égard ne soit possible.

Rechercher les faiblesses qui existent dans le domaine du droit international concernant la protection de la personne humaine est un travail de Sisyphe. En dépit de l'évolution survenue en la matière, l'individu n'est pas encore admis en droit général en tant que sujet du droit international, et il tire tous ses pouvoirs sur le plan international des Etats. Ces derniers, sujets primordiaux du droit international, sont maîtres de leurs décisions et ont la possibilité d'exclure la personne humaine de tout recours devant les instances internationales des droits de l'homme en période de paix, ou bien de refuser la mise en œuvre du droit humanitaire et l'offre du C.I.C.R. en période de conflit armé. Et pour cela, l'Etat possède un arsenal juridique et politique impressionnant: domaine réservé, interdiction d'immixtion dans les affaires intérieures, raison d'Etat, réserves aux traités, clauses facultatives concernant l'accès des particuliers et l'acceptation de la juridiction obligatoire de la Cour, boycottage économique et commercial, représailles, menaces de rupture des relations diplomatiques, on n'en finit jamais...

---

[1] Soutenu par Mme Bindschedler-Robert, dans une conférence donnée à Athènes, le 16 janvier 1978.

Devant ces réalités, on ne peut que s'incliner face à ce qui a été fait jusqu'à présent dans le domaine de la protection de la personne en période de conflit armé, et que nous devons à quelques hommes généreux et à quelques institutions gouvernementales et privées comme, par exemple, les Nations Unies, le Conseil de l'Europe, le Comité International de la Croix-Rouge et autres, qui luttent jour après jour pour que les considérations humanitaires l'emportent sur les considérations politiques. Nous croyons profondément que cela se produira avec un changement de mentalité lié au progrès, à la prospérité et au développement de tous les peuples. Un renouvellement de l'esprit humanitaire s'impose comme une nécessité de nos jours où le monde est ravagé par des guerres d'agression, où des pays subissent l'occupation étrangère ou souffrent de troubles intérieurs qui, le plus souvent, ont leur origine dans la violation grave, massive et systématique des droits les plus élémentaires de la personne humaine. Toutes les forces des hommes de bonne volonté ne sont pas de trop pour parvenir à ce résultat.

A. C. S.

BIBLIOGRAPHIE

I. *SOURCES*

A. Sources Officielles

1. *Documents et publications des organisations internationales*

a) *ORGANISATION DES NATIONS UNIES* (ONU)

Annuaire des droits de l'homme, 1965-1977 (publié chaque année)

Acte final de la conférence internationale des droits de l'homme, 22 avril-13 mai 1965, New York, 1968.

L'Action des Nations Unies dans le domaine des droits de l'homme, New York, 1974.

Amerasinghe, H. S., *The Work of the Special Committee to Investigate Israëli Practices Affecting the Human Rights of the People of the Occupied Territories*, New York, 1973.

Chronique mensuelle, 1967-1969.

Déclaration universelle des droits de l'homme adoptée et proclamée par l'Assemblée générale des Nations Unies le 10 décembre 1948, dans: Droits de l'homme, Recueil d'instruments internationaux, New York, 1978, p. 1-3.

Documents officiels de la troisième session de l'Assemblée générale (1949)

Ganji, M., *Mise en œuvre des droits économiques, sociaux et culturels*, New York, 1975.

Mesures prises par les Nations Unies dans le domaine des droits de l'homme, New York, 1967.

Nations Unies et droits de l'homme, New York, 1973.

Pacte international relatif aux droits économiques, sociaux et culturels, Recueil d'instruments internationaux, New York, 1978, p. 3-8.

Pacte international relatif aux droits civils et politiques et Protocole facultatif, Recueil d'instruments internationaux, New York, 1978, p. 8-16.

Proclamation de Téhéran, Recueil d'instruments internationaux, New York, 1978, p. 19-21.

Respect des droits de l'homme en période de conflit armé.

Résolution 237 du Conseil de Sécurité relatif au conflit israélo-arabe du 14 juin 1967.

Résolution de l'Assemblée générale 2444 (XXIII), du 19 décembre 1968.

Rapport du Secrétaire Général, A/7720, du 20 novembre 1969.

Rapport (deuxième) du Secrétaire Général, A/8052, du 18 septembre 1970.

Résolutions de l'Assemblée Générale 2674 et 2675 (XXV), du 9 décembre 1970.

Rapport (troisième) du Secrétaire Général, A/8370, du 2 septembre 1971.

Résolution de l'Assemblée Générale 2852 (XXVI), du 20 décembre 1971.

Résolution de l'Assemblée Générale 3032 (XXVII), du 18 décembre 1972.

Rapport (Quatrième) du Secrétaire Général, A/8781, du 20 septembre 1972.

Rapport (cinquième) du Secrétaire Général, A/9669, du 12 septembre 1974.

Résolution de l'Assemblée Générale 1653 (XVI), du 24 novembre 1961, sur l'interdiction de l'emploi des armes nucléaires et thermonucléaires.

Rapport du Secrétaire Général sur les effets de l'utilisation éventuelle des armes nucléaires et l'incidence que pourraient avoir pour les Etats, tant sur le plan économique que sur celui de leur sécurité, l'acquisition et le perfectionnement de ces armes, A/6858, du 10 octobre 1967.

Rapport du Secrétaire Général sur les armes chimiques et bactériologiques (biologiques) et les effets de leur utilisation éventuelle, S/9292, du 1er juillet 1969.

Résolution de l'Assemblée Générale 2826 (XXVI), du 16 décembre 1971, sur l'interdiction de la mise au point, de la fabrication et du stockage des armes bactériologiques (biologiques) ou à toxines et sur leur destruction, avec la convention annexée.

Résolution de l'Assemblée Générale 2852 (XXVI) du 20 décembre 1971 sur le respect des droits de l'homme en période de conflit armé, demandant (par. 5) au Secrétaire Général d'établir un rapport sur le napalm et les autres armes incendiaires et sur tous les aspects de leur emploi éventuel.

Rapport du Secrétaire Général sur le napalm, les autres armes incendiaires et tous les aspects de leur emploi éventuel, A/8803, du 9 octobre 1972.

Règles en vigueur du droit international relatives à l'interdiction ou à la restriction de l'emploi de certaines armes. *Etude établie par le Secrétariat*, A/9215 (vol. I), A/9215 (vol. II), du 7 novembre 1973.

Résolution de l'Assemblée Générale 3103 (XXVIII) intitulée « Basic principles of the legal status of the combatants struggling against colonial and alien domination and racist régimes », du 12 décembre 1973.

Résolution de l'Assemblée Générale 3318 (XXIX) intitulée: « Protection spéciale de la femme et de l'enfant dans les conflits armés » du 20 décembre 1975.

b) *UNESCO*

Autour de la Nouvelle Déclaration Universelle des Droits de l'Homme (introduction par Jacques Maritain).

Convention de La Haye, du 14 mai 1954, pour la protection des biens culturels en cas de conflit armé, avec Règlement d'exécution.

Le droit d'être un homme. Recueil des textes préparés sous la direction de Jean Hersh, Paris 1968.

Les droits culturels en tant que droits de l'homme, Etudes et documents sur les politiques culturelles, Paris 1970.

Les dimensions internationales des droits de l'homme, « Manuel UNESCO des droits de l'homme », Strasbourg, 1976.

c) *CONSEIL DE L'EUROPE*

Actions internationales pour le développement du droit humanitaire (Rapport soumis par l'Institut international de San Remo) Strasbourg, 4 mai 1973 (Doc. AS/JOZ (24)).

Annuaire de la Convention européenne des droits de l'homme. La Haye, Nijhoff. (Publication annuelle à partir de 1958).

Commission européenne des droits de l'homme, Bilan de la Convention européenne des droits de l'homme. (Note périodique sur les résultats concrets obtenus dans le cadre de la convention), Strasbourg 1977-1979.

Convention européenne des droits de l'homme. Recueil des textes. Strasbourg 1978.

La Cour européenne des droits de l'homme. Série de publications (*Série A :* Arrêts et décisions. *Série B :* Mémoires, Plaidoiries et Documents).

Documents de l'Assemblée consultative. Documents et textes adoptés (1954).

Décisions et Rapports. (Commission européenne des droits de l'homme). (Depuis 1975, remplace le « Recueil des décisions de la C.E.D.H. N° 1-14/ 1960-1974).

Les droits de l'homme en droit international. Textes de base. Strasbourg 1979.

La distinction entre droits civils et politiques et les droits économiques, sociaux et culturels (Doc. A 867.270/14.2.1964).

L'épuisement des voies internes (art. 26) (Doc. A 85987/13.1.1964).

Les garanties offertes contre les abus des droits de l'homme. Doc. A 86.665/ 11.3.1964.

Problèmes découlant de la coexistence des Pactes des Nations Unies relatifs aux droits de l'homme et la Convention européenne des droits de l'homme. Doc. H(70) 7.9.1970.

Répertoire de la jurisprudence relative à la Convention européenne des droits de l'homme (1955-1967). Strasbourg 1970.

d) *ORGANISATION DES ETATS AMERICAINS* (OEA)

Handbook of Existing rules pertaining to human Rights. Washington D.C. 1975 (Texte de la « Convention américaine relative aux droits de l'homme »).

Inter-American Yearbook on human Rights. Washington D.C. Volume 1, 1968, Volume II, 1969-1970.

e) *COMITE INTERNATIONAL DE LA CROIX-ROUGE* (CICR)

Commission d'experts chargée d'examiner la question de l'application des principes humanitaires en cas de troubles intérieurs (Genève, 3-8 octobre 1955).

Commission d'experts chargée d'examiner la question de l'aide aux victimes des conflits internes (Genève, 25-30 octobre 1962).

Conférence d'experts gouvernementaux sur la réaffirmation et le développement du droit international humanitaire applicable dans les conflits armés.

i) Rapport du CICR sur la réaffirmation et le développement des lois et coutumes applicables dans les conflits armés;

ii) Documentation présentée par le CICR à la première session de la Conférence d'experts (1972);

Vol. 1: Introduction (CE/1).
Vol. 2: Mesures visant à renforcer l'application du droit en vigueur (CE/2).
Vol. 3: Protection de la population civile contre les dangers des hostilités (CE/3).
Vol. 4: Règles relatives au comportement des combattants (CE/4).
Vol. 5: Protection des victimes des conflits armés non-internationaux (CE/5).
Vol. 6: Règles applicables dans la guérilla (CE/6).
Vol. 7: Protection des blessés et des malades (CE/7).
Vol. 8: Annexes (CE/8).

iii) Rapport sur les travaux de la Conférence. CICR. Genève, Août 1972.

iv) Documentation présentée par le CICR à la deuxième Conférence d'experts (1972).

I Textes (Projets de Protocoles additionnels aux conventions de Genève).
II Commentaires (1re et 2e partie). Genève. Janvier 1972.

v) Rapport sur les travaux de la Conférence. 2 vol. CICR Genève, Juillet 1972.

Conférence diplomatique sur la réaffirmation et le développement du droit international humanitaire applicable dans les conflits armés.

i) « Projets de Protocoles additionnels aux Conventions de Genève », CICR, Genève 1973.

ii) Commentaires, CICR, Genève 1973.

iii) Protocoles additionnels aux Conventions de Genève du 12 août 1949, (texte final) CICR, Genève 1977.

Manuel de la Croix-Rouge internationale, 11e éd. CICR/L.S.C.R. Genève 1971.

Rapport d'activité, 1967-1978. CICR.

Resolutions adopted by the XXIInd International Conference of the Red Cross, Teheran, November 1973.

2. *Documents et publications des organismes à vocation humanitaire*

a) *AMNESTY INTERNATIONAL*

Rapport sur la torture, Paris, Gallimard, 1974.

b) *INSTITUT HENRY DUNANT*

International Humanitarian Law: Basic bibliographie. Préparée par TOMAN J. et THI HUONG H. Genève 1979.

c) *COMMISSION INTERNATIONALE DE JURISTES*

Bulletin of the International Commission of Jurists, December 1964, No. 21, pp. 1-5, September 1968, No. 35, pp. 3-12.

Journal of the International Commission of Jurists, 1968, Vol. IX, No. 1, pp. 1-14.

The Review, International Commission of Jurists. March 1969, No. 1, pp. 22-42 et 50-57.

Sean McBride, *The Inter-Relationship between the humanitarian Laws and the Law of human Rights*, 11.2.1970.

d) *INSTITUT INTERNATIONAL DES DROITS DE L'HOMME* (STRASBOURG)

La Convention de sauvegarde des droits de l'homme et des libertés fondamentales, Documents et jurisprudence. (Recueil pour les étudiants en droit international des droits de l'homme par Petzold et Khol). 2e édition, Strasbourg 1977.

Résumé des Cours, 5e et 8e session d'enseignements. Strasbourg, juillet 1974/75/76/77 (4 volumes).

Selected Readings in human Rights, Strasbourg 1975.

e) *INSTITUT INTERNATIONAL DU DROIT HUMANITAIRE* (SAN REMO)

J. Patnogic, *Les droits de l'homme et les conflits armés*, Congrès international: Les droits de l'homme, base du droit international humanitaire, Genève, 1970.

3. *Documents d'institutions universitaires*

a) *UNIVERSITÉ DE GENÈVE*

Faculté de droit

« *Recueil des textes sur le droit des conflits armés* », Etudes juridiques supérieures, novembre 1971.

Institut universitaire de hautes études internationales

« *La protection internationale des droits de l'homme* », Travaux de séminaire présentés au cours de l'année académique 1976-1977 sous la direction du Professeur Denise Bindschedler-Robert, Genève, décembre 1977.

b) *UNIVERSITÉ DE GRENOBLE II. FACULTÉ DE DROIT*

« L'efficacité des mécanismes juridictionnels de protection des personnes privées dans le cadre européen », colloque de Grenoble 25-26 janvier 1973. Les travaux de ce colloque sont publiés dans la « Revue des droits de l'homme » 1973, No 3-4, pp. 603-797.

4. *Autres sources et Recueils de documents*

a) *RECUEILS DE DOCUMENTS*

Brownlie I., *Basic documents on human Rights*, Oxford, Clarendon Press 1971.

DELTERNE M., *Recueil des lois de la guerre*, Bruxelles, Wellens Pay. 1943.

FRIEDMAN L., *The Law of War*, Vol. I-II, N. York, Randon House, 1974.

PILLET A., *Les lois de la guerre*, 2e éd. Paris, 1901.

SCHINDLER D. et TOMAN J., *The Law of Armed Conflict*, (Institut Henry Dunant) Leiden Sitjhoff, 1973.

TORELLI M., *Les droits de l'homme et les libertés publiques par les textes*, Montréal, Presses de l'Université du Québec, 1972.

VASAK K., *La protection internationale des droits de l'homme. 25e Anniversaire de la Déclaration Universelle*, La Documentation Française — Problèmes politiques et sociaux nos 203-204, 30 novembre 1973.

b) *SOURCES DIVERSES*

Actes de la Conférence diplomatique de Genève de 1949, 3 tomes avec un volume d'annexes au tome III, Département politique fédéral, Berne.

Actes de la Conférence diplomatique de Genève (1974-1979), 17 vol. Département Fédéral des Affaires Etrangères, Berne, 1978.

CALOGEROPOULOS-STRATIS A., *Troisième session de la Conférence diplomatique sur la réaffirmation et le développement du droit international humanitaire applicable dans les conflits armés* (21 avril-11 Juin 1976), Genève - juillet 1976.

Différents travaux de séminaires présentés dans le cadre des séminaires à l'Institut universitaire de hautes études internationales de Genève intitulés: « Le droit international humanitaire » (1971-1974) et « La protection internationale des droits de l'homme » (1976-1979) sous la direction de Mme Denise Bindschedler-Robert.

« The Law of Armed Conflict » (1977-1979) sous la direction de M. Georges Abi-Saab.

Department of State bulletin, Vol. 19, No. 944, December 1948.

5. *Jurisprudence*

Judgement of the International Military Tribunal for Trial of German Major War Criminals, Nuremberg, 30th September and 1st October 1946, London HMSO Curd 6964.

Judgement of the International Military Tribunal in the Far East: Trial of Japanese Mayor War Criminals, 10 vol. 1948 (extrait dans Annexal Digest, 1948, no 118).

Trials of War Criminal before the Nuremberg Military Tribunals under Control Council Law No. 10, Nuremberg 1946-1949, 15 vol. Washington 1949-1953.

CONVENTION EUROPÉENNE DES DROITS DE L'HOMME

La Grèce contre le Royaume-Uni (Requête nos 176/56 et 299/57) *(Première affaire de Chypre)*. Les rapports de la Commission relatifs à ces deux requêtes n'ont pas été publiés, cf. *Bilan de la C.E.D.H.*, Strasbourg 1977.

Affaire Lawless contre l'Irlande (Requête No 332/57). Publications de la Cour européenne des droits de l'homme, Série A, no 1, 1960 et no 3, 1961.

Affaire Pataki et Dunshriy c/ l'Autriche (Requête No 596/59 et 789/60, Annuaire de la C.E.D.H., 1961, p. 187.

Affaire grecque (Le Danemark, la Norvège, la Suède et les Pays-Bas contre la Grèce / Requêtes Nos 3321/67, 3322/67, 3323/67 et 3344/67), Recueil et décisions de la Commission européenne des droits de l'homme, Vol. 12 *bis* (sous forme de document séparé).

Affaire Neuimeister contre l'Autriche (Requête 1936/64). Publications de la Cour européenne des droits de l'homme. Série A, nº 8, 1968.

Affaire Huber contre l'Autriche (Requête 4517/70), Annuaire de la C.E.D.H., Vol. 18, 1970.

Affaire irlandaise (Irlande contre le Royaume-Uni / Requêtes Nos 5310/1971 et 5451/72). Publications de la Cour européenne des droits de l'homme, Série A, Nº 25, 1976.

Affaire Engel et autres contre les Pays-Bas (Requêtes Nos 5100-2/71, 5354/72, 5370/72). Publications de la Cour européenne des droits de l'homme, Série A, Nº 22, 1976.

Affaire de Chypre (Chypre contre la Turquie / Requête Nos 6780/74 et 6950/75). Rapport de la Commission européenne des droits de l'homme, vol. I-II. Publié suite à la Résolution DH (79) du Comité des Ministres du 24 avril 1979.

B. Sources non-officielles

Friends of Cyprus for an Independent, Sovereign and Unitary State, « Report of the Commission of the Council of Europe on human rights in Cyprus 1974 ».

Commission internationale de Juristes

Lettres du Secrétaire général de la Commission, M. Sean McBride au sujet du « respect des droits de l'homme en période de conflit armé » adressées à

a) l'Ambassadeur M. R. Bystricky, Chef de la délégation de la Tchécoslovaquie à la Conférence internationale des droits de l'homme de Téhéran (24 mai 1968 / Réf. 8/1138/SM/KS);
b) au Secrétaire général des Nations Unies, M. U. Thant (28 avril 1969 / Réf. 9/1227/SM/KJ).

Memorandum, submitted to the United Nations Special Committee on *Apartheid* relating to the Resolution adopted by the U.N. International Conference on human Rights at Teheran concerning the protection of human Rights in Armed Conflicts (Réf. 5-2110).

Memorandum, concerning the Implementation of Resolution No. XXIII adopted by the U.N. Conference on Human Rights at Teheran and of the General Assembly No. 2444 for the consideration of the United Nations Division of Human Rights.

II. *OUVRAGES*

Alvarez A., *Le droit international nouveau*, Paris, Pédone, 1959.

Antonopoulos N., *La jurisprudence des organes de la Convention européenne des droits de l'homme*, Leyden Sitjhoff, 1967.

Aroneanu E., *Le crime contre l'humanité*, Paris, Dalloz, 1961.

ASAMOACH, *The legal significance of the declaration of the General Assembly*, Nijhoff, La Haye, 1966.

BALLALOUD J., *L'O.N.U. et les opérations de maintien de la paix*, Paris, Pédone, 1971.

BALLIS W., *The legal position of War: changes in its practice and theory from Plato to Vattel*, The Hague, 1937.

BARANDON P., *Le système juridique de la Société des Nations pour la prévention de la guerre*, (traduit de l'allemand par J. LABARTHE). Paris, Pédone, 1933.

BASSIOUNI Ch. et NANDA V. P., *International criminal Law*, Vol. I. Illinois. Charles Thomas, 1973.

BINDSCHEDLER-ROBERT D., *Reconsidération du droit des conflits armés*, Dotation Carnegie, Genève, 15-20 sept. 1969.

BOISSIER P., Histoire du Comité International de la Croix-Rouge, *De Solferino à Tsoushime*, Paris, Plon, 1963.

BOSSUYT M., *L'interdiction de la discrimination dans le droit international des droits de l'homme*, Bruxelles, Bruylant 1976 (Thèse I.U.H.E.I.).

BOTHE M., *Le droit de la guerre et les Nations Unies*, Genève, Droz, 1967.

BOWETT D., *Self-defence in international Law*, Manchester, 1958. *United Nations force*, London, 1964.

BRUNET R., *La garantie internationale des droits de l'homme*, Genève, Grasset, 1947.

CAHIER Ph., *Le droit diplomatique contemporain*, Publications de l'I.U.H.E.I., Genève, 1963, 2e édition.

CALOGEROPOULOS-STRATIS S.. *Jus ad bellum*, Athènes, Papazissis, 1950.

CALOGEROPOULOS-STRATIS S., *Le droit des peuples à disposer d'eux-mêmes*, Bruxelles, Bruylant, 1973.

CASSESE A., (édité par) *Current problems of International Law* (Essays on U.N. Law and the law of armed conflicts), Milano, Giuffrè, 1975.

CASSIN R., *Amicorum discipulorumque liber*, Vol. I, Paris, Pédone, 1967. Vol. IV, Paris, Pédone, 1972.

CASTREN E., *Civil War*, Sonomalainen tiedeakademia, Helsinki, 1966.

CASTREN E., *The present Law of War and Neutrality*, Helsinki, 1954.

CENTRE DE DROIT INTERNATIONAL DE L'INSTITUT DE SOCIOLOGIE DE L'UNIVERSITÉ LIBRE DE BRUXELLES (Centre Henri Rolin), *Droit humanitaire et Conflits armés*, Ed. de l'Université de Bruxelles, 1970.

CHARPANTIER J., *La reconnaissance internationale et l'évolution du droit des gens*, Paris, Pédone, 1956.

COURSIER H., *Cours de cinq leçons sur les Conventions de Genève*, Genève, C.I.C.R., 1963.

DEBBASCH O., *L'occupation militaire. Pouvoirs reconnus aux forces armées hors de leur territoire national*, Paris, L.G.D.J., 1962.

DELBEZ L., *La notion de guerre*, Paris, Pédone, 1953.

DE VISSCHER Ch., *Théories et réalités en droit international public*, Paris, Pédone, 1953.

DIACONU I., *Contribution à une étude sur les normes impératives en droit international public*, Genève, 1971. (Thèse I.U.H.E.I.).

DOMINICE Ch., *La notion du caractère ennemi des biens privés dans la guerre sur terre*, Genève, 1961.

DRAPER G.I.A.D., *The Red Cross Conventions*, London, Stevens, 1958.

DUGUIT L., *Traité de droit constitutionnel*, 2e éd., t. III, 1923.

DUNANT H., *Un souvenir à Solferino*, Institut Henry Dunant, Lausanne, éd. L'âge d'homme, 1969.

EVRIGENIS D., *Institutionalisation des droits de l'homme et droit universel*, Thessaloniqui, Faculté de droit, 1966.

EVRIGENIS D., *Ta dikeomata tou anthropou, thetikon dikeon, physikon dikeon. (Droits de l'homme, droit positif, droit naturel)*, Thessaloniki, 1967, ouvrage en grec.

FAVRE A., *Les droits constitutionnels et la garantie internationale des droits de l'homme*, Zürich, 1948.

FAWCETT J.E.S., *The application of European Convention of Human Rights*, Oxford, Clarendon Press, 1969.

FALK R. A., *The international Law of internal War*, Baltimore, John Hopkins, 1971.

FREYMOND J., *Guerres, révolutions, Croix-Rouge*, I.U.H.E.I., Genève, 1977.

FREYMOND J. et HENTSCH T., *Limites à la violence, Mouvements politiques armés et principes humanitaires*, Genève, I.U.H.E.I., 1973.

GANJI M., *International protection of human rights*, Genève, Droz, 1969. (Thèse, l'I.U.H.E.I.)

GIRAUD E., *Le respect des droits de l'homme dans la guerre internationale et la guerre civile*, Paris, L.G.D.J., 1958.

GLASER S., *Droit international pénal conventionnel*, Bruxelles, Bruylant, 1970.

GREENSPAN, *The modern Law of land Warfare*, University of California Press, Berkeley, 1959.

GUGGENHEIM P., *Traité de droit international public*, tomes I et II, Genève, Georg, 1954.

GUILHAUDIS J.-F., *Le droit des peuples à disposer d'eux-mêmes*, Thèse, Grenoble, U.E.R., Faculté de droit, 1973-74.

HAMBRO E., *Commentaire de la Charte des Nations Unies*, Neuchâtel, 1948.

HEILBRUNN O., *Partisans Warfare*, Frederick A. Praeger, New York, 1962.

HUBER M., *Principes d'action et fondements de l'œuvre du C.I.C.R. (1939-1946)*, Genève, C.I.C.R., 1947.

INSTITUT INTERNATIONAL DE DROIT HUMANITAIRE (San Remo) *Norme umanitarie e istruzioni militari*, Milano, Giuffrè, 1973.

JACOBS F., *The European Convention on human rights*, Oxford, Clarendon Press, 1975.

JANNER A., *La Puissance protectrice en droit international d'après les expériences par la Suisse pendant la seconde guerre mondiale*, Bâle, Helbing, 1948.

JOSEPH C., *Diplomatic protection and nationality. The Commonwealth of Nations* Gateshead Nozthumberland Press, 1968. (Thèse I.U.H.E.I.),

KARAOSMANOGLU A., *Les actions militaires coercitives et non coercitives des Nations Unies*, Genève, Droz, 1970.

KELSEN H., *General theory of Law and State*, Harvard University Press, Cambridge, 1946.

KELSEN H., *The law of the United Nations*, London, Stevens, 1951.

KERBER N. M., *Les droits de l'homme dans les territoires administrés par Israël*, Paris, Pedoue. 1978.

LA PRADELLE (A. de), *La paix moderne (1899-1945). De La Haye à San Francisco*, Paris, Ed. Internationales, 1947.

LAUTERPACHT, *International Law and human Rights*, London, Stevens and Sons Ltd., 1950.

LEISS A., *Apartheid and United Nations*, Carnegie Endowment for international Peace, New York, 1965.

LEMONON E., *La seconde conférence de la paix*, Paris, L.G.D.J. 1912.

LERNER N., *The UN Convention on the elimination of all forms of racial discrimination*, Leyden, Sijthoff, 1970.

MANIN Ph., *L'organisation des Nations Unies et le maintien de la paix*, Paris, L.G.D.J., 1971.

MANOS J., *Les situations d'exception dans la Convention européenne des droits de l'homme* (en grec), Athènes, Papazissis, 1977.

MARITAIN J., *Les droits de l'homme et la loi naturelle*, N. York, 1942.

MCNAIR A. D., *Legal effects of war*, University Press, Cambridge, 1944.

MECHELYNCK A., *La convention de La Haye concernant les lois et coutumes de la guerre sur terre*, Paris, Ed. Gand, 1915.

MEYROWITZ H., *Le principe de l'égalité des belligérants devant le droit de la guerre*, Paris, Pédone, 1970.

MOORE N., (edited by), *Law and Civil War in the Modern War*, Baltimore, London, John Hopkins University Press, 1976.

MOREILLON J., *Le Comité International de la Croix-Rouge et la protection des détenus politiques*, Lausanne, éd. L'âge d'homme, 1973 (thèse I.U.H.E.I.).

MOYNIER G., *La Croix-Rouge, son passé et son avenir*, Paris, Sandoz Thuillier, 1882.

OGLESBY R. R., *International war and the search for normative order*, The Hague, Nijhoff, 1971.

OPPENHEIM L., *International Law*, Vol. 2, 7th ed. Longmans Green and Co. London, 1955.

PAPACOSTAS A. N., *La déclaration universelle des droits de l'homme*, Athènes, 1956.

PAPINI R. et CORTESE G., *La rupture des relations diplomatiques et ses conséquences*, Paris, Pédone, 1972.

PAPADOPOULOS A., *Aspects juridiques et politiques de l'action de l'O.N.U. à Chypre*, Nicosie, 1970.

PAPALIGOURAS P., *Théorie de la société internationale*, Genève, Kundig, 1941. (Thèse I.U.H.E.I.).

PAPELIER Ph., *Le droit de la guerre et la population civile*, Thèse, Université de Paris, 1955.

PICTET J. S., *Les Conventions de Genève. Commentaires publiés sous la direction de J. S. Pictet*. Genève, C.I.C.R.

1. « La Convention de Genève pour l'amélioration du sort des blessés et des malades dans les forces armées en campagne », Genève, 1952.
2. « La Convention de Genève pour l'amélioration du sort des blessés, des malades et des naufragés des forces armées sur mer », Genève, 1959.
3. « La Convention de Genève relative au traitement des prisonniers de guerre », Genève, 1958.
4. « La Convention de Genève relative à la protection des personnes civiles en temps de guerre », Genève, 1956.

PICTET J. S., *Le droit humanitaire et la protection des victimes de la guerre*, Institut Henry Dunant, Leiden, Sijthoff, 1973.

PINTO R., *Le droit des relations internationales*, Paris, Payot, 1972.

POLITIS N., *Les nouvelles tendances du droit international*, Paris, Hachette, 1927.

PONCET D., *La protection de l'accusé par la convention européenne des droits de l'homme*, Genève, Georg, 1977.

PROTIC M., *Die Verfahrensgarantien in der europäischen Konvention zum Schutze der Menschenrechte und im internationalen Pakt über staatsbürgerliche und politische Rechte*, Thèse, Heidelberg, 1973.

RALSTON J. H., *Le droit international de la démocratie*, Paris, M. Giard, 1923.

REGOUT R., *La doctrine de la guerre juste*, Paris, Pédone, 1935.

RIGO-SUREDA A., *The evolution of the right of self-determination*, Leiden, Sijthoff, 1973.

ROBERTSON A. H., *Human Rights in the World*, Manchester University Press, 1972.

ROBERTSON A. H., *Human Rights in Europe*, Manchester University Press, 1977.

ROGER N., *Une lumière sur le monde. La Croix-Rouge internationale*, Genève, Payot, 1940.

ROSENAU J. N., *International aspects of civil strife*, Princeton University, 1964.

ROUGIER A., *Les guerres civiles et le droit des gens*, Paris, Laross, 1902.

ROUSSEAU Ch., *Droit international public*, Paris, Dalloz, 1971 (6e édition).

SCHWELB E., *Human Rights and the International Community, The Roots and Growth of the Universal Declaration of Human Rights*, 1948-1963, Chicago, 1964.

SCOTT J.-B., *Les conférences de la paix de La Haye de 1899 et 1907*. (Traduction française de A. de La Pradelle), Tome I et II, Paris, Pédone, 1927.

SEYSTERED F., *United Nations forces in the Law of Peace and War*, Leiden, Sijthoff, 1966.

SHIELDS-DELESSERT C., *Release and Repatriation of prisoners of war at the end of active hostility* Annemasse, Presses de Savoie, 1977. (Thèse I.U.H.E.I.).

SIOTIS J., *Le droit de la guerre et les conflits armés de caractère non-international*, Paris, L.G.D.J., 1958. (Thèse I.U.H.E.I.).

SØRENSEIN M. (Ed), *Manual of public international Law*, New York, St Martins' Press, 1968.

SPIROPOULOS J., *Théorie générale du droit international*, Paris, 1930, R. Pichon et R. Durand-Aurias.

STASSINOPOULOS M., *Responsabilité civile de l'Etat du fait des actes de gouvernement ayant trait aux relations internationales*, Paris, Sirey, 1961.

STEGENLA J. A., *The United Nations Forces in Cyprus*, State University Press, Ohio, 1968.

STONE J., *Agression and World Order*, London, Stevens, 1958.

STONE J., *International Guarantees of Minority Rights*, Oxford, University Press, 1932.

SUY E., *Le jus cogens en droit international*, Conférence de Lagonissi, Grèce, 1966.

SCHREIBER A., *Interamerican Commission on human Rights*, Leyden, Sijthoff, 1968.

SCHWARZENBERGER G., *International Law as applied by international Courts and Tribunals*, Vol. II: The Law of armed conflicts. London, Stevens and Sons Co., 1968.

TENEKIDES G., *L'individu dans l'ordre juridique international*, Paris, Pédone, 1933.

TORNARITIS C., *To diethnes pinikon dikeon ké ta eglimata aftou* (Le droit international pénal et ses crimes). Ouvrage en grec. Nicosie, 1974.

UNIVERSITA DEGLI STUDI DI BARI, *Les clauses facultatives de la Convention Européenne des droits de l'homme*, Bari, Levante, 1974.

UNIVERSITÉ CATHOLIQUE DE LOUVAIN, *La présentation de la preuve et la sauvegarde des libertés individuelles* (3e colloque), Bruxelles, Bruylant, 1977.

VASAK K., *La Convention européenne des droits de l'homme*, Paris, L.G.D.J., 1964.

VASAK K., *La Commission interaméricaine des droits de l'homme*, Paris, L.G.D.J. 1968.

VATTEL, *Le droit des gens, ou principes de la loi naturelle appliquée à la conduite et aux affaires des nations et souverains*, Neuchâtel, 1773.

VERDOODT A., *Naissance et signification de la déclaration universelle des droits de l'homme*, Louvain, Paris, 1964.

VERDOSS, *La place de la Convention européenne des droits de l'homme dans la hiérarchie des normes juridiques*, Milano, 1969.

VEUTHEY M., *Guérilla et droit humanitaire*, Genève, Institut Henry Dunant, 1976.

VIRALLY M., *L'organisation mondiale*, Paris, Armand Colin, Collection « U », 1972.

ZORGBIBE Ch., *La guerre civile*, Paris, P.U.F. 1975.

ZOUREK J., *L'interdiction de l'emploi de la force en droit international*, Leiden, Sijthoff, 1972.

III. *ARTICLES ET COURS*

ABI-SAAB G., « Wars of national liberation and the law of war », *Annales d'études internationales* (I.U.H.E.I.), Vol. 3, 1972.

ABI-SAAB G., « Le renforcement du système d'application des règles du droit humanitaire ». *Revue de droit pénal militaire et de droit de la guerre*. N° 670, Octobre 1974, p. 571.

ABI-SAAB G., « Les mécanismes de mise en œuvre du droit humanitaire », *R.G.D.I.P.*, 1978, N° 1 (numéro spécial sur le droit humanitaire).

AGO R., « Droit positif et droit international », *A.F.D.I.P.*, 1957.

ARONEAU E., « L'intervention d'humanité et la déclaration universelle des droits de l'homme ». *Revue de droit international*, 1955, N° 2, p. 126.

BASTID S., « Remarques sur l'interdiction d'intervention ». *Mélanges offerts à Juraj Andrassy*. La Haye, Nijhoff, 1960.

BAXTER R., « The duty of obedience to the belligerent occupant ». *B.Y.B.I.L.*, 1950, pp. 235.

BAXTER R., « So-called unprivileged belligerency: spies, guerillas and saboteurs », *B.Y.B.I.L.*, 1951, p. 323.

BENOIT M., « La place des Conventions humanitaires dans le droit des gens », *Annales de droit international médical* (Monaco). N° 18, p. 53.

BIERZANEK R., « Le statut juridique des partisans et des mouvements de résistance armée ». *Mélanges offerts à Juraj Andrassy*, La Haye, Nijhoff, 1968.

BINDSCHEDLER-ROBERT D., « De la rétroactivité en droit international public ». *Hommages à Paul Guggenheim*, Genève, I.U.H.E.I., 1968.

BINDSCHEDLER R., « La délimitation des compétences des Nations Unies », *R.C.A.D.I.H.*, 1963, p. 305.

BLISCHCHENKO I., « Non-international armed conflicts and human rights », Cours donné à Strasbourg en juillet 1973 à l'*Institut international des droits de l'homme*.

BLITCHENKO J. P., « Conflit armé et protection des droits de l'homme », *Revue de droit contemporain*, 1971, N° 1.

BOGAIEWSKI P., « Le secours aux militaires malades et blessés avant le XIX siècle », *R.G.D.I.P.*, 1953, p. 217.

BOURQUIN M., « La position de l'individu dans l'ordre juridique international », *R.I.C.R.*, 1954, p. 880.

BOWETT D., « Collective self-defence and Charter of the United Nations », *B.Y.B.I.L.*, 1955-56, p. 430.

BUGNION F., « Le droit humanitaire applicable aux conflits armés internationaux », *Annales d'études internationales*, Vol. 8, (I.U.H.E.I.), 1977.

BUJARD D., « La Convention de Genève de 1864 et la Conférence de Bruxelles de 1874 », *R.I.C.R.*, 1975, p. 639.

BYSTRICKY R., « The Universality of Human Rights in a World of Conflictory Ideologies », *International Protection in Human Rights* (Nobel Symposium 7, Oslo, Sept. 25-27, 1967), Stockholm, 1968, pp. 83-93.

CAHIER Ph., « Le droit interne des organisations internationales », *R.G.D.I.P.*, 1963, p. 582.

CAHIER Ph., « La Charte des Nations Unies et les Etats tiers », in *Current problems of International Law*, édité par A. Casses, Milano, Giuffrè, 1975, pp. 81-104.

CALOGEROPOULOS-STRATIS A., « Considérations générales sur l'enseignement des droits de l'homme », *R.H.D.I.*, 1976, p. 241.

CAMARCO P., « The American Convention on Human Rights », *R.D.H.*, Vol. III, 1970, p. 333.

CASSIN R., « La déclaration universelle et la mise en œuvre des droits de l'homme », *R.C.A.D.I.H.*, 1951, t. 79, p. 237.

CASTANEDA, « Valeur juridique des résolutions des Nations Unies », *R.C.A.D.I.H.*, 1970, tome I, p. 205.

CASTREN E., « La protection juridique de la population civile dans la guerre moderne », *R.G.D.I.P.*, Vol. LIX, 1955. p. 121.

CASTREN E., « Recognition of insurgency », *Indian Journal of International Law*, 1968, Vol. 5, p. 443.

CAVARE L., « Les sanctions dans l'ordre international », *R.C.A.D.I.H.*, 1952, p. 191.

CORAZD KUSEZ, « Conditions de l'homme dans les relations internationales », *Académie serbe des sciences et des arts*, Belgrade, 1964.

COURSIER H., « Les éléments essentiels du respect de la personne humaine dans les Conventions de Genève relativfs à la protection des personnes civiles en temps de guerre », *R.I.C.R.*, 1950, p. 354.

COURSIER H., « L'interdiction de la torture », *R.I.C.R.*, 1952, p. 365.

COURSIER H., « Définition du droit humanitaire », *A.F.D.I.P.*, Paris, 1955, p. 223.

COURSIER H., « L'évolution du droit international humanitaire », *R.C.A.D.I.H.*, 1960, p. 361.

DANIEL J., « La Convention de Vienne de 1969 sur le droit des traités et le droit humanitaire », *R.I.C.R.*, 1972, p. 401.

DE VISSCHER Ch., « Cours général de droit international public », *R.C.A.D.I.H.*, 1972, t. 136.

DOMINICE Ch., « La mise en œuvre du droit humanitaire », *Manuel U.N.E.S.C.O. des droits de l'homme* (éd. provisoire), Strasbourg, 1976.

DOWNEY W. G. Jr., « The law of war and military necessity », *A.J.I.L.*, 1953, p. 712.

DRAPER G.I.A.D., « The Geneva Convention of 1949 », *R.C.A.D.I.H.*, 1965, T. 114.

DRAPER G.I.A.D., « The relationship between the human rights regime and the law of armed conflicts », *I.Y.B.H.R.*, 1971, Vol. 1, p. 191.

DUPUY J. R., « La Commission européenne des droits de l'homme », *A.F.D.I.P.*, 1957, p. 449.

EISEN M. A., « Le premier arrêt de la Cour européenne des droits de l'homme », *A.F.D.I.*, 1960.

ESPIEL H. G., « Le système interaméricain comme régime régional de protection internationale des droits de l'homme », *R.C.A.D.I.H.*, 1975, t. 145, pp. 1-56.

EISSEN M. E., « La convention et les devoirs de l'individu », *Travaux du colloque de la Faculté de Droit de Strasbourg*, Paris, Dalloz, 1960.

ERMACORA F., « Human rights and domestic jurisdiction », *R.C.A.D.I.H.*, 1968, T. 121, p. 371.

EUSTATHIADES C., « Les sujets du droit international et la responsabilité internationale », *R.C.A.D.I.H.*, 1953, T. III, Vol. 84, p. 397.

FARER T. J., « The humanitarian Law of the war in civil strife. Towards a definition of ' international conflict ' », *R.B.D.I.*, 1971, p. 20.

FORSYTHE D. P., « Political prisoners; the law and politics of protection », *Vanderbilt journal of Transnational Law (Nashville)*, Vol. 9, 1976, p. 295.

FRANK T. et RODLEY S. N., « After Bangladesh: the law of humanitarian intervention by military force », *A.J.I.L.*, Vol. 67, Avril 1963, p. 27.

FRIEDMAN V., « Intervention, civil war and international law », *Proceedings of the American Society of International Law*. 1959.

GANSHOF VAN DER MEERCH W. J., « Les états d'exception et la constitution belge », in *Annales de la faculté de droit et de sciences politiques*, Louvain, 1953.

GARIBALDI O., « General limitations on human rights: the principle of legality », *H.I.L.J.*, Vol. 17, 1976, p. 507.

GIRAUD E. « L'interdiction du recours à la force. Théories et pratiques des Nations Unies », *R.G.D.I.P.*, 1963, p. 501.

GLASER S., « Les droits de l'homme à la lumière du droit international positif », *Mélanges H. Rolin*, Paris, Pédone, 1960.

GOLSONG H., « Implementation of International Protection of Human Rights », *R.C.A.D.I.H.*, T. III, 1963, p. 1.

GRAVEN J., « Les crimes contre l'humanité », *R.C.A.D.I.H.*, 1950, t. I, p. 429.

GREEN L. C., « Le statut des forces rebelles en droit international, *R.G.D.I.P.*, 1962, p. 5.

GREENSPAN M., « The protection of human rights in time of warfare », *I.Y.B.H.R.*, 1971, Vol. I, p. 288.

HAMBURGER E., « Droits de l'homme relations internationales », *R.C.A.D.I.H.*, 1959, T. 97, p. 293.

HARDING I., « L'origine des Conventions de Genève et leur efficacité pour la protection des victimes de guerre », *R.I.C.R.*, 1973, p. 325.

HUBER M., « Considérations sur une révision éventuelle des conventions de La Haye relatives à la guerre », *R.I.C.R.*, Juillet 1955, p. 417.

HUMPHREY J. P., « League of Nations and Protections of Minority Rights » in, *Protection of human Rights*, éd. E. Luard, London, Thomes and Hudson, 1968, p. 39.

KALSHOVEN F., « Droits de l'homme, droit des conflits armés et représailles », *R.I.C.R.*, 1971, p. 205.

KISS A. et VEGLERIS Ph., « L'affaire grecque devant le Conseil de l'Europe et la Commission européenne des droits de l'homme », *A.F.D.I.*, 1974, p. 916.

KHAN R., « Guerilla warfare and international law », *International Studies*, Oct. 1967, p. 103.

KNITEL H., « Le rôle de la Croix-Rouge dans la protection internationale des droits de l'homme, *Oesterr. Zeitschr. J. öffentl. Recht*, Vol. 19, (1969), 1-36.

KUNZ L. J., « The United Nations Declaration on human rights », *A.J.I.L.*, 1943, p. 316.

LA PRADELLE P., « La XXIe Conférence internationale de la Croix-Rouge », *R.G.D.I.P.*, 1970, p. 261.

LA PRADELLE P., « Jus cogens et conventions humanitaires », *Annales de droit international médical* (Monaco), No 18, pp. 9-27.

LAUTERPACHT H., « The international protection of human rights », *R.C.A.D.I.H.*, 1947, T. 70, p. 1.

MALVERN L., « The Cyprus conflict as a prisoner's dilemna game », *Journal of conflict resolutions*, March 1973.

MAREK K., « Contribution à l'étude de jus cogens en droit international public », *Hommages à P. Guggenheim*, Genève, I.U.H.E.I., 1968.

MAREK K., « Reflections on Contemporary Law making in International Law », *Les relations internationales dans un monde en mutation*, I.U.H.E.I., 50 ans, Sijthoff, Leyden 1977.

MARKS S., « La notion de période d'exceptions en matière des droits de l'homme », *R.D.H.*, Vol. VIII, nº 4, 1975, p. 821.

MEYROWITZ H., « Le droit de la guerre et les droits de l'homme », *R.D.P.S.P.F.E.*, Sept-Oct. 1972, p. 1053.

MEYROWITZ H., « Réflections à propos du Centenaire de la Déclaration de St. Pétersbourg », *R.I.C.R.*, 1968, pp. 544-555.

MIGLIAZZA A., « L'évolution de la réglementation de la guerre à la lumière de la sauvegarde des droits de l'homme », *R.C.A.D.I.H.*, T. 137, 1972, p. 143.

MIRIMANOFF-CHILIKINE J., « La protection de la population civile et des personnes civiles contre les dangers résultant des opérations militaires », *R.B.D.I.*, 1971, p. 619. 1972, p. 101.

MIRKINE-GUETZEVITCH M. B., « Quelques problèmes de la mise en œuvre de la Déclaration universelle des droits de l'homme », *R.C.A.D.I.H.*, 1953, Vol. II, p. 255.

MIRKINE-GUETZEVITCH M. B., « L'O.N.U. et la doctrine moderne des droits de l'homme », *R.G.D.I.P.*, 1952, pp. 34-60.

MODINOS P., « Coexistence de la Convention Européenne des droits de l'Homme et du Pacte des droits civils et politiques des Nations Unies », *R.D.H.*, Vol. I, Nº 1, 1968, p. 41.

NAHLIK S. E., « La protection internationale des biens culturels en cas de conflit armé », *R.C.A.D.I.H.*, 1967, pp. 61-163.

NEWMAN F., « National Justice, Due Process and the New International Convenants on Human Rights », *Public Law*, 1967.

NEWMAN F., « Interpreting the human rights clauses of the U.N. charter », *R.D.H.*, Vol. V, 1972, p. 283.

NURICK L., « The distinction between combattant and non-combattant in the law of war », *A.J.I.L.*, 1945, Vol. 39, p. 680.

PICTET J., « La Croix-Rouge et les Conventions de Genève », *R.C.A.D.I.H.*, 1950-51, p. 5.

PICTET J., « Les nouveaux aspects du droit international humanitaire, *R.I.C.R.*, octobre 1977, Nº 706, p. 443.

PILLOUD C., « La déclaration universelle des droits de l'homme et les conventions internationales protégeant les victimes de guerre », *R.I.C.R.*, 1949, p. 252.

PINTO R., « Les règles du droit international concernant la guerre civile », *R.C.A.D.I.H.*, 1965, T. 114, p. 455.

RIDEAU J., « Le problème du respect des droits de l'homme dans les territoires occupés par Israël », *A.F.D.I.P.*, 1970, p. 204.

ROBERTSON A. H., « The European Convention on human rights — *The international protection of human rights* », Ed. Evan Luard, London, Thames and Hudson, 1962, p. 99.

ROBERTSON A. H., « Human rights as the basis of international humanitarian law », *Actes du congrès international de droit humanitaire*. San Remo, 1970.

Röling B., « Aspects of the criminal responsibility for violatures of the law of war », *Respect for human Rights in armed conflicts and other existing and emerging Law*, (éd. Cassese), Florence, 1977.

Röling B., « Répression des violations du droit des conflits armés », *cours donné à l'Institut International des droits de l'homme de Strasbourg*, (1973).

Röling B., « Human rights and the war problem », *Netherlands international Law Review*, Vol. 15, 1968, p. 346.

Rosas A., « The Legal status of prisoner of war », *Annales Academiae Scientiarum Feunicae*, Helsinki, 1976.

Rozakis L. C., « Terrorism and the internationally respected persons in the light of the ILC's draft articles », *I.C.L.Q.*, January 1974.

Roucounas E. J., « Les infractions graves au droit humanitaire », *R.H.D.I.*, 1978, pp. 57-153 (parue en 1980).

Ruegger P., « L'organisation de la Croix-Rouge sous les aspects juridiques », *R.C.A.D.I.H.*, 1953, Tome 82, p. 377.

Salzberg J., « U.N. Preventions of human rights violations: the Bangladesh Case », *International Organisation*, April 1973, p. 115.

Scelle G., « Les bases du droit international public en matière de guerre civile », *R.G.D.I.P.*, 1939, p. 197.

Schindler D., « Le principe de non intervention dans les guerres civiles », *A.I.D.I.*, Vol. 56, 1975, pp. 119-156.

Schreiber M., « La pratique récente des Nations Unies dans le domaine de la protection des droits de l'homme », *R.C.A.D.I.H.*, 1975, t. 145, pp. 297-397.

Siordet F., « De l'application et du contrôle des Conventions de Genève de 1949 », *R.I.C.R.*, 1956, p. 46.

Siordet F., « Les Conventions de Genève et la guerre civile », *R.I.C.R.*, 1950.

Siordet F., « La Croix-Rouge et les droits de l'homme », *R.I.C.R.*, 1968, p. 104.

Schwelb E., « The international Convention on the elimination of all forms of racial discrimination », *I.C.L.Q.*, 1966, p. 996.

Schwelb E., « The International Court of Justice and the Human Rights clauses of the charter », *A.J.I.L.*, 1972, V. 66, p. 337.

Schwelb E., « The international measures of implementations of the international Convenant on civil and political rights and of the optimal protocol », *Texas international Law Journal*, Vol. 12, 1977, p. 171.

Schwarzemberger G., « Human rights and guerilla warfare », *I.Y.B.H.R.*, 1971, Vol. 1, p. 246.

Siotis J., « Un camouflet pour la Commission européenne », *Le Monde*, 21 février 1978.

Solf W. et Cummings E., « A survey of penal sanctions under Protocole additional to the Geneva Conventions of August 1949 », *Case Western Reserve Journal of International Law*, Vol. 9, n° 2, 1977.

Tchirkovitz, « La déclaration universelle des droits de l'homme », *R.G.D.I.P.*, 1959, p. 359.

Tenekides G., « Esquisse d'une théorie des droits internationaux de l'homme dans la Grèce des cités », *R.D.H.*, III, p. 2.

UHLER O. M., « La personne humaine dans la IVe Convention de Genève », *R.I.C.R.*, 1954, pp. 11-24.

VALTICOS N., « Universalité des droits de l'homme et diversité des conditions nationales », *R. Cassin Amicorum*, Paris, Pédone, 1969, p. 383.

VASAK K., « La Convention européenne des droits de l'homme, complément utile des Conventions de Genève », *R.I.C.R.*, n° 560, Août 1965, p. 365.

VASAK K., « Le droit international des droits de l'homme », *R.C.A.D.I.H.*, t. 140, 1973, p. 333.

VASAK K., « Institutions régionales de promotion et de protection des droits de l'homme », *Manuel U.N.E.S.C.O. des droits de l'homme*, (éd. provisoire), Strasbourg, 1976.

VAN BOVEN T. C., « Droits de l'homme. Critères de distinction, in *Manuel U.N.E.S.C.O. des droits de l'homme*, (éd. provisoire), Strasbourg, 1976.

VAN BOVEN T. C., « Facts finding in the sphere of human rights », *I.Y.B.H.R.*, Vol. 3, 1973, p. 93.

VEUTHEY M., « La Croix-Rouge et les conflits non-internationaux », *R.I.C.R.*, 1970, n° 620, p. 467.

VEUTHEY M., « Guerres de libération et droit humanitaire », *R.D.H.*, Vol. VII-I, 1974, p. 9.

VIRALLY M., « L'accès des particuliers à une instance internationale: la protection des droits de l'homme dans le cadre européen », in *Mémoires publiés par la faculté de droit de Genève*, Vol. 20, 1965, pp. 67-89.

VON GLAHN G., « The protection of human rights in time of armed conflict », *I.Y.B.H.R.*, p. 208.

VONCKEN J. et BENOIT M., « L'importance des Conventions humanitaires dans le respect des droits de l'homme », in *R. Cassin amicorum*, Vol. I, p. 425.

WALDOCK Sir H., « The European Convention for the protection of human rights and fondamental freedoms », *B.Y.B.I.L.*, 1958, p. 356.

WALDOCK Sir H., « Human Rights in contemporary international Law and the significances of the European Conventions », *I.C.L.Q.*, 1965, n° 11, p. 15.

WEHBERG H., « La guerre civile et le droit international », *R.C.A.D.I.H.*, 1938, V. 63, p. 1.

WERNER G., « Les prisonniers de guerre », *R.C.A.D.I.H.*, Vol. 1, 1928, p. 5.

WILHELM R. J., « Le caractère des droits accordés à l'individu dans les Conventions de Genève », *R.I.C.R.*, 1950, p. 561.

WILHELM R. J., « Problèmes relatifs à la protection de la personne humaine par le droit international dans les conflits armés ne présentant pas un caractère international », *R.C.A.D.I.H.*, T. 137, 1972, p. 311.

WILSON R., « Treatment of civilians aliens enemies », *A.J.I.L.*, 1943, p. 32.

WRIGHT, « The law of Nuremberg trial », *A.J.I.L.*, 1947, p. 38.

Imprimé en Suisse

ACHEVÉ D'IMPRIMER
LE 15 DÉCEMBRE 1980
PAR KUNDIG - GENÈVE